MÉMOIRES

DE L'

ENFANT DE LA SAVOIE

ÉCRITS PAR LUI-MÊME.

> « Vif et plaisant, tel fut mon caractère ;
> « Dès l'enfance orphelin, j'ai mendié mon pain.
> « Mes bons tours ont souvent égayé ma misère.
> « Plus d'une fois j'ai ri pour oublier la faim ! »
> LAZARILLE DE TORMES (1535).

PARIS,
EDMOND ALBERT, ÉDITEUR,
55, RUE RICHELIEU.

1844

MÉMOIRES

D'UN

ENFANT DE LA SAVOIE.

Imprimerie de Worms et Cie., boulevard Pigale, 46.

MÉMOIRES

D'UN

ENFANT DE LA SAVOIE

ÉCRITS PAR LUI-MÊME.

« Vif et plaisant, tel fut mon caractère ;
» Dès l'enfance orphelin, j'ai mendié mon pain.
» Mes bons tours ont souvent égayé ma misère,
» Plus d'une fois j'ai ri pour oublier la faim ! »
LAZARILLE DE TORMES (1525).

PARIS,

EDMOND ALBERT, ÉDITEUR,
55, RUE RICHELIEU.
—
1844

AVANT-PROPOS.

Au mois de juin de l'année 1828, à l'âge de seize ans, et tout jeune que j'étais, déjà formé par de longs voyages, je partis de Paris pour aller chercher je ne sais quelle fortune aux antipodes. Arrivé à Lyon, au lieu de suivre la route de Marseille où je voulais m'embarquer, je trouvai plus commode de monter sur un bateau de charbon qui descendait le Rhône. Ce bateau, forcé, pour cause majeure, de relâcher dans une île assez vaste, formée au beau milieu du fleuve, y passa la seconde nuit de sa navigation. Là, dans une pauvre chaumière, où les mariniers me donnèrent l'hospitalité, je trouvai sur une planche un livre à moitié dévoré par les vers; cet ouvrage, qui n'avait plus de titre, me parut renfermer les aventures et les premières inspirations poétiques d'un jeune homme d'Avignon, nommé Léonard. La lecture de ce livre plein de faits, de sentiment, me procura une nuit des plus agréables. Le matin, lorsqu'il me fallut partir et quitter ce volume qui ne m'appartenait pas, et qu'on ne consentit pas à me céder, car il composait, à lui seul, toute la bibliothèque de ces braves gens, il me sembla que je quittais un ami pour la dernière fois. Quinze années se sont écoulées depuis ; quinze années, durant lesquelles j'ai fait le tour du monde, sans avoir retrouvé, en France ou ailleurs, un seul exemplaire de cette œuvre poétique ; sans que personne ait pu m'en parler. Il m'est donc permis de croire que je suis le seul homme qui la connaisse aujourd'hui. Eh bien ! loin que l'oubli, dans lequel ce livre est tombé, m'ait paru décourageant, il m'a donné au contraire la force et la volonté d'écrire celui-ci dans le même genre. Peut-être après ma mort, me suis-je dit, quelque jeune homme studieux trouvera-t-il aussi mon œuvre sur la planche d'une cabane enfumée! peut-être en gardera-t-il le souvenir comme j'ai gardé le souvenir de Léonard! peut-être lui causera-t-il une impression semblable à celle que j'éprouvai dans l'île du Rhône! — Un souvenir, un seul souvenir parti du cœur, voilà en vérité toute la gloire que j'ambitionne.

C. Genoux.

PREMIÈRE PARTIE.

CHAPITRE PREMIER.

La clef des champs.

> « Vif et plaisant, tel fut mon caractère ;
> » Dès l'enfance orphelin, j'ai mendié mon pain.
> » Mes bons tours ont souvent égayé ma misère,
> » Plus d'une fois j'ai pu me rire de la faim ! »
> LAZARILLE DE TORMES (1525).

Comme ces oiseaux voyageurs qui ne se montrent guères qu'aux neiges de l'hiver, aux premières fleurs du printemps, les Savoisiens ont aussi leurs migrations périodiques. Dès que la dernière récolte est rentrée et que les neiges commencent à blanchir le sommet des montagnes, les enfants des familles pauvres vont chercher le travail sous un ciel moins rigoureux, ils courent, en chantant, après la fortune. La fortune va plus vite qu'eux.

Vers la fin de novembre 1820, une troupe d'enfants de la Tarentaise, vallée profonde et triste, la plus inculte de la Savoie, descendaient en France, sous la conduite de quelques parents, la plupart maîtres ramoneurs ou marchands forains, courant les foires et les marchés. Déjà l'humble caravane avait dépassé les fertiles vallons de la Bresse, admiré Châlons-sur-Saône, la première ville considérable qu'elle eût encore rencontrée, et elle s'acheminait à petites journées vers la Basse-Bourgogne. Déjà bien des fois les fermes voisines de la route leur avaient donné l'hospitalité pour la nuit; bien des fois, aussi, des mains charitables avaient jeté leur obole dans les bonnets de ces pauvres enfants, qui faisaient un si rude apprentissage de la vie. C'est, qu'en effet, c'était là une bien dure existence!... A peine si le plus âgé d'entr'eux comptait douze ans, et déjà on lui faisait porter une lourde balle de marchandises; d'autres, moins forts, ramonaient les cheminées, et faisaient des marches forcées pour rejoindre la troupe qui allait toujours en avant, tandis que les plus jeunes, courant de porte en porte, tout le long de la route, mendiaient le pain qu'on se partageait le soir; ce pain était, avec l'eau des fontaines et une mince tranche de fromage sec, que l'un des conducteurs portait dans son sac, depuis le pays, la seule nourriture de ces insoucieux voyageurs.

Ce fut un dimanche, par un temps magnifique pour

la saison, que nos Savoyards, après avoir entendu une basse messe dans un village des environs, entrèrent dans la petite ville de Chagny; Chagny respirait un air de fête. Plusieurs groupes de citadins endimanchés, à l'air joyeux, stationnaient sur le seuil de leurs portes, en attendant l'heure des vêpres.

Cette quiétude, ce doux bien-être général n'échappèrent point à l'observation d'un vieux maître ramoneur. « Enfants!... » dit-il lorsqu'il les eût tous rassemblés autour de lui, « le moment est favorable pour aller faire votre tournée. La recette ne peut manquer d'être fructueuse; car toujours, quand l'âme est dans la joie, le cœur est sur la main. Allez! revenez dans une heure, nous vous attendons ici. » Cela dit, les colporteurs s'étendirent au soleil, la tête appuyée sur leur balle, et les enfants s'éloignèrent pour explorer, chacun de son côté, une des rues de la ville.

Déjà, depuis longtemps, l'heure donnée s'était écoulée, et tous, à l'exception d'un seul, avaient regagné le lieu du rendez-vous. Celui qui manquait ainsi à l'appel ne semblait pas, cependant, donner de grandes inquiétudes à ses compagnons de voyage : car il avait l'habitude de se faire attendre. — Cet enfant, que le lecteur aura le temps d'apprécier, était le neveu de l'un des conducteurs à peine âgé de huit ans, Claude, grâce au mode de mendicité auquel il s'était adonné, rapportait toujours plus à lui seul que tous ses camarades ensemble. Une allure dégagée, une petite tête éveillée qui ne manquait pas d'expression, jointes à un esprit plein de finesse pour son âge, intéressait en sa faveur. Donc, inutile de dire que loin de le corriger toutes les fois qu'il était en retard, et qu'il revenait les mains pleines de gros sous, les maîtres ne manquaient pas de le caresser et de faire son éloge. « Celui qui lui a coupé le filet n'a pas volé ses cinq sous, » disaient les personnes qui l'entendaient jaser. Bref, c'était un concert de louanges à rendre vaine toute autre personne qu'un petit enfant de son âge, qui n'entendait malice à rien.

Or, au moment dont nous parlons, notre artiste ambulant, après s'être maintes fois arrêté sur le seuil des cafés et des maisons les plus bourgeoises, pour y chanter les chansons de la montagne, fabliaux, virelais ou complaintes dont il savait par cœur le répertoire, regagnait plein de joie, et tout en faisant sonner le produit de ses quêtes, le lieu du rendez-vous. Arrivé à l'extrémité de la ville, dans une rue déserte qui donnait sur la campagne, il s'arrêta devant une maison de belle apparence, et séparée de la rue par un jardin dont la grille était ouverte en ce moment. Dans ce jardin, trois personnes étaient assises sur un sopha placé au bas du perron, seul endroit où, à cette heure, le soleil projetât ses rayons obliques. Ces trois personnes, une jeune dame, pâle et souffrante, qu'un monsieur déjà grisonnant, ainsi qu'un enfant de sept à huit ans, entouraient des soins les plus tendres, semblaient, silencieux et tristes, assister à la chute des feuilles, lorsque tant d'autres créatures du bon Dieu se réjouissaient du beau jour que leur envoyait la Providence. Notre Savoyard, qui regardait ce tableau à travers les barreaux de la grille, comprit tout d'abord que dans ces maisons, ses chansons ne seraient pas goûtées. Quoique bien jeune, et sans avoir aucune connaissance du cœur humain, une voix intérieure lui disait qu'il est des douleurs qu'il faut savoir respecter ; qu'une âme, déjà souffrante, souffre davantage aux manifestations de la joie d'autrui. Cependant, ce jardin, ces statues de marbre, cette maison, ou plutôt ce château, tout cela lui semblait si riche, qu'il ne pouvait croire que les propriétaires de tant de belles choses pussent jamais lui refuser leur aumône. Après un moment d'hésitation, il s'enhardit et entra résolûment, ayant soin, toutefois, de prendre un air bien timide, afin de se rendre plus intéressant. Arrivé en leur présence, il ôta son bonnet, et s'exprima en ces termes :

« C'est le bonjour que je donne à vous, mon bon monsieur, ma bonne dame. Je suis un petit Savoyard, allant à Paris, pour gagner un peu d'argent. Mon père est mort l'an passé. Ma bonne mère, qui garde encore beaucoup d'enfants, dit que le bon Dieu prendra soin de moi ; j'ai plus d'argent pour faire la route ; mes souliers sont mauvais, il faut que j'en achète des plus bons, eh ! donnez quelque chose au pauvre Claude. Je chanterai le cantique pour que le bon Dieu guérisse le mal de madame, c'est le curé à la messe qui dit que le bien que les gens font, n'est pas jamais perdu. »

Ces paroles achevées, il baissa la tête et attendit, dans la posture la plus humble qu'il put prendre, l'effet qu'elles devaient produire sur son auditoire. Or, le monsieur, qui n'avait cessé de tenir ses regards attachés sur lui, se prit à sourire et dit à la jeune femme en se tournant vers elle :

— Fanny, je parie que je devine ce que tu penses ?...

— A ma place, qui ne le devinerait ? — Oui, je pense qu'à ton âge on doit aimer à se souvenir, et cet enfant t'en donne l'occasion.

— C'est vrai ! Sa présence ramène à mon souvenir un temps que la fortune ne peut me faire oublier. Dieu ! que les années, malgré les maux dont elles sont semées, s'écoulent rapidement ! Voilà bientôt trente ans que, chantant et jouant de la vielle, je descendis du bourg Saint-Maurice ; trente ans se sont écoulés depuis ces jours où j'allais, comme lui, chercher ma vie sous un autre ciel. Déshérité de tous les biens de ce monde, manquant souvent du nécessaire, je vivais heureux pourtant. J'avais la foi et l'espérance !

Puis, s'adressant à son jeune compatriote :

— Quel âge as-tu, petit ?

— Monsieur, j'ai huit ans.

— Tu es bien jeune !... De quel pays es-tu ?

— Je suis de la Savoie, mon bon monsieur.

— Je sais que tu es de la Savoie, mais de quel endroit ?

— Du village Saint-Sigismond, près de L'Hôpital.

— Ah ! L'Hôpital ! je passe dans ton pays pour aller dans le mien. Dis-moi, es-tu parti tout seul ? N'as-tu pas un maître, au moins, quelques compagnons?

— Oh! si fait, monsieur; j'ai parti avec Jérôme, Pierre, Jean, qui ne me donnent rien. Ils ramonent, moi, je ne peux pas encore; l'an qui vient, oui.

— Ainsi, la misère les rend égoïstes, dit la jeune dame profondément émue. Pauvre enfant! si jeune, et déjà errant par le monde! Dis donc, Charles, que deviendrait notre Ferdinand, si nous l'abandonnions ainsi?

— Mais, mon amie, si nous eussions dû l'abandonner ainsi, il n'eût pas été élevé avec ces tendresses imprévoyantes. Dans la condition où je suis né, il eût nécessairement fait comme moi, comme cet enfant. S'en porterait-il plus mal? Vois cette figure, quelle santé! Va, la Providence est grande.

— La Providence est grande, sans doute; mais, faut-il encore que les hommes soient bons comme elle. Mon ami, donne-lui quelque chose, à ton petit pays, qu'il soit content. Peut-être un jour fera-t-il fortune comme toi, qui sait?

— Oui, je crois que le petit gaillard ne manque pas d'intelligence; mais l'intelligence ne suffit pas pour parvenir. Les circonstances, qui font tout, mènent bien souvent un sot à la fortune, tandis qu'elles en éloignent l'homme intelligent; intelligent par cela seul qu'il a des passions, et alors ce sont ces passions qui le conduisent, qui le font marcher dans des sentiers périlleux qu'un sot éviterait peut-être avec son peu de bon sens. Oh! que de fois j'ai vu le courage, la persévérance plier sous le poids du hasard. Hélas! je ne vois qu'une chose à peu près certaine en ce monde; c'est que de rien, arriver à un résultat satisfaisant, c'est là un problème difficile à résoudre, quelques capacités que l'on ait et dans quelque pays que ce soit. » Et tout en moralisant de la sorte, l'honnête parvenu tirait de sa poche une jolie bourse bien rondelette qu'il tournait dans ses mains et dont il paraissait pour le moins aussi satisfait que de ses inductions philosophiques. Après avoir longtemps encore parlé de ses souvenirs d'enfance, l'ex-joueur de vielle plongea ses doigts dans la précieuse bourse, les retira tenant cinq belles pièces de cinq francs toutes neuves, et dit en les montrant à son jeune compatriote :

— Tiens ! voilà de quoi commencer ta fortune ; je vais te faire coudre ça dans la doublure de ta veste. Ecoute-moi bien, et souviens-toi de ce que je vais te dire. Tu ne parleras de cet argent à personne, ni à Pierre ni à Paul. Toi-même tu ne dois pas y toucher. Attention ! l'an qui vient, tu ramoneras ; d'ici-là, les oiseaux vivent bien sans semer, tu feras comme ils font; mais, passé ce temps, il te faudra travailler, épargner, être toujours honnête, fidèle et ne mentir jamais. Dans trois ans, tu t'en retourneras au pays pour faire ta première communion. Si à cette époque tu peux me montrer cinq pièces de cinq francs gagnées par toi, indépendamment des cinq que je te donne aujourd'hui, tu peux passer par ici, je t'en donnerai encore cinq autres. Alors, si tu le veux, avec cet argent je t'achèterai une balle de marchandises, et tu deviendras un gros marchand. As-tu bien compris ce que je viens de te dire? »

Pour répondre à tant de générosité, à tant de marques de sollicitude, quoique, d'abord fortement distrait par la vue de l'argent qui brillait à ses yeux, l'enfant trouva néanmoins des paroles pour remercier, et assez de mémoire, pour répéter les instructions qui venaient de lui être données. Après quoi, le monsieur et la dame, charmés de ses bonnes dispositions, l'envoyèrent faire un tour à la cuisine. Là, tandis qu'il se faisait des joues comme celles d'un chérubin, une servante cousait dans la bure de sa veste les cinq pièces en question; puis, afin qu'il ne touchât pas à ce premier pécule d'une grande fortune, on lui donna encore quelques pièces de monnaie blanche, pour l'aider à poursuivre sa route. Le jeune Ferdinand, qui était de son âge, alla lui chercher une paire de souliers qu'il chaussa immédiatement, et notre future millionnaire, achevant un dîner comme jamais il n'en avait fait, alla présenter ses respects à ses excellents hôtes. Ne sachant comment témoigner sa reconnaissance pour tant de bienfaits, arrivés en leur présence, il ne sut que pleurer. Toutefois, ayant repris un peu d'aplomb, il remercia comme il put, jura que ses sentiments de reconnaissance filiale seraient éternels, puis, il s'éloigna versant des larmes de joie, étourdi de tant de bonheur.

L'existence de l'homme tient à si peu de chose ici bas, que l'incident le plus simple en apparence change totalement sa destinée. La vie de notre héros sera l'un des mille exemples que nous pourrions citer à l'appui de cette assertion. En effet, sans la rencontre imprévue de son riche compatriote, Claude eût mené le même genre de vie que ses nombreux cousins de la Savoye. Après six campagnes en France ou en Italie, après avoir acheté un champ avec le fruit de ses économies, il aurait jeté son ancre au pied de sa chère colline : dans la simplicité de son cœur, dans l'amour de Dieu et de son prochain, il eût trouvé ce bonheur que, tous, nous allons chercher plus ou moins loin, qui souvent est bien près, et qu'il n'a pas même rencontré en poussant jusqu'aux Antipodes.

Mais revenons. A peine dans la rue, Claude, pour la première fois de sa vie, se prit à réfléchir sérieusement. Mille idées erraient dans son cerveau, sans que pas une se fixât dans son esprit. La figure rayonnante de bonheur, les regards attachés sur les pièces blanches qu'on venait de lui donner, il allait, conduit par l'habitude, regagner l'endroit où l'attendaient ses compagnons, quand soudain une pensée l'arrête tout à coup. — Oh ! mais, si je ne donne pas tout ce bel argent à l'oncle, il le trouvera bien, et les gros écus qui sont là !... dit-il, en portant une main sur le revers de sa veste. Cette dernière appréhension lui fit faire volte face ; il rebroussa chemin aussitôt, et rentra dans la rue dont il sortait ; craignant que ses camarades ne le rencontrassent, il sortit de la ville, prit un petit sentier au milieu des vignes, et courant à toutes jambes, il se jeta dans le premier chemin de traverse qui s'offrit à sa vue.

« Si la liberté est le seul bien digne d'envie que l'homme puisse raisonnablement désirer, il s'en faut de beaucoup que ce soit un bien pour l'enfance. L'enfance, qui manque d'expérience et de volonté, ne peut connaître le prix et l'usage de cette liberté, dont il ne sait que faire. Dès qu'il s'est affranchi de la main qui le tenait en laisse, l'enfant plie sous le poids de cet abandon, comme il plierait sous un trop lourd fardeau. Dans ce premier moment d'indépendance il lui faut, ou le plus grand courage, ou la plus grande insouciance pour ne pas se lamenter de cet isolement qui lui pèse. Cet état de l'âme, inhérent à toute faiblesse humaine, était donc celui de notre jeune avanturier. Aussi, quand, après une heure de marche, il vint à jeter les regards en arrière, dès qu'il ne vit plus la bonne ville de Chagny, Chagny, où il laissait tout ce qui pouvait lui rappeler la patrie, il sentit ses nerfs se contracter et l'émotion l'étouffer jusqu'à lui fendre le cœur. Assis sur l'une des bornes du chemin, indécis s'il poursuivrait sa route ou s'il retournerait sur ses pas, il allait probablement prendre ce dernier parti, quand une calèche découverte, dans laquelle étaient plusieurs dames, vint à passer devant lui. Fidèle à l'habitude de mendicité qu'il avait contractée depuis son départ, et plus encore à l'observation qu'il avait faite que le cœur de la femme est plein de charité, il ne put, malgré sa tristesse, laisser échapper une aussi bonne occasion d'ajouter à son trésor. Donc, lorsqu'il eut bien sanglé ses reins, enfoncé son bonnet sur sa tête, il suivit la voiture en faisant **la roue** de moulin; c'est un facile tour de force qui consiste à marcher en se laissant alternativement tomber des pieds sur les mains et des mains sur les pieds, par un mouvement de rotation continue. Lorsqu'à sa respiration devenue oppressée il comprit qu'il avait assez travaillé pour réclamer son salaire, il avança près de la portière et tendit son bonnet :

— Es-tu de ce pays ? lui dit la plus âgée des dames, en lui jetant une pièce de dix sous.

— Non, Madame, je suis de la Savoie.

— Eh ! où vas-tu donc tout seul comme cela ?

— Madame, je vais à Paris.

— A Paris ? mais, petit malheureux, tu ne prends pas le bon chemin ; tu lui tournes le dos.

— Madame, je ne sais pas, moi, on m'a dit que tous chemins conduisent à Rome. Pourquoi ne vont-ils pas tous à Paris ?

Cette réponse naïve fit beaucoup rire ces dames.

— Ma foi, petit, j'ignore si tous les chemins conduisent à Rome ; ce dont je suis certaine, c'est que si tu veux aller à Paris, il ne faut pas suivre ce chemin-là. Je t'en montrerai un autre quand nous serons arrivés là-bas, vers ces deux chênes; celui-là, du moins, sera plus court et te conduira tout droit sur la grand'route ; mais il ne faudra plus t'amuser. La nuit va venir, et tu as encore une bonne lieue à faire avant que d'arriver au premier village. — Allons, mesdames, reprit-elle en s'adressant à ses compagnes, voici un petit savoyard qui vous prie d'avoir un peu de générosité comme à M. P..., venu en France en jouant de la vielle, et qui est aujourd'hui le plus riche propriétaire de Chagny, la fortune ne lui faillira pas. En vérité, ces savoyards sont une race d'hommes à part; ils vivraient où les autres meurent de faim; » et tout en reconnaissant combien est grand le culte que l'habitant de la Savoie professe pour l'argent, ces dames n'en laissaient pas moins tomber dans le bonnet de l'enfant leurs généreuses offrandes. Arrivé aux deux chênes, madame la présidente le pria de s'écarter de la voiture, lui montra son chemin, et la calèche s'éloignant avec rapidité, se perdit sous les arbres dépouillés qui bordaient le chemin.

Resté seul, cette fois, Claude ne se découragea point.

— Ma foi, se dit-il, avec tant de braves gens comme j'en rencontre, je serais bien fou de me chagriner; car, pour peu que cela continue, ma fortune sera faite avant que je ne sois à Paris. En attendant, voyons à combien cela se monte, et sans s'inquiéter du temps qui fuyait, il s'étendit à terre et se mit à compter; c'était peine inutile, avec le trésor que son couteau de six liards commit le sacrilége de découdre, la somme etait tellement élevée, qu'il lui fut impossible d'en venir à bout. Cependant, nous, nous pensons, d'après certains souvenirs, que la somme totale pouvait s'élever à trente-cinq francs. — Trente-cinq francs! c'est, en Savoie, le salaire d'une année que reçoit un pâtre pour soigner cent vaches sur la montagne. Après avoir obtenu ce beau resultat, il se remit en route.

Bientôt les derniers rayons du soleil firent place au

crépuscule ; le crépuscule à la nuit ; un brouillard épais remplissait l'atmosphère et retombait en givre glacial sur la campagne couverte de feuilles jaunies. A cette heure où tout être vivant cherche à se garantir des atteintes du froid, le lecteur se fera une idée de la position de notre héros.

Depuis une heure il marchait le long d'un mur dont il désespérait de trouver la fin, quand il entendit les accords d'une musique à grand orchestre. Etonné, il fit encore quelques pas, et la solution du mur lui laissa voir un château étincelant de lumières. Oh ! que cette demeure parut belle au pauvre enfant qui grelottait au bas de la terrasse. Avec quels sentiments de peine et de plaisir il voyait les danseurs se former en quadrilles ; les glaces refléter ces heureux profils ! Plein du doux espoir d'occuper une petite place au large foyer de la cuisine, il s'élança pressé d'atteindre une grille qu'il aperçut devant lui ; mais, perdant l'équilibre sur une pente rapide, il ne put se retenir et tomba dans un précipice, embourbé jusqu'à la ceinture.—Quoi, dira-t-on, un précipice au bord d'un chemin dans un pays plat et devant la porte d'un château ? Oui, un véritable précipice : une mare infecte qu'on appelait l'abreuvoir de la ferme. Chez l'enfant comme chez l'homme, c'est dans un grand danger qu'on voit un grand courage ; et Claude, en cet instant critique, tint à honneur de dépêtrer ses guêtres. Mais, hélas ! il vit qu'il lui fallait passer l'onde au son des violons...
Plus il faisait d'efforts, et plus il enfonçait. — Déjà il n'avait plus que la tête dehors.... Voyant que tous ses

cris n'étaient pas entendus et qu'il allait être enterré vif, il recommanda son âme à Dieu : l'âme du narrateur : car enfin, il est temps de le dire, et le lecteur l'a déjà deviné sans doute, ce pauvre petit savoyard n'était autre que moi, ami lecteur.

Béni soit Dieu, qui, dans sa miséricorde, daigna permettre que mes pieds touchassent le fond. Il était temps. Retiré de cette triste position par le cocher d'une voiture qui vint à passer, je me trouvai bientôt fort commodément placé près du maître d'un brillant équipage qui m'avait recueilli.

Aux nombreuses questions qui me furent adressées par mes libérateurs, quelques mots répondus d'une voix saccadée suffirent pour leur apprendre qui j'étais et comment cette mésaventure m'était arrivée. Supposant peut-être que les portes du château étaient fermées et que chaque minute que je passais, exposé à l'air froid de la nuit, pouvait m'être fatale, le voyageur joignit au service signalé que m'avait rendu son domestique un acte de bonté si grand, que si je n'avais pas été moi-même l'objet de cet acte, j'aurais peine à le croire. Qu'on se représente l'état pitoyable dans lequel j'étais, couvert d'une cuirasse de boue noire exhalant une odeur fétide, et l'on comprendra combien il fallait que cet homme fût humain, plein de charité et d'abnégation, pour qu'il n'hésitât point à me placer près de lui, dans sa riche voiture. Depuis ce jour, j'ai vu bien des pays ; à la gloire de l'espèce humaine, j'ai rencontré bien des honnêtes gens; mais nulle part je n'ai vu un pareil exemple de l'amour du prochain. Tout autre que ce nouveau Vincent de Paul ne m'eût-il pas fait asseoir sur le siége, auprès de son phaëton ? Voilà de la morale en action préférable à tous les discours de nos prétendus philanthropes.

Bercé pour la première fois dans un véhicule mollement suspendu, la douce chaleur dont je me sentis pénétré en m'étendant sur de moëlleux coussins ne tarda pas à rendre leur première vigueur à mes membres, et à ma langue son élasticité. Puis, sans plus me gêner que si j'avais été chez moi, je m'endormis plein de sécurité, d'espoir dans l'avenir.

Mes rêves d'or furent de courte durée. Vers trois heures, nous arrivâmes devant l'hôtel de la poste d'un bourg considérable.

— Mon petit ami, nous sommes arrivés ; viens par ici, me dit en m'éveillant mon obligeant conducteur.

Ces paroles me rappelèrent à ma position. J'ouvris de grands yeux, je sautai à terre et le suivis sous la remise, où déjà il parlait au garçon d'écurie.

— Vous êtes bien bon, Monsieur ; vous m'avez sauvé, dis-je, en lui présentant la plus belle de mes pièces de cinq francs.

— Mais, comment, mon ami ! c'est moi qui dois te payer, tu m'as tenu compagnie, me répondit-il en me présentant lui-même une pièce de la même valeur que celle que je lui offrais. J'ouvris la main, l'écu y tomba, et tandis que je me baissais pour l'admirer, l'homme généreux à qui je voulais témoigner ma reconnaissance était remonté dans sa voiture, qui brûlait le pavé.

— Oh ! les gens et les écus sont bien bons dans ce pays-ci ; j'y resterai toujours. » Ce tribut d'éloge payé à la France hospitalière, je suivis le palefrenier.

Le reste de cette nuit fut passé de la manière la plus conforme à ma situation. Le garçon d'écurie me fit coucher dans la plus chaude des étables sur un lit de foin. Débarrassé de mes effets, et soigneusement enveloppé dans une couverture, je repris jusqu'au matin mon sommeil interrompu.

CHAPITRE II.

Les Saltimbanques.

Je vivrais encore cent ans que je me souviendrais des douces et pénibles impressions qui m'agitèrent à mon réveil. La bizarrerie de ma situation me suggéra des réflexions plus solides qu'on ne doit en attendre d'un enfant de huit ans. J'ai pu me convaincre que rien ne débarrasse plus la pensée de ses langes que lorsque l'homme est jeté par sa faute hors des sentiers battus; il sent alors se livrer dans son cœur un combat entre l'amour du devoir; en même temps son imagination s'éveille étonnée de ce premier réveil! soyez surs que l'intelligence n'est plus loin.

Or, tout jeune que j'étais, je comprenais parfaitement combien j'avais eu tort de quitter le parent à qui ma mère m'avait tant recommandé. Combien de chagrin, d'inquiétude je lui causais; je savais les tribulations que j'allais lui donner, et cependant un nouvel ordre d'idées que je ne pouvais m'expliquer, et qu'aujourd'hui je crois être l'amour de la nouveauté, l'emportait sur ces bons sentiments. Il me semblait qu'une existence vague, indécise, me causerait infiniment plus de sensation qu'une existence dont tous les jours se seraient ressemblé; en un mot, je voulais voir et sentir la vie par moi-même. Déjà, l'année précédente, guidé par une curiosité instinctive, j'avais quitté la maison paternelle, seul et à pied, pour parcourir nos montagnes : quinze jours après, je revins satisfait, persuadé désormais que l'univers s'étendait bien plus loin que l'horizon qui bornait mes regards.

A peine debout, le premier objet qui frappa mes yeux dans la rue, fut une fontaine, située précisément en face de l'hôtel. Ce monument, très simple en apparence, était décoré d'un morceau de sculpture dans le genre antique, et d'un grâce paternelle. Le sujet de cette œuvre d'art, placé au centre du bassin, représentait un enfant domptant un chevreau. Je puis affirmer, sans craindre de me tromper, qu'alors seulement j'éprouvai ma première impression d'arts et de goût. Je contemplai donc ce groupe avec admiration. Il était si parfait dans son ensemble; tous ses détails en étaient si purs, si animés, que mon enthousiasme s'accrut au point que j'en voulus toucher chaque partie. Je ne comprenais pas alors qu'un homme de génie pût, avec le secours d'un ciseau, donner ainsi la vie à la pierre. Monté sur le bord du bassin, les pieds sur la barre transversale qui servait à poser les seaux, déjà je tendais la main pour caresser la barbe du bouc, quand je vis venir vers moi une troupe d'enfants allant à l'école. Aux transports de joie, aux rires qui s'emparèrent d'eux dès qu'ils m'aperçurent, je jugeai prudent de me mettre à cheval sur le chevreau, comme sur la position la plus inaccessible, me doutant bien qu'une collision ne pouvait manquer d'avoir lieu. En effet, je ne me trompai pas; les hostilités commencèrent par une grêle de quolibets insipides qui me furent lancés à bout portant. Alors, comme aujourd'hui, j'étais lent à me fâcher. Tant que je ne servis de but à d'autres projectiles qu'à des paroles, gaîment je me mis, moi-même, de la partie et ripostai de mon mieux. Mais, quand je vis qu'ils voulaient me faire prendre un bain, et vider les arçons, je me récriai d'une belle manière. Ce qui devait arriver arriva. Surpris par derrière, je tombai dans le bassin, où je me baignai comme la veille, dans une eau plus claire cependant, mais aussi bien plus froide. Honteux, furieux, je me relevai aussitôt et je courus après les espiègles qui m'avaient joué ce mauvais tour. C'était peine inutile, car ainsi que le flibterscibett de Kenilsworth, ils se laissaient approcher, et lorsque j'étais prêt à les atteindre, ils jouaient des jambes avec une vélocité désespérante. En ce moment j'eusse donné ma bourse, oui, ma bourse toute pleine, à qui m'en eût mis un entre les mains. Déjà, comme à tous les petits esprits, le ridicule me faisait un mal horrible.

Eh bien, toute mon animosité, toute ma tactique se fussent exhalés en pure perte, si un auxiliaire inattendu n'était venu me prêter main forte. Je vis ce nouveau compagnon sauter de l'une des fenêtres du premier étage de l'hôtel, en trois bonds, mettre la main sur mon principal antagoniste et me l'amener prisonnier. Cet enfant, qui pouvait avoir dix ans, et dont le costume était bien plus extraordinaire que le mien, avait une figure si douce, si avenante, que je me sentis entraîné vers lui par une véritable sympathie. Aussi, dès ce moment, et durant deux années, fûmes-nous inséparables comme Oreste et Pylade.

Brancas, c'était son nom, après m'avoir fait quelques signes, que je compris, empoigna le bras du petit dont l'agression m'avait été la plus funeste; moi, je lui étreignis les pieds, et malgré tous ses efforts et devant tous ses camarades, nous lui rendîmes la monnaie de sa pièce. En d'autres termes, nous le fîmes boire et prendre un bain dans le bassin où je venais de le précéder. Cette prouesse achevée, nous battîmes en retraite ; car la troupe, jusqu'alors tranquille spectatrice de l'immersion, vint se ruer sur nous avec acharnement. Protégés sur nos flancs par le fouet du garçon d'écurie, nous atteignîmes la porte de l'hôtel. Là, toujours précédé par Brancas, je montai dans l'une des salles du premier, où je restai stupéfié d'étonnement à la vue du tableau qui s'offrait à mes yeux.

Cette salle, dont on avait fermé les persiennes afin d'obtenir les prestiges d'une scène, eût été dans la plus profonde obscurité, sans une douzaine de quinquets enfumés éclairant une troupe de saltimbanques qui répétaient divers tours de leurs métiers. Sur quatre tables de même niveau en hauteur, et jointes ensemble de manière à former un tréteau, sept ou huit individus chaussés de cothurnes, vêtus de pantalons blancs, de vestes vertes parsemées de paillettes d'azur, exécutaient le tour nommé la pyramide humaine. Au bas de cette espèce de scène, et droit au milieu de la salle, un nain barbu, âgé de 40 ans, se tenait en équilibre perché sur un immense chandelier de bois. Rien de plus grotesque dont je me souvienne, que l'expression de cet embryon d'homme cherchant à imiter la pose gracieuse du mercure aux ailes déployées. Près de lui, deux femmes se livraient à d'autres exercices plus ou moins difficiles. Deux surtout frappèrent mon attention. L'une d'elles, étendue à terre, passait et repassait entre les barreaux d'une chaise avec un verre plein d'eau sur le front. L'autre, véritable sylphide, dansait les yeux bandés, et sans en casser un seul, entre deux douzaines d'œufs placés et distancés dans un diamètre de douze pieds. A la vue de ces tours, de cette fantaisie élégante et grotesque à la fois, le lecteur comprendra facilement l'étonnement dont je fus saisi. Quel enfant comme moi qui, en fait de sauts, n'avait vu que ceux des chamois, n'eût pas été surpris voyant à l'improviste cette bande de bateleurs.

Bientôt entouré de toute la troupe qui riait de mon

accoutrement comme je riais de ses oripeaux ; on me conduisit, après m'avoir préalablement fait maintes questions, dans un cabinet attenant à la salle. Là, je me trouvai en présence d'un homme de haute taille, aux formes herculéennes. Assis à l'orientale, l'hercule fumait dans un chibouck : c'était le directeur de la troupe. Coumme tous les zingari de Venise, cet autre Belphégor était de la Dalmatie. Souple, adroit, fort et rusé, il était bien la personnification du Bohémien, du sauteur nomade. Arrivé en sa présence, mon introducteur, qui n'était autre que Brancas, suivi des deux joueurs de clarinettes, lui dit :

— Maître, tu desirais depuis longtemps m'annexer un paillasse, vois si celui-ci peut te convenir. Il n'est pas très présentable en ce moment, mais je crois qu'habillé il remplira bien cet emploi. A ces mots le Dalmate fixa sur moi ses regards pénétrants, me releva les cheveux pour voir si mon front offrait quelques signes d'intelligence :

— Oui ! répondit-il, conduis-le vers Marguerite. Or, Marguerite, cette même femme que je venais de voir danser sur les œufs, me reçut à bras ouverts. C'était une grande fille de 25 ans, brune, bien faite, et souple, le visage n'était pas des plus jolis, mais Marguerite se faisait aisément pardonner l'irrégularité de ses traits, par une grande bonté d'âme, un cœur excellent; c'était au point qu'elle ne savait rien refuser, pas même un baiser, disait le plaisant de la troupe. Nous trouvâmes cette excellente fille dans une des encoignures de la salle dont un paravent faisait une pièce séparée. Quatre enfants sortaient de ce vestiaire improvisé au moment où nous y entrâmes; quatre enfants d'une beauté remarquable, deux garçons et deux filles. Tous portaient le même costume, et tous avaient de longs cheveux bouclés avec grâce. Marguerite, qui avait pour eux la tendresse d'une mère, les accompagna jusqu'au bas de l'escalier pour serrer les courroies de leurs échasses. Cinq minutes après, regardant par la croisée du lieu où je me trouvais, la seule qui n'ait pas été close, je les vis danser dans la rue, accompagnés de deux musiciens qui jouaient cette ronde de l'Opéra du *Petit Chaperon Rouge*:

> Depuis longtemps, gentille Annette,
> Tu ne viens plus sur la coudrette,
> Danser au son du chalumeau.

Certes, je doute que le plus habile échassier des Landes ait jamais dansé sur ses bâtons de cinq pieds, avec plus d'aplomb que le faisaient mes futurs camarades de théâtre.

Lorsque Marguerite, qui revint immédiatement au vestiaire, eut achevé ma toilette, je sentis un grain de vanité enfler ma petite personne. Il serait fastidieux de dire ici quelles étaient les parties de l'accoutrement dont la Gypsy m'affubla: j'avais, en deux mots, du linge blanc fin, et le tout était caché sous un carrick couleur noisette à plusieurs pèlerines et datant au moins du temps de l'Empire. Certes, ce costume n'était pas celui qui allait le mieux à ma taille; n'importe, j'étais radieux, et s'il est vrai que les vanités aussi sont relatives, j'affirme qu'Octave Auguste, nommé empereur, ne fut pas plus fier de son manteau de pourpre que je l'étais du mien.

Heureux de l'amitié de Brancas et des caresses de Marguerite, ce nouveau genre de vie me plaisait infiniment. Mon compagnon m'apprenait son métier de paillasse avec autant de douceur que de discernement. Marguerite, que mes progrès satisfaisaient, m'aimait beaucoup, et ses embrassements, quoique moins doux que ceux de ma mère, avaient pourtant un parfum qui me faisait goûter un bonheur tout nouveau. Oh! c'était une bien bonne fille, Marguerite. Mon compatriote de Chagny avait eu l'heureuse idée de faire coudre, dans la doublure de ma veste, le trésor qu'il me donna; mais Marguerite fit mieux. Peu de jours après notre arrivée à Saulieu, elle me prit mes beaux écus; puis, en échange, elle me pendit au cou, en guise de scapulaire, une pièce de 40 francs soigneusement cousue dans un morceau de drap.

— Vas, dit-elle, je souhaite que tu n'aies jamais besoin de cet or; garde-le pourtant; car, dans bien des circonstances, il te servira de talisman. Une mère eût-elle employé pour son fils un procédé plus ingénieux?

Une chose étrange, et que l'on ne comprendra qu'avec peine, c'est que le plus jeune des membres de cette communauté, une toute petite fille âgée de cinq ans, en ait été le plus éminemment comédien, et par conséquent, le plus aimé du public. Cette enfant, nommée Esmelaïda, prise ou trouvée je ne sais où, parlait le français et l'italien. Très jolie ; intelligente à l'avenant, elle joignait à beaucoup de mémoire, une voix pure et vibrante qu'on ne pouvait entendre sans émotion ; aussi faisait-elle les délices des populations avides de l'entendre et de la voir. En somme, quelle que soit la dénomination qu'on veuille donner à ces artistes ambulants, saltimbanques ou comédiens de campagne, toujours est-il que c'était une troupe bien montée, et comme on en voit rarement. Partie de Beaune, où elle laissait des souvenirs, elle ne s'était arrêtée dans le bourg où je la rencontrais que pour y répéter et continuer ensuite sa tournée vers Autun ; là sa renommée l'avait précédée.

Un grand charriot, destiné au transport des bagages, suivait sur la route deux voitures de moindre dimension, semblables, pour la forme, aux fourgons des artilleurs. C'était dans ces véhicules, aussi rares aujourd'hui qu'ils étaient communs alors, que la troupe, partagée en deux catégories, celle des adultes et celle des enfants, s'arrangeait tant bien que mal pour aller d'une ville à l'autre. Placé près de Brancas et d'Esmelaïda, je racontais les premières particularités de mon histoire, m'apitoyant sur le chagrin que j'avais dû causer à mon oncle, quand mon compagnon, mettant la tête à la portière, se prit à rire en me disant :

— Tiens ! je pense que le voilà, ton cher oncle ; il n'a pas froid, je t'assure ; s'il continue à courir de la sorte, il ira loin.

A ces mots, je regardai sur la route, et je vis, en effet, ce pauvre cher homme qui me cherchait, marcher au pas de course vers le village que nous venions de quitter.

— Mon oncle! mon oncle! m'écriai-je de toute la force de mes poumons.

— Tais-toi! tais-toi! me dirent tous mes camarades, et Marguerite, notre gouvernante, me cacha la tête dans son tablier.

Cependant mon parent, qui m'avait entendu, s'était approché de la voiture.

— Claude! Claude! est-ce que tu es là-dedans? dit-il.

— Mais vous le voyez bien, que j'y suis, lui répondit Brancas avec effronterie. Oh! mon cher oncle, que je suis charmé de vous voir!

— Serpent, ce n'est pas toi que je cherche; c'est mon neveu Claude.

— Mais, encore une fois, c'est moi qui suis Claude, ne me reconnaissez-vous pas? N'êtes-vous pas mon oncle Rocardeau? n'habitez-vous pas Marmande!

— Eh! va-t-en au diable, petit vaurien; laisse-moi chercher mon neveu. Cela dit, mon digne parent se mit à courir de plus belle pour rattraper le temps perdu. Inutile de dire qu'une longue hilarité succéda à cette espièglerie, et que Brancas reçut, d'une voix unanime moins la mienne, les félicitations qui lui étaient dues.

L'imitation et la mémoire sont deux facultés naturelles à l'enfance : sous ce rapport, je l'avouerai, la nature n'avait pas été avare à mon égard. A peine ma nouvelle condition datait-elle de trois semaines, que déjà ma prononciation était devenue plus pure et mon langage plus correct.

Cependant, deux mois se passèrent avant que l'on me donnât un rôle, deux mois de noviciat durant lesquels le grand écart, la souplesse et la danse des échasses furent mes seuls progrès visibles et les seuls aussi qu'on exigeait de moi. Je ferai observer que tout n'est pas rose dans le métier de santeur. Tel qui rit et chante devant le public se lamente dans les coulisses : Brancas se blessa un jour qu'il riait sans songer à l'équilibre, et je me vis élevé à la dignité de paillasse.

Dans les villes considérables, nous trouvions presque toujours un théâtre tout prêt à nous recevoir. Ordinairement, c'étaient les enfants qui ouvraient le spectacle par un petit vaudeville du répertoire de M. Comte. Si le séjour se prolongeait au-delà de toute espérance, alors, pour varier et ramener la foule, on commençait par un mélodrame bien noir, bien invraisemblable de MM. Caignez et Lamartillière, les deux prédécesseurs de M. Pixérécourt. Le goût, à mon avis, s'est bien amélioré depuis ce temps. Les pièces qui faisaient fureur alors n'étaient pas très-littéraires, si j'en crois mes souvenirs. Dans l'un de ces drames au style boursoufflé, un brigand qui veut assassiner un prince dit en entrant en scène : *Feignons de feindre pour mieux dissimuler;* puis, la pièce se terminait par cette hyperbolique figure du même personnage : *L'oreiller du crime est bourrelé de remords.* Telle était la partie poétique du spectacle.

Ce fut à Avallon, sur un très joli théâtre, que je fis mes premières armes. Je dus cet honneur à Brancas, qui me céda forcément son rôle, emploi pour lequel je n'avais point été préparé par une répétition préalable. Toutefois, aidé de ma mémoire qui était assez bonne, du prestige de la scène, et admirablement secondé par la petite Esmelaïda, ma jeune première, je m'inspirai et jouai de manière à faire concevoir quelques espérances. Je cumulai donc, ce soir-là qui m'a laissé d'agréables souvenirs, l'emploi de jeune premier et celui de paillasse. Mon début eut un grand succès, m'a-t-on dit, dans la pièce intitulée *Pommadin et la Bergère;* nous enlevâmes tous les suffrages, et nos camarades nous promirent à tous deux un bel avenir dramatique. Pourtant j'avouerai, en toute humilité, que la plus grande partie des bravos dont retentissait la salle s'adressaient plus particulièrement à Esmelaïda qu'au débutant : que de coquetterie, que de grâce elle employait dans son jeu ! quelle charmante petite moue elle faisait en chantant les deux derniers couplets, qui se terminaient ainsi :

>Ah! ah! ah! ah!
>Qu'est-ce qu'aurait dit ça ?
>Qu'il m'aurait planté là, comme ça,
>Ah! ah! ah! ah!

En vérité, que pouvait-on exiger de plus d'un acteur qui n'avait pas neuf ans, et d'une actrice de cinq ans, l'un et l'autre ne sachant pas lire ?

C'était durant l'intermède qui séparait la première pièce des grands tours de force, que j'allais m'enfariner la figure, prendre un costume de paillasse, blanc comme celui de pierrot, et que je revenais, pour la troisième partie, faire et dire des sottises le plus spirituellement qu'il m'était possible.

Jusque-là tout allait pour le mieux, mais le plus difficile restait encore à faire, et j'en attendais le résultat avec impatience. Le moment si redouté et pourtant si ardemment souhaité arriva enfin. Comme toujours, d'après l'ordre du spectacle, la voltige terminée, le Dalmate exécutait le saut périlleux du tremplin. Ce tour, qui n'exigeait qu'un jarret d'acier, excitait dans la foule un grand étonnement; c'était au point que partout, dans les villes comme dans les bourgs, le public enthousiasmé jonchait la scène de sous, de pièces blanches, voir d'écus de cinq francs. Chaque soir, indépendamment de la recette, il nous restait encore une récolte à faire. Je disais donc qu'après la voltige venait le saut du tremplin. Eh bien! après le saut du tremplin venaient les bombes vivantes. Pour ce tour seulement, un espace de quelques pieds carrés restait vide dans le parterre derrière les musiciens et durant toute la représentation. C'était sur ce terrain réservé que notre directeur, le Dalmate, sautant par-dessus la rampe et le corps harmonique, allait s'étendre sur le dos, les quatre membres dans la position verticale; dix des plus jeunes sociétaires l'y suivaient, et alors avait lieu un fonds roulant de bombes vivantes vraiment prodigieux. Déjà neuf de mes acolytes avaient effectué leur ascension vers le cintre, quand le Bélier, c'est-à-dire le Dalmate, s'écria de sa voix stentorienne : A ton tour, Paillasse !...

Fier et décidé, je sautai dans l'arène. Ainsi que mes compagnons je mis résolûment mes mains sur les pieds, mes pieds sur les mains du maître, et dans cette posture bizarre, comme si j'eusse été posé sur quatre ressorts d'acier qui se seraient détendus simultanément, je me sentis lancé dans l'espace par une puissance répulsive dont la force fut telle que j'allai toucher les frises du théâtre. Là, mon opaque individu décrivit une courbe, oscilla, puis retomba, non avec grace, et sur les pieds, comme venaient de le faire ceux qui m'avaient précédé dans ce voyage aérien, mais prosaïquement, mais sur le derrière, comme un véritable paillasse que j'étais ; ce que voyant, ce bon public, qui s'imaginait que j'étais tombé de la sorte pour le faire rire, me témoigna sa satisfaction par une salve de bravos frénétiques. Etourdi, stupéfait, je rappelai mes esprits sous une volée de gros sous qu'on me lançait de la salle et qui me tombaient sur la tête comme de la grêle. Merci !

Il y a plus de vingt ans de cela ; eh bien ! aujourd'hui je me demande encore comment je ne me suis pas cassé bras et jambes ! En vérité, c'est un bien grand dommage pour la banque que la mère de ce Dalmate, de cet Illyrion, ne fasse plus d'enfants comme lui.

Si j'avais été, il y a deux mille ans, citoyen d'Athènes ou de Rome, si, dans ce temps de crédulité où l'on accordait foi aux oracles, on m'eût dit : Atlas portait un monde, j'eusse répondu en Scythe barbare, ou tout au moins en Romain sceptique : Je voudrais le voir pour le croire. Eh bien! si les circonstances n'avaient pas fait de moi un histrion de bas étage, si je n'avais jamais vu exécuter ce tour de force, la pyramide humaine, je ferais la même réponse à qui me l'expliquerait; car enfin, si ce Dalmate ne portait pas un monde comme Atlas, il portait au moins ce que nul homme, que je sache, n'avait porté avant lui. Qu'on se représente un Hercule de la taille d'un mètre quatre vingts centimètres, aux formes athlétiques, étendu sur le dos, les bras et les jambes en l'air, enclavés dans un cercle de fer et raides comme des pieux. Voyez monter sur chacun de ses membres quatre hommes se tenant par la main pour maintenir leur centre de gravité; quatre hommes encore se tenant de même sur leurs épaules, quatre enfants ensuite; couronnez le faîte de cet échafaudage humain, de la petite Esmaleïda, enlevée là-haut comme par enchantement; puis comptez s'ils sont quatorze, et vous pourrez vous figurer ce que c'était que la pyramide humaine; tour prodigieux s'il en fût, et qu'on ne reverra peut-être jamais. Il est difficile, en effet, qu'*il signor Pietro Sacripanti* puisse trouver un successeur. J'ajouterai qu'une danse générale sur les échasses terminait, avec les inévitables flammes du Bengale, ce singulier spectacle.

Tel a été mon genre de vie durant deux ans ; c'était une existence difficile comme celle du marin ; elle était pleine de charmes et de périls, de pluie et de soleil.

La veille de notre départ d'Auxerre, les enfants allèrent, selon leur coutume, danser sur les échasses par les rues de la ville. Bien plus que l'affichage que d'ailleurs on ne supprimait point, ce mode de publication révélait notre présence. Dans tous les carrefours, dans toutes les rues, l'un des musiciens qui nous accompagnaient faisait, avec la permission des autorités, une annonce pompeuse des pièces que l'on devait jouer le soir. C'était, en effet, faire venir l'eau à la bouche de ces bons citadins, que de voir six enfants magnifiquement costumés s'évertuer, au son de la clarinette, sur des échasses de cinq pieds. Du reste, cette sorte de *prospectus-specimen* du savoir-faire de la troupe était du goût de notre directeur. Il fallait bien s'y conformer ; je dis il fallait, car le matin même de ce jour, Marguerite et la majorité des acteurs avaient décidé que nous ne paraderions pas, vu l'intensité du froid. Cette ombre d'opposition ne balança point la volonté du maître : nous sortîmes. Hélas ! ce que Marguerite avait prévu arriva. Après avoir dansé sur une place spacieuse qui avoisine l'hospice, nous descendîmes, suivis de tous les polissons de la ville, une petite rue étroite, tortueuse, pavée de cailloux ronds, et parsemée çà et là de nappes de verglas. Arrivés au milieu de la rue, les accidents de terrain parurent tellement à craindre que les musiciens jugèrent prudent de porter sur leurs épaules les quatre plus jeunes de mes compagnons. Brancas et moi, nous nous donnâmes la main pour nous entr'aider à franchir ce mauvais pas. Néanmoins, malgré cette précaution, nos maudites échasses glissèrent sur la glace et nous tombâmes de toute leur hauteur : Brancas sur un tas de fumier qui semblait se trouver là tout exprès pour le recevoir, et moi sur le pavé, baigné dans des flots de sang qui sortirent d'une large blessure que je me fis à la tête. J'essayai de me relever balbutiant quelques mots et retombai sans connaissance.

CHAPITRE III.

L'hospice d'Auxerre.

Lorsque je revins de mon évanouissement, je crus me réveiller d'un sommeil léthargique. J'avais un peu de fièvre, et ma blessure ne me causait que peu de douleur. Etonné du silence qui régnait autour de moi, je rappelai mes esprits, et ma chute de la veille me revint à la mémoire. Pressé par une soif ardente, j'appelai Marguerite pour qu'elle me donnât de l'eau. Bientôt un pas léger, le frôlement d'un robe se firent entendre. On entr'ouvrait les rideaux de mon lit.

— Tiens, mon pauvre petit, tu dois avoir bien soif. »
Et me précipitant sur le vase que l'on me tendait, je bus deux gorgées d'une tisane tiède et suorée.

— De l'eau! de l'eau! dis-je en ôtant de mes lèvres le vase que je repoussais; ma bonne Marguerite, donne-moi de l'eau.

— Marguerite n'est pas là, mon petit ami, mais elle a défendu qu'on te donnât de l'eau. De l'eau, vois-tu, te ferait mourir, et le bon Dieu ne veut pas que tu meures encore.

Au son de cette parole si douce qui semblait me témoigner tant d'intérêt, j'ouvris de grands yeux. Une lampe qui brûlait non loin de moi, suspendue devant l'autel d'une chapelle, et dont en ce moment un rayon de lumière se projetait sur le bon génie qui me visitait, me permit d'entrevoir ses traits et son habit qui était celui des sœurs grises. Oh! qu'elle me parut belle, cette fille de Dieu ainsi penchée à mon chevet! quelle angélique figure était la sienne! De quel saint respect je me sentis pénétré à la vue d'une croix d'ébène incrustée de cuivre qui brillait sur sa poitrine! Tobie ne fut pas plus surpris que je le fus lorsque l'ange se présenta devant lui, dépouillé de la forme terrestre qu'il avait empruntée.

— Eh! qui donc êtes-vous? je ne vous connais pas! lui dis-je.

— Tu le sauras plus tard; tais-toi, si tu veux te guérir; n'ôte pas les linges que l'on a mis à ta tête. Sois sage, et j'aurai bien soin de toi.

— Dors! reprit-elle; une minute encore, et je ne vis plus que son ombre qui grandissait, en marchant, sur les murs de la salle. J'étais à l'hôpital d'Auxerre.

Le matin, me trouvant beaucoup mieux, je fus me

mettre à genoux devant la chapelle de la salle des hommes. Un grand tableau, représentant la *Résurrection de Lazare*, la décorait. Ravi, je contemplais cette peinture que les premiers rayons du jour éclairaient, quand un chœur de femmes, entre lesquelles je distinguais de belles voix, m'attira dans la salle des femmes, devant un autre autel. A mesure que j'approchais, les paroles m'arrivaient plus distinctes, et, quoique je ne les comprisse point, mes souvenirs leur prêtaient une suavité délicieuse. J'avais reconnu dans ce chant sacré les litanies de la Vierge, que chantaient souvent les jeunes filles de mon pays. Un instant je me crus dans l'église de Saint-Sigismond, et mon émotion alla jusqu'à l'extase.

L'exemple est tout pour l'enfance. Seul devant la chapelle des hommes, la prière ne m'était pas venue à l'idée. Là, au milieu de ces malades convalescentes, de ces saintes sœurs, tout ce que ma mémoire me rappela de prières que naguère je disais près du foyer paternel, furent dites avec beaucoup de ferveur; aussi mon cœur se soulagea-t-il, et jamais, qu'il m'en souvienne, je n'éprouvai depuis un pareil bonheur.

Durant tout le temps que je demeurai dans cet hospice, chaque jour, et même quelquefois la nuit, on me surprenait à genoux devant l'autel de l'une ou l'autre salle. Pourtant, la chapelle des femmes me voyait bien plus souvent, et la raison de cette préférence était simple, le tableau qui la décorait : une *Ascension de la Vierge*, me plaisait infiniment plus que son pendant, la *Résurrection de Lazare*. Que de fois j'ai tenu mes regards attachés sur la figure céleste de la mère du Sauveur! Que de fois j'ai souri de voir sourire les jolis anges qui l'entouraient! Quelles douces heures j'ai passées là. A dix ans, rien ne pouvait ternir la chasteté de mes sentiments; ma foi était pure, et pourtant, je l'avouerai, sans cette belle vierge à la robe ondoyante, sans ses grands yeux bleus, si doux, si pleins de modestie, Dieu me le pardonne! cet autel m'aurait vu prier moins souvent.

Il y a trois ans, dans un voyage que je fis en Savoie, j'entrai dans cet hospice pour y revoir ces deux tableaux; mon étonnement fut grand : je ne vis dans ces peintures, que la mémoire et l'imagination me représentaient comme des chefs-d'œuvre, qu'une pâle, qu'une médiocre copie des tableaux d'un grand maître. Sans doute le temps les avait altérés, comme il altère toutes choses; mais je n'y vis point, comme je l'avais cru si longtemps, ces nuances tranchées, cette touche exquise qui caractérisent un pinceau de génie. Hélas! l'âge effeuille bien vite nos illusions, et je puis affirmer que le culte des arts n'a pas de plus fervents adorateurs que la jeunesse rêveuse et enthousiaste.

La prière finie, lorsque toutes les malades se furent retirées, l'une des sœurs qui m'approchait le plus, me dit en me frappant doucement sur l'épaule :

— Je croyais que les petits comédiens ne priaient jamais le bon Dieu! me serai-je trompée?

— Hélas! non, Madame, vous ne vous êtes point trompée : ils ne le prient jamais.

— Pourtant, tu le priais, toi, tout à l'heure : tu n'as donc pas toujours été comédien ?

— Non, Madame.

— Dis ma sœur, c'est le nom qu'on nous donne.

— Votre sœur ! Oh ! je le voudrais bien que vous fussiez ma sœur : vous êtes si belle ! si bonne !

— Allons, ne vas pas jouer la comédie ; ici, ce serait un péché. — Comment t'appelles-tu ?

— Ma sœur, j'ai deux noms.

— Sans doute, comme tout le monde : ton nom de famille et ton nom de baptême.

— Je ne sais. — A la maison, dans mon pays, on me nommait Claude, mais les comédiens ne trouvaient pas ce nom-là assez joli ; ils m'ont appelé Giovanni.

— Pauvre enfant, ne retourne plus avec ces gens, ils te conduiraient tout droit en enfer. Mon Dieu ! ils t'ont pris jusqu'à ton nom de baptême.

— Ma sœur, ne dites pas cela, Marguerite ne veut pas que j'aille en enfer ; elle est bien bonne aussi, Marguerite.

Ici le médecin entra pour faire la visite du matin.

— Ah ! voilà le médecin ; vas vite te coucher, car s'il te voyait marcher pieds nus, il nous gronderait tous deux. — Écoute, quand tu auras besoin de quelque chose, tu demanderas sœur Sainte-Eulalie ; t'en souviendras-tu ?

— Sœur Sainte-Eulalie ! que votre nom est beau. Oh ! oui, je m'en souviendrai ! Sœur Sainte-Eulalie, dites, n'est-ce pas vous qui m'avez donné à boire cette nuit ? J'ai cru reconnaître votre voix.

Sœur Sainte-Eulalie ne répondit pas ; mais elle me lança un regard de satisfaction, et nous nous séparâmes.

Vers midi, après le pansement, Marguerite et Brancas vinrent me voir. Comme la troupe devait partir le lendemain, ils firent tout ce qu'ils purent pour m'emmener avec eux ; mais sœur Sainte-Eulalie, exagérant mon état maladif, fit tant auprès du médecin et de la supérieure, qu'elle les força de me laisser. Je n'oublierai jamais la contenance de ces deux femmes au chevet de mon lit, en présence l'une de l'autre. Toutes deux, avec une éducation et des principes différents, étaient fortes de leur conscience, du bien qu'elles avaient fait et de celui qu'elles voulaient faire encore. Si le destin avait réuni ces deux tendres filles dans un même genre de vie, elles se fussent beaucoup aimées ; car toutes deux étaient bonnes et sensibles. Ainsi, l'école où elles avaient vécu séparément était donc la seule cause de l'inimitié qu'elles se témoignaient. Par les pratiques austères de la religion, l'une croyait racheter les fautes qu'elle commettait en quelque sorte à son insu, tandis que l'autre disait n'avoir que faire de ces mêmes pratiques, vu qu'elle ne péchait jamais sciemment. J'étais donc là entre la main de l'ange et la griffe du démon. Quoique jeunes, toutes deux savaient par expérience que l'enfant, comme la branche de l'arbre, prend le pli qu'on lui donne. Toutes deux croyaient fermement qu'il était de leur devoir de m'arracher, l'une à Satan, l'autre au démon du fanatisme qui, disait-elle, dessèche le cœur et tue l'esprit. Quel vaste labyrinthe que le cœur humain ! Eh ! qui osera maudire Marguerite ? qui osera lui jeter la première pierre ? Toutefois, disons que la victoire resta au bon ange ; les saltimbanques partirent, non sans beaucoup de larmes versées de part et d'autre, et sans nous promettre de nous revoir bientôt. Hélas ! le destin mit encore là son irrévocable *veto*. Nous ne nous revîmes plus.

Ainsi qu'il en avait été convenu, quand un mois se fût écoulé, l'un des comédiens revint tout exprès de je ne sais quel pays pour m'emmener à Troyes, où se rendait la troupe ; mais la supérieure et toutes les sœurs en général, plus jalouses de mon salut que de mon bonheur, se prirent à mentir pour l'amour de Dieu. Elles dirent à cet homme que, seul et sans les en prévenir, j'étais sorti de l'hospice et qu'elles ignoraient ce que j'étais devenu. Ainsi finit le premier acte de ma carrière dramatique.

Oh ! quelle douce vie j'ai mené dans cet hospice durant les quatre mois que je l'habitai ! Que de bonbons et de caresses je reçus de ces bonnes sœurs ! Combien de petits cadeaux on me faisait quand, le dimanche, je revenais de servir la messe à l'une des chapelles ! M'envoyait-on porter quelque chose, faire une commission dans la salle, toujours ma part était jointe à celle du malade. — Ça c'est pour tel numéro, et ça pour Adrien, disaient-elles ; car jamais ce pauvre Claude n'a pu se faire appeler par son nom ; partout je reçus des noms qui n'étaient pas le mien : Chapsal, Francisque, Tartare, Brutus et tant d'autres, qui variaient selon le caprice des gens.

Un jour, la supérieure ou la mère, comme on la nommait, me fit appeler dans son appartement. Elle était entourée de sœurs, d'élèves internes, du médecin et de l'aumônier.

— Adrien, il faudra nous quitter, mon enfant. Tu n'es plus malade, l'hiver est passé, et...

— Oh ! madame, je prévoyais bien qu'il fallait vous quitter. Je fusse déjà parti, si je vous avais moins aimé. — Je m'en irai !

— Oui ! c'est cela même. Eh bien ! voilà monsieur l'aumônier qui se charge de te faire avoir trois sous par lieue, si tu veux t'en retourner dans ton pays.

— Non, madame, je veux aller à Paris ; cela ne m'empêchera pas d'aimer le bon Dieu et de toujours penser à vous.

— Très bien ! dirent les assistants.

— Et je partirai demain ? repris-je.

— Oui, mon cher petit ; mais il ne faudra plus retourner avec les comédiens, ils te damneraient.

— A propos, que faisais-tu avec les comédiens ? me demanda M. l'aumônier.

— Monsieur, je faisais des tours de force et je jouais la comédie.

— Tu jouais la comédie... Mais quelle comédie ?... Dis-nous quelque chose de ce que tu disais... Fais attention ! Surtout rien de vilain.

— Oh ! non, monsieur, il n'y a rien de vilain dans *Arlequin et Colombine*.

Or cette pièce, que je me mis à réciter, était composée de cinq personnes. Par un hasard assez singulier, les cinq enfants chargés de chaque rôle avaient tous un organe qui leur était particulier, une inflexion de voix tranchant sensiblement sur celles des autres. Je m'étais tellement familiarisé pendant deux ans avec ces diverses prononciations que là, en présence de mon auditoire, j'en fis ressortir toutes les nuances. Cette pièce, dont j'ignore le nom de l'auteur, était du genre de celles de Florian, très décente et très spirituelle à la fois. On la jouait souvent au temps des vacances. Ainsi me voilà donc, joignant les gestes à la voix, et par ordre d'entrée, distinguant chaque acteur par une diction incisive, tranchée, ce qui ressemblait beaucoup à une scène de ventriloquie. Cet art qui se révélait ainsi, et que jusqu'alors j'avais ignoré moi-même, parut aussi incompréhensible que comique à mes auditeurs, qui certes ne pensaient pas, en ce moment, que la plupart de ces qualités, je veux dire de ces petits talents, me venaient de l'habitude. N'importe, on loua beaucoup ma facilité d'élocution ; on me félicita. Puis on me fit une collecte qui s'éleva à vingt-cinq francs.

— Tu viendras demain nous dire adieu avant ton départ, me dit la supérieure en me montrant l'argent qui couvrait le fond d'une petite corbeille.

— Oui, madame.

Je fis une révérence théâtrale, une longue pirouette

sur le talon, et sortis accompagné d'éclats de rire et de bénédictions.

Le lendemain, en me rendant chez la mère, je rencontrai sœur Sainte-Eulalie qui sortait de sa cellule.

— Ah! te voilà, mon pauvre petit; où vas-tu aller tout seul? mon Dieu!

— Oh! ma bonne sœur, combien je regrette de vous quitter! Si vous saviez combien je vous aime!

— Ton âme est trop aimante, mon enfant. Dans le monde où tu vas être jeté, tu ne pourras que souffrir!

Puis nous nous assîmes tous deux sur l'un des bancs de la salle de visite, et mille riens charmants succédèrent à ces premiers adieux. A la fin, pourtant, elle se leva, et dit en faisant un grand effort sur elle-même :

— Sainte Vierge! je suis plus enfant que toi. Allons voir la mère, elle t'attend.

Non, je ne crois pas qu'il soit donné à l'homme d'éprouver une volupté plus pure que celle qui vint inonder mon cœur durant cette conversation. Oh! bonne sœur Sainte-Eulalie! Si j'avais du génie, je parlerais de toi à toute la terre.

Ainsi que le jour précédent, il y avait nombreuse société chez la supérieure.

— Enfin, Dieu soit loué! je croyais que tu n'allais plus revenir. Sœur Sainte-Eulalie t'a donc retenu? me dit avec bonté cette nouvelle madame de Chantal.

— Oui ! je l'aime beaucoup, sœur Sainte-Eulalie, et vous aussi, madame. J'ai bien de la peine à vous quitter... Mais il le faut... j'aurai du courage...

— Que Dieu et son bon ange te conduisent, mon enfant, je t'aime aussi, va ! Tiens, voici deux lettres que tu remettras aux personnes à qui elles sont adressées. Ce sont d'honnêtes gens qui habitent Paris. Je leur dis qu'elles te fassent tout le bien qu'elles pourront; que tu le mérites.

— Mais, dit sœur Sainte-Eulalie, où va-t-il mettre ces lettres? il faut qu'il en ait soin. Il n'a pas de portefeuille.

— Là dedans, là dedans, dis-je, en retirant de mon sein le scapulaire que m'avait donné Marguerite. Là dedans, je ne les perdrai point. A cette vue l'étonnement fut grand. L'une des sœurs prit des ciseaux, coupa quelques points de cette espèce de bourse, et la pièce de quarante francs résonna sur la terre.

— Qui t'a donné cette pièce d'or? me demanda la mère d'un ton sévère.

— On ne me l'a pas donnée tout d'une fois, Madame.

— Comment cela ! explique-toi.

Pour me réhabiliter, pour éloigner jusqu'à l'ombre du soupçon, je compris que la vérité seule pouvait faire disparaître les apparences criminelles qui planaient sur ma probité. En conséquence, je fis un récit détaillé, exact, des faits déjà connus du lecteur, et terminai ma justification par un pompeux éloge de Marguerite qui avait eu cette heureuse idée. Ce petit discours prononcé d'un ton leste et persuasif, dérida tous les fronts.

— Oh! j'étais bien persuadée qu'il n'était pas coupable, dit Sainte-Eulalie avec chaleur.

— Oh! moi je le crois aussi maintenant; mais qu'est-ce qui se serait imaginé tout cela?

— Eh! qui est-ce qui se serait imaginé hier soir qu'il eût eu le talent de nous faire rire comme il l'a fait. Pourtant, il y a quatre mois qu'il est ici, et tout le monde l'ignorait. Cela prouve bien de la modestie. Tiens, petit Adrien, j'ajoute cinq francs à la collecte d'hier. Je souhaite comme ton compatriote de Chagny qu'il plaise à Dieu de faire de toi un gros marchand.

— Merci, monsieur le docteur.

— Allons, je vais aussi faire quelque chose pour toi, reprit la supérieure en ouvrant une vieille et gothique armoire. J'ai là une pièce de vingt francs que je gardais comme la prunelle de mes yeux, je te la donne pour quinze. Je vais la coudre moi-même avec la tienne dans ton reliquaire d'avare. A-t-on jamais vu une invention pareille!

Comme le disent les bateleurs en place publique : il ne faut qu'une personne généreuse pour encourager toutes les autres. On apporta la petite corbeille où tous déposèrent leur offrande selon leurs moyens ou leur générosité. Ainsi s'arrondissait cette fortune qui devait, douze ans plus tard, aller s'ensevelir sous les flots de l'île Juan-Fernandez.

Je laisse à la sagacité du lecteur de juger quels furent mes adieux aux généreux habitants de cette hospitalière maison. Un petit paquet passé à l'un des bouts de mon bâton de voyage ; un costume qui tenait à la fois de l'enfant de la charité et du saltimbanque ; quatre-vingts francs et une santé parfaite, telles étaient mes richesses. Quant à mes espérances, elles étaient immenses. Mon cœur nageait dans la joie, et jamais l'avenir ne m'avait semblé si beau ; c'était au point que je brûlais d'envie de me retrouver libre et seul au milieu des champs. Enfin, après dix accolades forcées, je me hâtai de sortir. Déjà j'avais franchi le seuil, j'allai prendre ma volée quand sœur Sainte-Eulalie me rappela du parloir.

— Adrien, me dit-elle, il faudra nous donner de tes nouvelles. Ecoute, tu as appris à jouer la comédie, à servir la messe, tout cela avec facilité, tu peux donc apprendre à lire et à écrire de même. Aussitôt que tu auras trouvé une condition, travaille, et envoie-moi une lettre écrite de ta main. Je l'attends dans un an, à compter d'aujourd'hui ; puis-je espérer cela de toi, mon bon petit Adrien ?

— Oui, bonne sœur, dans un an vous recevrez une lettre écrite de ma main, si je ne meurs pas, vous pouvez y compter.

— Oh ! merci.

— Adieu, ma bonne sœur, adieu !

Et je m'arrachai de ses bras, pleurant comme un enfant que j'étais.

Arrivé sur les quais, où j'étais allé au hasard et sous le poids d'une grande émotion qui m'empêchait de coordonner mes idées, j'y fus bientôt rejoint par Zimmermann, l'un des infirmiers de l'hospice ; il me dit avoir été chargé par la mère de me conduire hors la ville et sur la route de Paris.

— Fous bas brendre la ponne chemin de Baris, fous venir avec moi. Puis il me prit par la main et nous marchâmes silencieux jusqu'au premier cabaret qu'il rencontra et où nous nous attablâmes. Là, en présence de plusieurs bouteilles qu'il se mit à vider de la meilleure grâce du monde, Zimmermann se mit à me raconter son histoire. Que de merveilles avait vues cet enfant d'outre-Rhin ! Brême l'avait vu naître, il avait été douze ans marin. A l'entendre, le Champ-de-Mars aurait dansé dans l'entre-pont de chacun des navires à bord desquels il avait navigué. Une baleine, qu'il me dit avoir vue pouvait, reprit-il dans son exagération, avaler la cathédrale d'Auxerre, comme un moineau avalerait une mouche. On comprendra que mon esprit, tout étroit qu'il était, ne prenait pas toute cette fantasmagorie à la lettre. Je n'y voyais aucun profit ; mais quand il vint à me dire que dans le pays des nègres, un jeune et beau garçon comme moi pouvait faire sa fortune en six mois, et cela rien qu'en apprenant à parler le français aux fils de Sa Majesté très noire, je me pris à bâtir sur-le-champ une infinité de châteaux en Espagne. Je me levai plein de résolution.

— Bonjour, Zimmermann, portez-vous bien ; je pars.

— Mais... mais où vas-tu donc ?

— Je vais à Paris d'abord. J'irai ensuite chez le roi des nègres.

Sans attendre sa réponse, je jetai vingt sous sur le comptoir et sortis. Deux heures sonnaient à l'hospice.

Il faisait un temps magnifique. La nature, si riche et si belle au mois de mai, remplissait mon cœur d'un bonheur parfait. Quels beaux rêves je fis d'Auxerre à la première poste! Quelle félicité était la mienne, et comme je savais la goûter! Dans mon enthousiasme, dans la joie ineffable que j'avais d'être au monde, je me mis à genoux au milieu de la route, je remerciai Dieu dont la bonté faisait croître le blé, chanter les oiseaux, et rendait le petit savoyard si heureux. Ma prière achevée, je me relevai aussi charmé de l'existence que le mortel le plus fortuné du monde.

— Hé! le petit blondin, qu'est-ce que tu faisais donc là, au milieu de la route, entre les deux ornières? me dit le conducteur d'une diligence des messageries royales qui montait au pas une éminence au bas de laquelle je venais de réciter mon oraison.

— Je priais le bon Dieu pour vous, Monsieur, lui répondis-je.

— Tu priais le bon Dieu pour moi! Eh! pourquoi pour moi plutôt que pour d'autres?

— Ah! c'est afin qu'il vous accorde la bonté de me laisser monter sur votre voiture, là haut, à côté de votre petit chien blanc qui est si gentil.

— Ah! oui, tu voudrais monter à côté de mon chien... Et où vas-tu donc comme cela? le sais-tu, seulement?

— Je vais à Paris d'abord; ensuite j'irai chez le roi des nègres.

A cette réponse, tous les voyageurs se mirent à rire.

— Le roi des nègres! que diable veux-tu qu'il fasse de toi?

— Moi! je lui apprendrai à parler français, à faire des tours de paillasse, et, s'il le veut, à jouer le vaudeville.

— De plus fort en plus fort; eh bien! chante-nous un couplet, et tu monteras sur l'impériale.

— Voilà, Monsieur, voilà, et je me mis à chanter ce couplet d'un vaudeville intitulé : *Isaac Samuel:* c'est un procureur qui parle.

>Si je connaissais un pays
>Où les ventres soient arrondis;
>Où l'on pût tout prendre,
>Sans jamais rien rendre;
>Ni se faire pendre:
>Oh! comme j'irais,
>Comme je dirais :
>Vite en route,
>Coûte qui coûte,
>Vite en route,
>Fouette cocher!

— Bravo! bravo! Allons, empoigne la courroie et va tenir compagnie à Loulou.

CHAPITRE IV.

Le père Ambroise.

Il était nuit quand la diligence s'arrêta pour changer de chevaux devant l'hôtel du Duc-de-Bourgogne, à Joigny.

Une pluie froide dont tous mes effets étaient trempés, accompagnée d'un vent qui n'était pas plus chaud, avait quelque peu assombri mon humeur. Quoique dans le beau mois de mai, la perspective de passer ainsi toute une nuit à la belle étoile ne me semblait rien moins qu'agréable. Loulou, mon pauvre compagnon, était sans doute de mon avis, car, tremblant et les oreilles baissées, il semblait méditer tristement sur les misères de la race canine.

— Pauvre chien! tu vas passer une bien triste nuit, lui dis-je en le caressant. Adieu! « puis je sautai à terre, tout à la fois peiné et consolé de trouver un être plus malheureux que moi.

Derrière une troupe de mendiants aux voix glapissantes, qui assiégeaient la diligence, répétant mille fois ce lamentable refrain :

— Un pauvre aveugle, s'il vous plaît!

— Un pauvre estropié, s'il vous plaît!

se tenaient deux petits ramoneurs qui cherchaient aussi à captiver l'attention des voyageurs : c'était en vain. Ils étaient si peu hardis, leurs tailles étaient si exiguës, que ceux-ci ne pouvaient les apercevoir, cachés dans la foule de leurs grands confrères. Après les avoir observés un moment, il me fut aisé de reconnaître à leur tournure, et plus encore à l'excessive timidité de leurs regards, deux filles habillées en garçon : deux *nambas*, comme les nomment dans leur patois indigène les habitants de la Tarentaise supérieure.

Il faut avoir souffert pour trouver un véritable bonheur à soulager la souffrance, dit un proverbe de ce même pays; j'ajouterai : bien heureux qui peut le mettre en pratique. Je m'avançai donc vers mes deux payses et leur adressai la parole, en glissant une pièce de dix sous dans la main de chacune d'elles. Cette manière d'entamer la conversation plut extrêmement aux deux jeunes filles; aussi me parlèrent-elles à cœur ouvert, comme si elles avaient retrouvé un frère. Oh! quels charmants souvenirs me rappela cette langue natale que j'avais presque oubliée ! Combien je remerciai Dieu de m'avoir fait faire cette rencontre.

Or, voilà que tout en causant nous arrivâmes, par une pluie battante, devant la maison qu'elles habitaient avec leurs maîtres. Cette maison, située à l'extrémité de la ville, sur la route de Paris, était le rendez-vous et le logis habituel des ramoneurs, des colporteurs de la contrée.

Un feu de suie remplissait l'âtre de ce bouge ; deux à trois cents peaux de lapin y répandaient une odeur suffocante. Assis autour d'une table crasseuse, douze marchands jouaient à la drogue en attendant l'heure du souper. Trop avares pour mettre un enjeu d'argent sur les cartes, mes compatriotes infligeaient aux perdants la peine du talion, ce qui me parut assez rude : c'était un morceau de bois rond qu'ils tenaient à la bouche, indépendamment de la drogue qu'ils avaient sur le nez. Ce bâillon leur faisait ouvrir la mâchoire d'une manière tout à la fois grotesque et déplorable. Au premier regard que je jetai sur cette étrange galerie, je reconnus cinq de mes anciennes connaissances : deux ramoneurs de mon âge, deux autres nambos et leur maître, l'un des marchands avec lesquels j'étais descendu de la Savoie. Ma mise, quoique bien différente de celle que j'avais en les quittant, et les deux ans que j'avais de plus sur la tête, ne m'empêchèrent pas d'être reconnu aussitôt.

— C'est Claude ! s'écrièrent-ils, et nous nous embrassâmes avec autant de joie qu'il est permis d'en éprouver en pareille rencontre. Après cette accolade, qui fut pour moi le baptême de la suie, car dès ce moment je fis partie de la grande famille des râcleurs de cheminées, les embrassements recommencèrent; ramoneurs, nambos, colporteurs, négociants en peaux de lapins, tous voulurent avoir leur tour ; barbus ou barbouillés, tous collèrent leurs figures sur la mienne, pas un ne me fit grâce ! O Marguerite ! ô sœur Sainte-Eulalie, où étiez-vous ?

Ces premiers moments d'expansion passés, je dus commencer le récit de tout ce qui m'était arrivé depuis mon départ de Chagny. Ce récit, que je fis plus merveilleux que véridique, tant pour ne point laisser soupçonner le trésor dont j'étais porteur que pour atténuer la faute que j'avais commise de m'enfuir, fut salué d'unanimes acclamations. Ici, l'ancien compagnon de mon oncle, homme avare au-delà de toute expression, prit la parole et raconta, avec force commentaires, toutes les peines que ce bon parent s'était données pour me retrouver; dit qu'il avait parlé à ma mère lors de son dernier voyage; affirma qu'elle l'avait chargé de m'apprendre à ramoner, et de me ramener au pays si par hasard il me rencontrait jamais. Conclusion faite, il argua de tout ceci qu'il s'emparait de moi, et que de droit j'étais son nambo.

— Va, dis-je, j'ai bientôt onze ans ; je dois apprendre à ramoner.

— A demain, donc, répondit le père Ambroise.

Après le souper, qui fut composé d'une pleine marmitte de fèves bouillies, et du pain mendié, pain dont les anciens s'adjugèrent les morceaux les plus blancs, on fut se coucher. Tous à la file les uns des autres, nous montâmes par une échelle dans la grange qui servait de dortoir à tous les habitués de la maison, ainsi qu'à tous les malheureux qui se présentaient devant la porte de notre hôte. Enfoncés, qui dans la paille, qui dans le foin, cinq minutes s'étaient à peine écoulées que maîtres et ramoneurs dormaient d'un profond sommeil.

Le lendemain, aux premiers chants du coq, nos savoyards se levèrent, et se souhaitant une heureuse chance, s'en allèrent, chacun de son côté, sur plusieurs routes différentes. Le chemin que je pris à la suite de mon maître et de mes compagnons fut celui de Dimont, gros bourg situé au nord, à trois lieues de Joigny. Jamais encore avant ce jour je ne m'étais trouvé à pareille fête ! la pluie, qui n'avait cessé de tomber de la nuit et qui ne discontinuait pas, avait inondé les terres labourées, les bois, les ravins qu'il nous fallait traverser. Tous chargés, selon nos forces, d'un ballot d'indiennes ou de quincaillerie, nous arrivâmes, exténués de fatigue, sur le champ de foire de Dimont. Quiconque n'a jamais fait de longues marches portant une lourde charge, ne peut se faire une idée des souffrances que l'apprenti colporteur éprouve les premiers jours de son noviciat, et combien, l'habitude aidant, ce genre d'exercice développe chez lui le système musculaire. Le père Ambroise, qui, au moment dont je parle, faisait ce métier depuis trente-cinq ans, était arrivé, après ce laps de temps d'un travail continu, au résultat le plus incroyable. Parti de Joigny à quatre heures du matin, il n'en était que huit lorsque nous arrivâmes à Dimont. Ainsi cet homme, qui ne s'était, durant tout le trajet, reposé que deux fois sur sa demi-aune, avait franchi quatorze kilomètres en quatre heures; cela sur le chemin le plus accidenté et portant une charge de 180 à 190 kil., au dire de plusieurs paysans qui, lorsque nous fûmes arrivés, l'aidèrent à mettre sa balle à terre. — Quel Hercule de nos jours, autre qu'un colporteur, voudrait se charger de faire pareille besogne?

Les marchandises déballées, le maître envoya les enfants par la ville, ramoner ou mendier ainsi qu'ils en avaient l'habitude.

Quant à moi, m'écartant du champ de foire, j'allai débiter celle de mes comédies qui me semblait la moins longue devant le notaire du pays, causant avec sa fille à l'une des fenêtres de sa maison. Encouragé par de bienveillants sourires, de la première pièce je passai à la seconde, et finalement je me trouvai entouré d'un cercle d'auditeurs qui grossissait à vue d'œil. Les deux nambas qui m'avaient suivi pour être témoins de mon coup d'essai, ne furent pas peu étonnées de me voir ainsi captiver l'attention du public. Je crois inutile de dire que la recette fut bonne, et que j'ai été fêté le soir par le patron.

— C'est toujours toi, Claude, c'est toujours toi! viens que je t'embrasse, dit-il, et sans attendre que je manifestasse la moindre volonté de coller ma figure à la sienne, il m'étreignit dans ses longs bras de manière à me briser la colonne vertébrale.

— Ah! Claude, qu'est-ce donc que tu as là? reprit-il en frappant avec le revers de sa main sur ma bourse qu'il avait sentie et dont je n'avais pas jugé à propos de lui parler.

— Maître, c'est l'argent que les bonnes sœurs d'Auxerre m'ont donné pour aller à Paris.

— Ah! combien t'ont-elles donné? voyons *voir!* et sans plus de préliminaires, il m'enleva ma bourse de vive force, en vida le contenu dans la sienne.

— Tu le perdrais, il vaut mieux que je le garde, dit-il.

De ce moment le père Ambroise perdit le peu d'estime que j'avais pour lui. J'appris à ramoner le lendemain, et je formai le projet de lui jouer un tour de ma façon.

Huit jours se passèrent ainsi, c'est-à-dire courant de foire en foire, de marché en marché, ramonant ou débitant mes comédies à qui voulait les entendre. Ce genre de vie ne me plaisait guère, cependant il m'eût semblé tolérable si les gratifications que l'on me donnait étaient entrées dans ma bourse au lieu d'aller s'engouffrer dans celle de mon ignare patron.

Un soir que nous rentrions à Joigny après une longue course dans les environs, on vint en toute hâte chercher un ramoneur pour éteindre un feu de cheminée; c'était dans une pension de jeunes demoiselles.

— A nous deux, Claude, dit le père Ambroise. Armé de ma raclette, je le suivis, et bientôt nous arrivâmes sur le lieu du sinistre. Déjà les pompiers s'apprêtaient à faire manœuvrer leur machine hydraulique. Pourtant, comme le feu était encore circonscrit dans foyer et que l'on craignait que les pompes ne fissent trop de dégât, on préféra agréer mes services. Conduit dans une grande cuisine dont l'âtre était déjà plein de suie enflammée, mon maître apposa une échelle sous le manteau qui était très élevé, et stimulé par quelques pensionnaires, voulant me montrer courageux, je m'élançai sans hésiter dans mon empire. Là, dans une atmosphère incandescente, pour ainsi dire, souffrant ce que moi seul et les diables, s'il y en a, peuvent s'imaginer, je raclai tant et si bien qu'en une demi-heure la cheminée fut nette de suie et tout-à-fait hors de danger. Redescendu, les mains, les pieds et la figure couverts de brûlures, je me désaltérai à même d'un grand bol de vin sucré que la maîtresse m'apporta.

— Ah! je puis chanter maintenant; là haut je ne le pouvais pas, dis-je, en me tournant vers une vingtaine de personnes qui me regardaient avec intérêt.

— Eh bien! chante-nous ta chanson ici; nous l'entendrons mieux que si tu étais là haut, me répondit la dame en me versant un second bol de vin.

— Oui, Madame, répondis-je, et sans trop savoir ce que je disais, je me mis à chanter :

<blockquote>
C'est madame la gouvernante
Qui n'a pas...
</blockquote>

Aux premiers vers, les hommes présents éclatèrent d'un rire fou.

— Assez, assez, petit; tiens, voilà pour toi, va-t-en; puis indépendamment de mon salaire qu'elle paya au maître, cette bonne dame me donna cinq francs, en me disant :

— Une autre fois, quand il y aura des dames, tu ne chanteras pas cette vilaine chanson !

— Non, Madame.

Et je m'en allai le cœur navré de douleur; car à la porte même, ces cinq francs furent engloutis dans l'éternelle sacoche de mon avare patron.

Le lendemain de ce jour, souffrant encore beaucoup de mes brûlures, je m'en allai, toujours avec le maître, qui m'avait fait son favori, ramoner dans un château qui domine Villevallier. Cette propriété, bâtie sur une colline élevée, ne manquait pas de cheminées. Il y en avait une dans chaque appartement, et toutes avaient besoin de mon ministère : le travail de cette journée fut rude. Déjà quatorze ou quinze fois j'étais monté au faîte du manoir; les bras et les jambes me faisaient un mal horrible.

— Courage ! Claude, courage ! il n'y a plus que la cheminée de la buanderie à ramoner; courage ! après, nous irons dîner; va, tu dîneras bien, disait le piqueur à son pauvre nègre. Hélas ! quoique j'affectasse, par amour propre, de ne point paraître fatigué, il me fut impossible d'effectuer ce dernier voyage sans faire une station en chemin. Cette cheminée, qui rejoignait celle de la cuisine, faisait un coude au-dessus du premier étage ; une pente sensible, presque horizontale, pouvait me permettre de reposer quelque temps sans trop de danger. Je m'arrangeai donc le mieux possible pour ne pas glisser, et voilà que tout en reposant mon corps, je fatiguai mon esprit à réfléchir. Mal me prit de philosopher ainsi dans une cheminée ; car, je m'endormis et descendis plus vîte que je n'étais monté, pour me réveiller suspendu au *clou de la crémaillière* : ce clou très fort, acéré, que je saisis instinctivement en tombant, me traversa la main, et j'y restai appendu comme Don Quichotte à la fenêtre de l'hôtellerie, avec cette différence cependant que je n'avais pas, comme lui, un fidèle coursier sous les pieds pour alléger mon pauvre bras. On comprendra quelles durent être mes souffrances dans une position si incommode. Mon conducteur, qui s'était absenté, mais qui revint dès qu'il entendit mes cris, s'imaginant que je me tenais ainsi dans la crainte de me laisser tomber de trop haut, se mit bravement à me tirer par les pieds pour me faire lâcher prise, ce qui redoublait mes douleurs d'une manière atroce. A la fin pourtant, il vit que j'étais couvert de sang et me décrocha.

Cette aventure me dégoûta du métier.

Le 1er juin, veille de notre départ pour la Savoie, le maître et sa suite, chargés de marchandises, cheminaient dans les bois et les bruyères qui séparent Laferté-Loupierre de Saint-Julien-du-Sault. Plus que jamais décidé d'aller à Paris, je suivais tristement mes compagnons, rêvant au moyen de mettre mon projet à exécution : il n'y avait pas de temps à perdre, cette nuit étant la dernière qui semblait m'offrir quelque chance de succès. Comme on était dans les plus longs jours, nous ne quittâmes La-Ferté qu'à cinq heures du soir, avec l'intention de passer la nuit dans une ferme isolée située à moitié chemin de Saint-Julien. Après avoir longtemps marché par monts et par vaux, il arriva que le maître qui nous servait de guide, se trompa de chemin, et la nuit venue, nous nous trouvâmes bien embarrassés de choisir entre les quatre points cardinaux. Comme un malheur n'arrive jamais seul, le temps, qui avait été beau toute la journée, changea tout à coup. Il fallut chercher un abri ; nous étions tous blottis sous les rameaux de l'arbre le plus gros des environs, quand les aboiements d'un chien nous le firent quitter pour marcher de son côté, persuadés d'y trouver une ferme. A peine avions-nous fait cent pas, que mille éclairs sillonnèrent le ciel dans toutes ses directions. De lugubres roulements de tonnerre grondèrent dans l'espace ; des nues noires, compactes, s'amoncelèrent sur nos têtes et la pluie tomba par torrents.

— Nous n'aurions pas dû quitter notre bel arbre ; je suis déjà trempé jusqu'aux os, dis-je au maître.

— Je suis de ton avis ; ma balle est lourde ; je suis bien fatigué.... et ce mâtin qui n'aboie plus.... Mais il n'y a pas de chemin par ici... allons, retournons sous l'arbre, du moins nous y serons à l'abri pendant le gros de l'orage.

Comme il achevait ces mots, le tonnerre précipita

ses coups ; saisis de frayeur, nous nous arrêtâmes instinctivement, et, serrés les uns contre les autres, nous vîmes un long ruban de feu, semblable à une immense ligne brisée, sortir des flancs déchirés d'un gros nuage, le croiser en tous sens, puis se précipiter, avec un fracas épouvantable sur l'arbre que nous venions de quitter ; quelques pas encore, et le fluide électrique, dont nous ressentîmes néanmoins une violente commotion, nous anéantissait, en même temps qu'il brisait, dépouillait ce roi des végétaux ! — On le voit, le père Ambroise, qui pourtant avait vu cinquante fois l'été, n'avait pas l'expérience ordinaire à son âge : c'était un vrai bas-de-cuir ; l'argent, rien que l'argent faisait toute sa science.

Ainsi qu'il arrive souvent dans la belle saison, l'orage passé, le temps redevint clair, et le ciel du plus bel azur. Après avoir un instant promené nos regards, autant, du moins, que l'obscurité nous le permettait, sur l'arbre mutilé par la foudre, nous suivîmes, éclairés par la lune de mai à son dernier quartier, un petit sentier fangeux, traversâmes quelques ruisseaux débordés, et bientôt, conduits par les aboiements de chiens, nous aperçûmes une grande métairie à peu de distance. Cependant nous n'avancions que difficilement, avec circonspection et nous tenant sur nos gardes ; car, aux hurlements de quelques chiens se mêlèrent, lorsque nous fûmes près de la maison, ceux d'une douzaine d'autres mâtins qui faisaient un vacarme épouvantable. Arrivés dans la cour, ces chiens, sauvages comme des loups, nous entourèrent de la manière la plus hostile. Il fallut mettre nos fardeaux à terre et faire jouer nos bâtons; pourtant, deux de mes camarades furent horriblement mordus, et tout me porte à croire que nous fussions restés sur le champ de bataille, si le fermier, accompagné de deux valets, n'était venu à notre secours et n'eût rappelé ses fidèles gardiens.

— Qui êtes-vous? dit-il, et nous regardant avec sa lanterne, l'un après l'autre, et jusque sous le nez.

— Un pauvre marchand et ses ramoneurs. — Je me suis perdu dans le bois; nous sommes trempés par l'orage, et je viens vous demander une petite place dans un coin de votre grange pour y passer le reste de la nuit.

— Vraiment! ma, c'est ben vous que j'avons vu ce matin à La-Ferté! Je ne vous attendions pas si tard: J'avons lâché les chiens.

— Ah! c'est vous, maître! nous ne sommes donc pas égarés!.. Sapristi! tant mieux, je vous le disais bien, enfants, que je savais mon chemin. Cette boutade n'empêcha pas les enfants de croire que le hasard, les contre-marches et les chiens nous avaient, plus que lui, conduits à bon port.

Il était au moins onze heures. Après un léger repas de pain, de lard, arrosé d'un coup de piquette, on lava les blessures que les chiens avaient faites à mes camarades; on les enveloppa de linges blancs; puis nous montâmes à l'échelle pour aller nous reposer dans la grange.

—Tirez à droite, à droite, dit le fermier; à gauche vous tomberiez dans le ratelier des bœufs. Nous suivîmes son conseil, et bientôt maître et ramoneurs dormirent du plus profond sommeil.

Peu d'instants après, lorsque je fus bien convaincu, par certain bruit peu harmonieux, que tous dormaient, et le vieil harpagon plus profondément encore que les autres, je me préparai à recouvrer en gros l'argent que j'avais perdu en détail. Pour cela, il fallait que je prisse bien des précautions, car la bourse que je convoitais était attachée par un cordon de cuir à l'une des boutonnières de sa veste : cette veste, il l'ôtait chaque soir, la pliait en quatre, et la mettait sous sa tête : précaution qui ne lui avait pas toujours été inutile; elle le fut cette fois. Pour ne pas réveiller cet autre Polyphème, je ne trouvai rien de mieux à faire qu'un tampon de foin, que je posai sous sa tête à mesure que je retirais la veste. Enfin, après cinq minutes de transes cruelles, je finis, en tirant à moi insensiblement, ligne par ligne, par tenir en mes mains la bienheureuse bourse.

— Dieu soit loué! dis-je, et je m'élançai vers la fenêtre.

— Eh là! eh là! qui est-ce qui me marche sur les pieds?

— C'est moi, maître. Je ne l'ai pas fait exprès.

— Où vas tu? pourquoi te lèves-tu?

Je ne pouvais répondre la veste entre les dents. Je descendis rapidement. Aussitôt dans la cour, je pris l'échelle par le bas et la fis tomber de côté, au moment même où le père Ambroise, qui s'était ravisé, allait mettre les pieds dessus.

—Ah! gredin! tu m'as pris ma bourse! au voleur! au voleur!

— Je ne vous ai rien pris du tout. Tout ce qu'il y a dans cette bourse est à moi.

— Au feu! au feu! la maison brûle!!! relevez l'échelle, ma bourse! ma veste! ma pauvre bourse!!!

— Votre bourse, père Ambroise, vous ne la reverrez plus. Adieu, portez-vous bien. Une volée d'imprécations que, du reste, je n'attendis pas, accompagna ma course, mêlée au bruit que faisaient les chiens que, par précaution, on avait enfermés, et qui me hurlaient après du fond de leur chenil.

Arrivé vers midi à Villeneuve-le-Roi, je me mis à compter ma bourse, en attendant que le coche d'Auxerre passât. J'y trouvai cent trente-cinq francs, y compris l'argent du scapulaire. Une heure après je m'embarquai. Le lendemain soir j'étais à Paris.

CHAPITRE V.

La capitale du monde civilisé.

Rousseau dit, dans ses *Confessions*, que l'idée qu'il s'était faite de Paris était infiniment plus belle que la réalité. Avec une imagination aussi puissante, aussi colorée que celle de l'auteur de *Julie*, cela se conçoit aisément, surtout si, comme lui, on entre à Paris par le faubourg Saint-Marcel. Pour moi, qui fis mon entrée dans la capitale par une voie plus spacieuse, plus riche, je le trouvai superbe. Mon imagination prosaïque n'avait jamais rien rêvé de si beau. Pourtant une chose me désenchanta. Depuis deux ans que j'entendais dire que les maisons étaient très élevées à Paris, je me les étais figurées d'une hauteur telle que les tours de Notre-Dame n'étaient que des échoppes, comparées aux plus modestes habitations que j'avais imaginées. Donc, à part ce retour forcé aux véritables proportions architecturales, tout me parut curieux et digne d'être observé dans cette capitale du monde civilisé, où, pauvre béotien, j'entrais émerveillé comme Zadig à Babylone.

Autant que je puis m'en souvenir, et quoique la disposition des lieux ait subi de notables changements depuis, je crois que le coche vint s'arrêter au quai de la Grève, alors le plus fréquenté de Paris. L'un des premiers débarqués, tandis que mes regards se fixaient sur les mille objets qui se présentaient à eux, mes compagnons de voyage s'en allèrent qui d'un côté, qui de l'autre; et quand, réveillé, je cherchai une figure amie, je me trouvai seul, absolument seul, au milieu de ce peuple affairé. Un moment cette solitude me parut plus poignante que tout ce que j'avais senti jusqu'alors. Pourtant, cette souffrance morale dura peu.

— A la grâce de Dieu, dis-je. Avec des écus, il est impossible de se perdre dans le meilleur des mondes.

Il était presque nuit lorsque, passant dans une petite rue obscure, j'entendis une voix qui ne m'était pas inconnue. C'était celle d'une nourrice qui parlait tout haut à son nourrisson qu'elle reportait à ses parents. Cette femme, que j'avais connue sur le coche et qui m'avait témoigné de nombreuses marques d'amitié, portait, outre son enfant, un gros paquet de linge qui l'embarrassait beaucoup. Charmé de cette rencontre :

— Oh! madame, que je suis content de vous revoir. Voulez-vous que je porte votre paquet? Vous devez être bien fatiguée!

— Tiens! c'est toi, le petit ramoneur! Où vas-tu comme ça?

— Je n'en sais rien, répondis-je en la débarrassant de son paquet.

De ce moment nos langues et nos jambes allèrent leur train, jusqu'à ce que nous fussions arrivés devant une maison de chétive apparence, perdue dans l'un des populeux quartiers qui avoisinent le Temple.

— Monsieur et madame Bachelard, c'est bien ici, au cinquième, n'est-ce pas? demanda ma compagne en s'adressant à une vieille femme noire et ridée comme la fée Urgèle, habitant à l'extrémité d'une étroite allée, un antre obscur où elle remplissait les fonctions de Cerbère.

— Oui, répondit-elle; c'est bien ici qu'ils demeuraient; mais ils n'y sont plus; ils ont déménagé au terme.

— Mon Dieu! demeurent-ils bien loin?

— Je n'en sais rien. Ils ne m'ont pas laissé leur adresse.

A ces paroles, dites de l'air le plus indifférent, la pauvre nourrice pâlit et chancela. S'étant assise sur l'une des marches de l'escalier, elle posa l'enfant sur ses genoux et se mit à pousser des sanglots comme une Madeleine. A ces cris, tous les locataires de la maison l'entourèrent, la questionnant ; mais ils ne purent tirer d'elle d'autres paroles que celles-ci :

— Mon chéri ! mon pauvre chéri ! qu'est-ce que j'allons devenir !

Cependant, pressée de répondre, elle s'expliqua. Ses raisons parurent graves. Il y avait neuf mois que M. et Mme Bachelard l'avaient appelée à Paris pour lui confier leur enfant. Sur ces neuf mois, deux lui avaient été payés en partant ; mais, depuis, elle ne reçut pas une seule réponse aux nombreuses lettres qu'elle leur écrivit. Voyant cela, son mari, qui n'était qu'un pauvre journalier, lui ordonna de reporter à ses parents l'enfant qu'il ne pouvait plus garder sans salaire. Donc, ce fut dans l'espoir de toucher les sept mois arriérés que le brave homme avait emprunté la somme nécessaire à ce voyage.

— Et maintenant, reprit-elle, que vais-je faire ? Comment m'en retournerai-je ! je n'ai pas six francs pour payer le coche.

Ces dernières raisons parurent majeures et touchèrent profondément les assistants. On fit force conjectures sur la conduite des époux Bachelard, que chacun disait connaître. De là mille propos de vieille femme, mille absurdités qui ne changeaient en rien la position de leur victime ; puis, tous lui donnèrent un avis, un conseil charitable.

— Vous devriez aller faire votre déposition chez le commissaire, dit une femme.

— Il faut vous faire nourrice sur lieux, dit une autre.

Enfin, un savetier, qui se trouvait au milieu de toutes ces bavardes, prit la parole et dit d'un air d'importance :

— Vous ne savez pas ce que vous dites ! vous êtes toutes des imbécilles. C'te brav' femme n'a pas besoin de vos conseils ; elle n'a qu'à porter son nourrisson aux Enfants-Trouvés.

— C'est ma foi vrai ! reprirent les femmes. Allez aux Enfants-Trouvés ! allez.

— Non ! je ne le porterai pas aux Enfants-Trouvés, dit la nourrice avec vivacité. Est-ce sa faute, à ce cher enfant, si sa mère l'abandonne ? Mon mari dira ce qu'il voudra, je le garderai parce qu'il m'aime ben. N'est-ce pas, que tu veux rester avec moi, mon bichon ! Oui ! oui ! reprit-elle avec amour, en embrassant le petit qui lui souriait et qu'elle berçait dans ses bras.

— Dam ! vous ferez comme vous voudrez, reprirent les locataires tous à la fois. Ce que je vous en disons, c'est pour votre bien. Alors, bonsoir ! Puis, tous regagnèrent leurs taudis.

— Mais vous ne pouvez pas rester sur l'escalier, dit la portière. Tenez, voilà deux sous, avec ça vous trouverez à coucher quelque part. Allez, ma brave femme, allez !

Jusqu'à ce moment, j'étais resté tranquille spectateur de cette scène ; mais l'exemple de la portière, l'amour si désintéressé que la malheureuse avait pour l'enfant, joints aux souvenirs des bontés qu'elle avait eues pour moi sur le coche, furent des raisons assez puissantes pour m'électriser et m'élever au-dessus de moi-même. Enthousiasmé, je tirai ma grande bourse, y pris trois pièces de cinq francs, et dis en les jetant sur le tablier de la pauvre femme :

— Ma bonne dame, il me plaît de vous donner tout cet argent. J'ai entendu dire dans mon pays qu'un bienfait n'est jamais perdu, peut-être un jour me rendrez-vous celui-ci. Allons, bonne nuit ; je vais voir le Palais-Royal et l'escalier de cristal. Cela dit, je m'éloignai, laissant ces deux femmes si stupéfaites de mon action, que ni l'une ni l'autre ne purent me répondre une seule parole.

J'ignore quel usage cette femme aura fait de mes quinze francs, et s'ils lui ont été aussi utiles que je le désirais : ce que je n'ignore pas, je l'avoue, c'est que depuis ce temps, je me suis souvent trouvé plus riche sans avoir été plus généreux. L'enfance a dans sa conscience des instincts sublimes que la froide raison de l'homme compense rarement.

Une personne tout-à-fait étrangère à Paris, et qui, à dix heures du soir, voudrait aller du Temple au Palais-Royal sans prendre guide ni voiture, risquerait fort de n'y arriver qu'après que les grilles auront été fermées ; ce qui m'arriva. Cette idée d'aller au Palais-Royal, qui ne m'était d'abord venue que comme un prétexte, se fixa si bien dans mon esprit, que j'éprouvai un véritable désenchantement de ne pouvoir pénétrer ce soir même dans ce *sanctuaire* du luxe parisien : épithète qu'on lui donnait alors.

Comme il faisait un temps superbe, et que j'avais assez dormi sur le coche, je pris le parti de me promener jusqu'au jour. Après plusieurs allées et venues des quais aux boulevarts et des boulevarts aux quais, l'ennui me prit ; pour me distraire, je ne trouvai rien de mieux à faire que de compter les réverbères : j'en comptai jusqu'à deux cents. L'heure qui frappait à Saint-Germain-l'Auxerrois, et qui se répétait sur tous les tons, de distance en distance et d'église en église, loin de faire passer le temps, semblait au contraire le prolonger de manière à me laisser douter si le jour devait reparaître encore.

Enfin, deux heures venaient de sonner. Passant au coin de la rue de l'Arbre-Sec, près de la fontaine de l'École, dont le quai est attenant au Pont-Neuf, lieux que j'ai maintes fois reconnus depuis, je vis cinq ou six bandits se ruer sur un homme ivre qui sortait d'un cabaret voisin. Le terrasser, le dépouiller, fut pour eux l'affaire d'un instant ; puis tous prirent la fuite dans des directions différentes. En ce moment, une lourde diligence passait sur le pont, débouchait sur le quai, et descendait avec rapidité sur la voie où gisait le malheureux ivrogne. Saisi de crainte à la vue du danger qu'il courait, je m'élançai vers lui, et, le tirant tantôt par les bras, tantôt par les pieds, je finis, malgré mon peu de force, par le mettre hors de la portée des chevaux et des roues de la voiture. La diligence éloignée, j'allais en faire autant lorsque mon homme revint à lui. Il prononça quelques paroles incohérentes, me regarda avec étonnement, et me demanda qui j'étais et ce que je faisais là. Je le lui dis.

— Tu es un bon enfant; allons boire à la Halle.

Ennuyé comme je l'étais, et ne voyant pas encore paraître le jour, j'acceptai sa proposition, non qu'elle me sourît le moins du monde, mais pour passer le temps. Nous n'avions pas encore fait dix pas qu'il s'arrêta complètement dégrisé.

— Je suis floué, dit-il; c'est toi qui m'a volé. Crache-moi mon argent ou je t'étrangle.

Et sans plus de préliminaire, il m'étreignit le cou de ses mains de fer. Le moment était critique. Tandis qu'il s'escrimait après ma bourse dont le cordon était retenu à la boutonnière de ma veste, je ne perdis pas de temps. Décrochant ma raclette, je l'en frappai d'un coup de l'angle, bien appliqué et de toute ma force, dans la partie basse de l'abdomen. Ce coup qui, si j'eusse été plus vieux de quelques années, aurait pu être mortel, fut assez violent cependant pour lui faire perdre respiration pendant cinq secondes. Cinq secondes, c'était juste le temps nécessaire pour prendre, en courant, assez d'avance sur lui. A la manière dont je faisais jouer mes jambes il ne m'eût pas atteint; mais une patrouille d'agents de police m'arrêta en chemin.

— Halte là ! On ne court pas les uns sans les autres.

— Ma foi, Messieurs, je ne courais pas tout seul, Voyez. En effet, en ce moment, l'ivrogne arrivait hors

4

d'haleine et se jetait, ainsi que moi, dans la gueule du loup.

— Halte! pourquoi courez-vous après cet enfant?

— Mais.... parce que.... parce qu'il m'a volé.

— Cela ne semble guère probable.

— Oh! non, Monsieur, allez, c'est lui qui voulait me prendre ma bourse, même que je lui ai donné un coup de raclette pour me faire lâcher.

— Diable! diable! t'as une bourse, toi? Tout cela paraît bien embrouillé. Vous allez nous suivre chez le commissaire. Là, vous vous expliquerez.

L'ordre était formel; nous les suivîmes d'autorité. Arrivés chez le commissaire, cet honorable fonctionnaire ne put nous recevoir par la raison très simple qu'il venait de se mettre au lit. En son absence, nous fûmes interrogés par un secrétaire. Après l'exposition des faits, ma partie, qui fut reconnue pour avoir été maintes fois amenée à la même barre, mais qui, malgré son défaut d'intempérance, jouissait d'une réputation d'honnête homme dans le quartier, fut renvoyée avec une verte semonce.

— Quant au petit bonhomme, ajouta le clerc, il attendra que le commissaire soit levé. Ne connaissant pas ses antécédents, je ne puis rien prendre sur moi; puis, il m'enferma dans une pièce voisine du bureau, où je demeurai dans l'obscurité la plus complète.

Lorsque le jour fut venu, comme j'avais une grande faim, je me mis à parcourir ma prison temporaire. Quel trésor gastronomique je trouvai dans le buffet du fonctionnaire public! Quel excellent vin! Jamais, jusqu'à ce jour, je n'avais fait un aussi bon déjeûner. Gigot, saumon, pâté, je mangeai de tout et vidai une bouteille entière de bordeaux.

— Par saint Claude, mon patron, dis-je, la tête déjà passablement échauffée, pour ne pas aller au cabaret, M. le commissaire n'en boit pas moins, à ce qu'il paraît : tudieu! comme il se traite! cette condition est bien plus douce que celle d'un marchand de peaux de lapins. Je serai un jour commissaire de police ou je ne m'appelle pas Claude.

Toutefois, malgré ces plaisanteries, et quoique les vapeurs du vin de la Gironde fermentassent avec force dans mon cerveau, ce ne fut pas sans effroi que je vis les plats et les bouteilles vides de leur contenu. Debout sur la chaise qui m'avait servi à commettre ce larcin, je fis mille suppositions qui toutes me condamnaient également au tribunal de ma conscience. Que faire? Voyons, Claude, tâche de sortir de là. La liberté seule peut t'accorder ton pardon. Cependant, quoiqu'il arrive, payons M. le commissaire. A ce compte il pourra dire que je suis un gourmand, mais non pas un voleur; et je mis dix francs sur un plat. Charmé de mes bons sentiments, j'augurai bien de la réussite de mon évasion.

Indépendamment de la porte du bureau, il y avait trois autres entrées dans cette salle. Celle de la cuisine seule s'ouvrit sans effort. La cuisine n'était pas l'escalier sans doute; mais, ramoneur, mon chemin naturel était par la cheminée. Je pris donc ma volée, et cinq minutes me suffirent pour faire mon ascension sur les toits. Quatre heures sonnaient à Saint-Eustache.

Or, sur ce toit dont la pente n'était pas des plus sensibles et qu'il me fut facile de parcourir pieds nus, n'ayant jamais été sujet aux vertiges, je ne vis pas une ouverture, pas un œil de bœuf assez large pour me livrer passage. Les croisées des mansardes étaient toutes fermées en dedans. Ainsi, ne pouvant gagner l'escalier, faute d'un chemin plus commode, je pris le parti de descendre comme j'étais monté, par une cheminée, non la même, bien entendu. Mes souliers pendus à mon cou par leurs cordons, ma raclette à ma culottière, je me laissai doucement glisser le long des parois, et, finalement, j'arrivai à la hauteur du chambranle où je me laissai tomber sur les pieds.

— Jésus! mon Dieu! s'écria une bonne vieille femme, au moment où je sortais de son âtre, renversant une table et brisant la vaisselle qui était dessus.

— N'ayez pas peur, madame! je ne veux pas vous manger. Le diable n'a rien à frire ici.

Sans attendre sa réponse, je descendis l'escalier quatre à quatre, et j'arrivai sous le vestibule à l'instant même où le concierge accrochait la porte cochère qu'il venait d'ouvrir.

— Le voilà! arrêtez! crièrent à la fois trois personnes qui descendaient l'escalier. A ce cri, du vestibule à la porte je ne fis qu'un bond. La rue était à moi.

Lorsque je me crus assez éloigné des griffes de la police pour ne plus craindre d'en être inquiété, je retirai de la bourse de drap qui contenait mes trois pièces d'or les deux lettres que la supérieure de l'hospice d'Auxerre m'avait données, et j'allai les porter à leurs adresses. Hélas ! quatre heures de marches, de contre-marches, n'aboutirent à rien : Les personnes nommées sur les suscriptions étaient parties à la campagne et ne devaient revenir qu'à la fin de l'été. Ce contre-temps était fâcheux : un voyage au pays des chimères m'en eût bientôt consolé.

En descendant le faubourg du Roule pour me rendre au Palais-Royal, je vis entrer à l'hospice Beaujon une sœur de la Charité qui ressemblait à s'y méprendre à la sœur Sainte-Eulalie. Cette rencontre toute fortuite me fit penser à la promesse que je lui avais faite d'apprendre à écrire. Ramassant un morceau de papier imprimé qui se trouvait à mes pieds, je me dis en fixant mes regards dessus :

— La plupart des enfants de mon âge sauraient faire parler ce papier, et moi je ne le puis ! comment, par quel miracle pourrai-je apprendre à écrire en dix mois? Quelles sont donc les difficultés qui s'opposent à ce que j'entende les paroles de ce papier ? Du noir sur du blanc, c'est tout ce que j'y vois ! Oh ! c'est désespérant ! En ce moment, plusieurs jeunes gens externes d'une pension devant laquelle je passais entraient en classe leurs livres sous le bras.

— Mon bon petit Monsieur, voulez-vous avoir la bonté de me lire ce ce qu'il y a là-dessus, dis-je à l'un d'eux, en lui montrant mon papier.

— Mais, certainement, petit ramoneur, s'il ne te

faut que cela, je vais te servir de suite; puis il m récita une période d'Athalie que j'ai souvent relue depuis, et qui se termine ainsi :

> Aux petits des oiseaux il donne leur pâture,
> Et sa bonté s'étend sur toute la nature.

— Je trouve ces vers fort beaux, et toi, comment les trouves-tu ?

— Admirables ! mon bon petit Monsieur, admirables ! tenez, voilà pour votre peine ; et je lui donnai une pièce de vingt sous.

— Quoi ! cette pièce est pour moi ?

— Oui.

— Par exemple ! voilà qui est singulier ! c'est égal, puisque tu me la donnes, je la prends ; mais je conterai cela à papa ce soir. Adieu, la cloche sonne.

La cloche sonne ! — Quand sonnera-t-elle pour moi ? Et mes larmes étaient prêtes à s'échapper.

A peine cet élève était-il entré que j'en vis un autre traîné par sa mère plutôt qu'il ne marchait. Celui-ci, à coup sûr, ne devait pas trouver les vers de Racine harmonieux. Il pleurait, se lamentait, et ne voulait plus, disait-il, retourner en classe, parce qu'il s'y ennuyait, que les livres lui étaient odieux. Un professeur qui survint aida sa mère pour le déterminer à entrer. N'y pouvant parvenir par la douceur, ils l'emmenèrent de vive force et malgré ses larmes. Ne pouvant plus retenir les miennes, je les laissai couler.

Après avoir passé et repassé bien des fois devant

le Palais-Royal sans l'apercevoir, j'y entrai enfin. Enchanté de me trouver dans cet immense bazar dont j'avais si souvent entendu parler, je me promenai de long en large, des galeries de pierre aux galeries de bois qu'on voyait encore alors. Ce palais aux deux cents arcades est d'un aspect grandiose, sans doute, ce n'est pas moi qui le nie ; mais on me l'avait trop vanté. L'or des agents de change, la gerbe du bassin, ne me surprirent point. L'escalier de cristal lui-même ne m'a pas ébloui. — Un homme à la barbe longue, grisonnante, qui portait des haillons avec autant de dignité qu'un roi porte sa couronne, m'étonna bien davantage : c'était Chodruc-Duclos qui, la veille seulement, venait de faire son apparition sur ces mêmes dalles que ses pieds ont usées depuis.

Plus tard, parcourant les allées du jardin à l'heure où de nombreux promeneurs viennent y chercher le frais, je vis un rassemblement considérable se former devant le café de Foy. M'étant approché de cet attroupement pour en connaître le motif, je fus à l'instant appréhendé au corps par quatre garçons limonadiers qui m'entraînèrent ou plutôt me portèrent dans le laboratoire de cet établissement. Déjà quelques pompiers attirés par la fumée ou la clameur publique étaient à leur poste ; c'était un feu de cheminée. Le lecteur voudra bien se souvenir que je n'en étais pas à mon coup d'essai, et qu'à Joigny, j'avais gagné mes éperons. Aussi, dirai-je seulement qu'à Paris, comme en Bourgogne, mes services furent utiles, et que ma vanité plus encore que mon courage me fit accomplir mon devoir. Redescendu, un monceau de suie enflammé témoignait aux assistants de la force de mon bras et de la bonté de ma raclette !

— Vas secouer tes plumes dans la rue, et tu reviendras pour dîner, me dit le maître du café.

Un repas copieux, trop copieux même, et quinze francs, telle fut la compensation de ce labeur et des brûlures dont je souffris pendant plus de huit jours.

Ami lecteur, veuillez me pardonner un moment d'oubli. Ce qui me reste à dire de cette journée se perd dans les vapeurs du vin dont on m'abreuva au café de Foy. Deux petits verres d'une liqueur très forte, qu'un malencontreux garçon eut la sottise de me verser et que j'eus la sottise de boire, achevèrent d'anéantir le peu de raison qui me restait. Ainsi, soit que j'aie fait quelques espiègleries de mauvais aloi, soit que je me fusse endormi sur la voie publique, toujours est-il que je revis le soir le bureau du commissariat d'où je m'étais échappé le matin. Certes, cette fois mes antécédents étaient connus, et l'état d'ivresse dans lequel je me trouvais ne témoignait pas en ma faveur. Donc, de tout le temps qui s'écoula depuis ma sortie du café jusqu'à huit heures, je n'ai pu trouver dans ma mémoire d'autres souvenirs que celui du commissariat, puis, de m'être réveillé dans un fiacre, dépossédé de ma bourse, à côté d'un homme à figure très peu catholique. Tout à fait dégrisé, je vis le fiacre entrer dans une cour à l'aspect sinistre et s'arrêter à la porte du lieu le plus infâme où je me fusse encore trouvé : c'était la Préfecture de police.

CHAPITRE VI.

La préfecture et les Orphelins de Paris.

Comme ceci se passait vers la mi-juin, époque des plus grands jours de l'année, il me fut facile, grâce aux dernières lueurs du crépuscule, de me faire une idée du lieu où l'on m'avait enfermé. Cette prison était une salle de trente mètres de longueur sur douze à quinze de largeur, garnie dans toute son étendue, et des deux côtés, d'un lit de camp semblable à ceux des corps-de-garde. Elle pouvait contenir trois cents prisonniers. Là étaient enfermés tous les repris de justice, les malfaiteurs, les vagabonds arrêtés durant les trois jours précédents. Fange, propos cyniques, blasphêmes, tout ce que l'on peut concevoir de

plus abject, se trouvait là dans sa laideur, dans toute
sa nudité. On eût même dit qu'il y était de rigueur,
de bon goût, de posséder tous ces vices. Celui qui ne
les avait pas devait les singer, s'il voulait éviter le
ridicule et la lutte au pugilat. Il faut hurler avec les
loups. Peu de temps après que les verroux se furent
fermés sur moi, la nuit étant totalement venue, mes
compagnons de captivité, au nombre de deux cent
cinquante environ, se jetèrent sur un tas de paillasses
puantes, amoncelées dans un coin, et se les disputèrent.
Des rixes s'en suivirent, et la mêlée devint générale.
Pour échapper aux horions qui pleuvaient de toutes
parts, je me traînai sous le lit de camp où, le calme
rétabli, je m'endormis au bruit d'une chanson entonnée en chœur. Voici un couplet de cette chanson. Je
ne regrette pas les autres :

>Mais quand Phébus, d'un pas alerte,
>*Décampe* et ramène le deuil,
>Heureux qui *pince une couverte*,
>Sans se faire *pocher un œil.*
>*En rang d'ognons, l'on plante sa paillasse,*
>Et rabougris comme des cornichons,
>On se *colle* dessus à pile ou face.
>Oh! qu'on est bien quand on est en prison !

Le lendemain, dès que le jour parut dans la geôle,
un long claquement de mains se fit entendre. C'était
le plus ancien détenu de la salle, honoré des fonctions
et du titre de prévôt, qui faisait donner ainsi le signal

du lever. Cet homme, à qui l'administration accordait une subvention de comestibles pour maintenir le bon ordre dans la salle, fit ranger les paillasses, laver les dalles; et, la toilette de l'appartement faite, il s'écria :

— Aux cartes ! qui veut des cartes ? un sou le jeu pour toute la journée. Aussitôt, vingt groupes se formèrent sur le lit de camp, et l'on n'entendit plus de tous côtés que trèfle et pique, as, cœur et carreau. Je me trompe, pourtant, de quart-d'heure en quart-d'heure une voix enrouée criait au guichet : O hé! prévôt, un cervelas à l'ail.

Après le repas du matin, qui se composa d'un sixième de pain de munition, et ainsi que le dit la chanson dont je viens de parler :

> . . . . D'une eau dégoûtante et salée,
> Qu'on eut le front d'appeler du bouillon,
> On nous servit une tasse égueulée.
> Oh ! qu'on est bien quand on est en prison !

plusieurs détenus furent, ainsi que moi, conduits chez le juge d'instruction ou chez le procureur du roi pour y être interrogés. Mon tour venu, je comparus devant l'un de ces messieurs, gravement assis à son bureau. Il portait avec ostentation le ruban rouge à la boutonnière. Lorsqu'il eut mis ses lunettes :

— Dis-moi ? où as-tu pris l'argent qu'on a trouvé sur toi ?

— Je ne l'ai pris nulle part, Monsieur, je l'ai gagné.

— Tu mens; cela ne se peut pas. En supposant même que tu l'aies gagné, tu n'aurais pu l'économiser; tu n'as pas les habitudes d'ordre des ramoneurs.... tu t'enivres... Comment t'appelles-tu?

— Claude.

— Ton nom de famille?

— Mon nom de famille.... je ne le sais pas.

— Comment! tu ne sais pas ton nom de famille?

— Non, Monsieur; on ne me l'a pas appris.

— Extraordinaire! De quel pays es-tu?

— Je ne sais pas... pourtant il me souvient qu'on appelait Patagouilla le pays que j'habitais, il y a longtemps, avec ma marraine.

— Voyons, dis encore le nom de ce pays.

— Patagouilla.

— Comment?... Pata...

— Patagouilla.

— Ce pays est-il de la Savoie?

— Oui, Monsieur.

— Mais, tu n'es pas venu en France tout seul?

— Non, Monsieur.

— Avec qui es-tu venu?

— Avec un petit ramoneur comme moi. Non, je me trompe. Il était un peu plus grand.

— Comment se nommait ce petit ramoneur?

— Il se nommait Jacquot.

— Jacquot. C'est bien! Assieds-toi là, et réponds à mes questions; surtout ne mens pas, autrement ton affaire irait mal, je t'en préviens.

Ici l'homme de loi dressa son procès-verbal, c'est-à-dire écrivit les absurdités, les mensonges que je lui débitais en réponse à ses demandes, et cela avec autant de gravité que s'il se fût agi d'un crime d'Etat.

— Est-il possible, disais-je en moi-même, pouvant à peine m'empêcher d'éclater de rire, qu'un beau monsieur comme celui-là n'y voie pas plus clair! C'était bien la peine, ma foi, qu'il mette ses lunettes. Je n'eusse jamais pensé qu'on pût écrire des choses semblables! En conscience, je ne suis pas fâché de ne pouvoir dire la vérité; si je la lui disais, on saurait dans mon pays que j'ai été mis en prison. Je ne veux pas de cela. Ainsi, qu'il écrive donc tout ce qu'il voudra. Mon interrogatoire achevé, je fus reconduit à la salle d'arrêt.

Il y avait trois jours que je croupissais dans ce cloaque, quand l'autorité prit enfin le parti de me caser. Un beau matin, du greffe, où j'avais été appelé, on me fit monter dans un fiacre où déjà quatre enfants se trouvaient sous la conduite d'un infirmier de l'hospice des Orphelins. Cet homme nous conduisit d'abord chez le médecin en chef de l'établissement auquel il était attaché. Là nous fûmes tous vaccinés, et roulâmes ensuite vers notre commune destination, à l'hospice des Orphelins.

L'hospice des Orphelins, dont le conseil municipal a fait depuis peu une annexe de l'Hôtel-Dieu et réuni les enfants qui l'habitaient à leurs frères de la rue d'Enfer, avait son entrée principale dans la rue du Faubourg-Saint-Antoine. Une belle église en forme de croix latine, de vastes jardins et d'immenses cours, une bonne direction, en faisaient l'un des plus beaux établissements de bienfaisance de Paris. Là de malheureux enfants abandonnés à la pitié publique étaient, par la sollicitude du gouvernement, aussi bien soignés, hygiéniquement parlant, que dans le meilleur collége. Quant aux études, si un sujet montrait de bonnes dispositions, il était poussé jusqu'au premier degré de l'école primaire ; mais, généralement et presque tous, ils ne dépassaient pas le troisième. Heureux l'enfant arrivé à ce résultat avant sa treizième année. Treize ans était l'âge où on les mettait en apprentissage. Or, on comprendra qu'avec l'ardent désir que j'avais d'apprendre, il était difficile que je tombasse mieux. Aussi, quoique je ne connusse pas une seule lettre le jour où j'allai m'asseoir sur les bancs de la classe, quatorze mois ne se passèrent pas sans que j'eusse fait de notables progrès. Je savais lire couramment, un peu écrire et la première règle de l'arithmétique lorsque je quittai ce bienfaisant asile. Encore quelques mois, et mon instruction eût été aussi brillante, aussi solide que celle de bien des maires de village.

J'étais donc parfaitement heureux dans ma condition. J'avais une nourriture saine et réglée, un bon coucher et trois heures de récréation par jour. Ajoutons à tous ces éléments de bonheur une promenade *extra muros* tous les jeudis. On concevra que si j'avais pu me croire heureux, rien ne m'empêchait de l'être. Je ne l'étais pas cependant. Les souvenirs de ma vie errante me rendaient intolérable cette longue séquestration. Nul doute que si les portes de cette maison m'eussent été ouvertes, ainsi que me le furent celles de l'hospice d'Auxerre, je n'eusse jamais pensé d'en sortir ; mais, fermées, je me crus la victime d'un odieux despotisme. Une gravure représentant un site alpestre, et que l'un de mes camarades me céda pour deux rations de pitance, contribuait beaucoup à m'entretenir dans cette disposition d'esprit. Quelles douces impressions me procura cette estampe ! Quels suaves parfums il me semblait respirer quand je suivais des yeux l'étroit sentier qui serpentait dans un bois pour arriver au hameau formant la perspective ! Combien j'aimais ce couple de bœufs dételés du chariot et qu'ombrageait un bouquet de noyers sur le premier plan !

— Oh ! je reverrai tout cela, me disais-je les larmes aux yeux ; il faut que je sorte d'ici, n'importe comment.

Puis, longtemps après, mon cœur battait encore avec force. J'avais la respiration oppressée comme si l'air que je respirais dans le préau où je faisais ces réflexions n'avait pas suffi pour dilater mes poumons.

Toutefois, tant que l'été dura, ces velléités d'indépendance ne l'emportèrent pas sur l'habitude et le bien-être ; mais l'automne arrivé, quand les promenades aux environs de Paris furent ajournées et qu'il nous fallut passer les heures de récréation dans la classe au lieu d'aller jouer au cheval fondu dans la cour, il ne me fut plus possible d'y tenir. Une évasion, voilà ce à quoi je me pris à penser matin et soir.

Un jour, à huit heures du matin, comme je revenais de la messe, je vis entrer dans la cour d'honneur deux jeunes gens traînant une petite charrette. C'étaient deux ouvriers fumistes. Ils venaient nétoyer les poêles. Le soir, à l'heure du souper, tandis que mes condisciples défilaient deux à deux dans le réfectoire devant l'une des sœurs pour recevoir de sa main un morceau de pain couvert d'une ligne de raisiné, je me tins caché au fond de la cour derrière la petite voiture des fumistes. Il faisait nuit. Tenant à la main ma pièce de vingt francs que j'avais retirée du reliquaire, j'attendis les deux jeunes gens qui devaient revenir prendre leur charrette.

Dès que l'un d'eux se fût mis entre les brancards, je m'avançai vers lui, tenant mon napoléon entre le pouce et l'index.

— Pardon, Monsieur, voulez-vous avoir la bonté de m'écouter un instant?

— Mais... mais... pourquoi pas?

— C'est que je vous croyais aussi pressé de sortir d'ici que je le suis moi-même.

— Ah! tu veux sortir d'ici! tu trouves que ce n'est pas facile.

— Écoutez, voici une pièce de vingt francs... Je ne l'ai pas volée... je suis un ramoneur savoyard. Voulez-vous me laisser monter dans votre charrette, me couvrir de vos sacs à plâtre, de vos cribles, je vous donnerai dix francs sur ma pièce... Je vous la donne s bien tout entière, mais il faut absolument que je m'achète une raclette et des genouillères. Est-ce convenu?

— Mais... mais... si le portier visite la voiture et qu'il t'y trouve ?...

— Vous direz que vous ignoriez que j'étais dedans. Je l'affirmerai moi-même. A cette réponse, les deux fumistes se concertèrent.

— Voyons ta pièce, dit le plus âgé. Et je la lui donnai.

— Oui, dit-il, je la crois bonne. Monte! nous allons te cacher.

— Un moment! Vous me rendrez dix francs; c'est convenu. Il me les faut absolument pour acheter une raclette et des genouillères.

— C'est convenu. Monte! dépêche-toi!

Ceci se passait à cinq heures. A huit, je soupais en compagnie de mes deux libérateurs, dans un cabinet qu'ils habitaient ensemble et où je passai la nuit. Le lendemain à la pointe du jour, après avoir coupé les pans de mon habit, mis un mauvais bonnet sur ma tête, je sortis de Paris, plus léger de vingt francs, mais libre comme l'oiseau, comme l'oiseau craignant les chasseurs. Je pris ma volée à travers les champs.

CHAPITRE VII.

La mi-carême à Romorantin.

S'il est pour l'adolescence un genre de vie qui puisse caractériser l'existence active et agitée, c'est sans contredit celui du ramoneur rural. Quelles scènes de mœurs variées, quels charmants paysages il nous décrirait, s'il savait peindre et observer ! Que ces mille détails auraient de charmes, tracés par une plume habile ! Véritable Odyssée, cette tâche est au-dessus de mes forces. Disons donc simplement que quatre mois se passèrent courant de villes en villages; quatre mois durant lesquels je sillonnai le Morvan, le Nivernais, le Berry et la Sologne. Châteaux, maisons bourgeoises, chaumières, j'entrais partout. Partout j'étais bien accueilli, car partout j'était joyeux !

En pouvait-il être autrement : jeunesse et liberté, quoi de plus beau !

Tel fut le genre de vie que j'ai mené jusqu'à la mi-carême de 1824. Il était dix heures du matin quand j'entrai dans la petite ville de Romorantin, en Sologne, patrie de la reine Claude.

J'étais depuis peu d'instants attablé dans un cabaret du faubourg, déjeûnant, après une course de quatre heures. A la même table que moi étaient deux paysans qui causaient entre autres choses d'engrais, de bœufs, de légumes, etc.

— A propos, dit l'un d'eux, c'est aujourd'hui la mi-carême, iras-tu l'attendre sur le pont ?

— Non; je suis trop connu dans le pays.

— C'est absolument comme moi, reprit le premier interlocuteur; tant pis !

— C'est bon à prendre, quarante sous et un jambon.

Ces paroles me firent ouvrir de grandes oreilles.

— Hé, toi ! le petit ramoneur, iras-tu sur le pont attendre la mi-carême ?

— Oui ! mais qu'est-ce que cette mi-carême ?

— C'est une femme qui passera à midi juste sur le pont. Elle est à cheval, tu la reconnaîtras bien aux jambons qui pendront à sa selle.

— Eh bien ! à midi sonnant je serai sur le pont. Je vous salue, Messieurs.

— Adieu, petit, bonne chance.

De bonne foi, je courus donc sur le pont. Midi venait de sonner et la mi-carême ne paraissant pas encore, je continuai un beau rêve commencé le matin. Après avoir suivi dans mon imagination toutes les gradations de la hiérarchie militaire, ne me sentant pas digne d'être roi, je m'arrêtai, faute de mieux, au grade de maréchal de France. Ce fut sur un beau cheval blanc, entouré d'un brillant état-major et à la tête de la plus belle armée du monde, que j'entrai dans mon village. Quel air martial avait ma figure! quel port majestueux était le mien, quand il me semblait voir tous mes camarades d'enfance me regarder ébahis! alors, je jetais de l'or à pleines mains; j'en remplissais les poches de tous ceux que j'avais connus! c'était une église comme on n'en avait jamais vu, une véritable basilique que je faisais construire sur la colline qui domine mon village! je faisais le monde entier heureux, et le monde entier m'appelait M. le maréchal Claude!

Or, tandis que je rêvais ainsi tout éveillé, bien des gens passèrent sur le pont; bien de grossières plaisanteries accompagnées d'ironiques sourires me furent adressées.

—Eh! le petit mauricaud, me disait-on, est-ce que tu crois que la mi-carême va venir te donner quarante sous? tu devrais aller te laver avant que de te présenter devant elle; tu vas lui faire peur.

Pour moi, toujours monté sur mon cheval blanc, je ne daignais pas répondre à de pareilles inepties. Il y a tant de distance entre un maréchal de France et un paysan!

Cependant, lassé de rêver et d'attendre, je commençai à me douter que cette mi-carême n'était qu'une mystification. Déjà je riais de ma simplicité quand une jolie dame vint à passer, non à cheval, mais dans un élégant cabriolet; elle était accompagnée d'un domestique en livrée. Cette belle personne, qui avait pour le moins autant de perspicacité que moi, et qui, de plus, était du pays, se douta aussi que j'étais mystifié.

— Qu'est-ce que tu attends donc par un vent si froid? dit-elle en tournant ses beaux yeux de mon côté.

— C'est vous, madame, que j'attends depuis dix heures.

— Moi! reprit-elle, surprise.

— Oh! pardon, je me trompe peut-être, mais on m'a dit ce matin qu'une dame jeune, belle, passerait sur le pont, et qu'elle me donnerait quarante sous, un pain et un jambon. Comme vous êtes la plus jolie personne qui ait passé sur le pont depuis ce matin, je....

— Mais, je ne suis pas à cheval, moi, et...

— Excusez un pauvre ramoneur, madame, c'est que le temps n'étant pas très beau, j'ai pensé que vous pouviez avoir pris une voiture.

A cette défaite, elle partit d'un éclat de rire et reprit.

— Oui, comme tu le disais tout à l'heure, mon enfant, tu t'es trompé. Je ne suis pas la mi-carême; cependant, si tu veux venir jusqu'à la maison, car je n'ai rien ici de tout ce qu'on t'a promis, tu n'auras pas tout-à-fait perdu ton temps. Tu dois avoir de bonnes jambes, suis-nous jusque sur la place.

— Oui, madame.

Le domestique fouetta, et je devançai le cheval en courant.

Je dois noter ici que depuis ma sortie des Orphelins, c'est-à-dire durant l'espace de quatre mois, j'avais économisé cinquante-huit francs qui, joints aux quarante qui me restaient précédemment, formaient un avoir de quatre-vingt-dix-huit francs. Alors je savais compter. Je voyais qu'il ne me manquait plus que deux francs pour compléter la centaine. Cette somme gagnée, c'était pour moi un résultat superbe. Il se conçoit donc aisément combien je tenais aux deux francs de la mi-carême.

La voiture s'arrêta devant la plus belle maison de la place. Inspiré par l'espoir de captiver les bonnes grâces de la dame, j'ôtai aussitôt ma veste et la posai sur la roue du côté par lequel elle descendit du cabriolet. Cette attention pour sa robe de soie, que je préservais ainsi du contact de la boue, me valut un sourire bienveillant. C'était tout ce que je désirais pour l'instant.

Il y avait dix minutes que, debout, adossé contre le mur de la maison, je me réchauffais le cœur à la douce chaleur d'un beau rayon de soleil, quand on m'appela pour m'introduire dans le salon. Dans ce salon, décoré avec goût et simplicité, je trouvai toute la famille de ma protectrice rassemblée autour d'une causeuse placée près d'une grande fenêtre ogivale. A mon entrée, chacun des membres de cette heureuse famille, l'une des plus respectables que j'aie connues, m'accueillit le sourire sur les lèvres. Le père et la mère, le gendre, époux de ma protectrice, sa jeune sœur et son frère, tous deux plus âgés que moi d'un an ou deux, me témoignèrent le plus grand intérêt. Debout et silencieux, j'attendais qu'on voulût bien m'adresser la parole. Madame mère ne me fit pas attendre.

— Comment se fait-il, mon enfant, toi qui parais intelligent, que tu te sois laissé prendre à ce piége si grossier de la mi-carême ?

— Mais... madame... c'est que je ne supposais pas qu'on pût me tromper... Je ne trompe personne, moi.

— Cette simplicité t'honore, mon ami ; toutefois, dorénavant sois moins confiant. Il est en ce monde d'autres gens que ceux qui, comme toi, ne pensent qu'à bien faire.

— J'ignore, madame, si je pourrai jamais changer ; mais ce que je n'ignore pas, c'est que Dieu fait tout pour le bien. Sans nul doute, s'il a permis que je sois trompé aujourd'hui, c'était pour m'amener au plaisir de vous connaître.

— Quoi ! déjà de la flatterie ! reprit en m'interrompant M. B..., le gendre. Allons, puisqu'il est dit que tout flatteur vit aux dépens de celui qui l'écoute, tiens, voilà les quarante sous que tu espérais de la mi-carême. Sais-tu lire ?

— Oui, monsieur, je sais lire et écrire ; je sais, de

plus, cette fable où il est dit que tout flatteur vit aux dépens de celui qui l'écoute ; mais je ne suis pas aussi fin que le renard, ni vous aussi simple que le corbeau.

Ce tour de phrase, passablement insidieux et qui ne manquait pas de logique pour la circonstance, excita un rire général. On m'adressa une foule de questions à la fois, on me fit conter mes aventures, lire, écrire, puis on m'envoya dîner à la cuisine. Bref, huit jours après cette première entrevue, j'étais installé dans cette maison en qualité de je ne sais quoi. Je faisais excellente chère, j'avais de beau linge blanc, une élégante livrée, et cent francs réalisés en or dans mon amulette. Oh ! quel bel avenir se présentait devant moi !

Pour quiconque a connu l'adversité et ses mille péripéties, ses fortunes diverses, et est doué d'un peu d'imagination, un bonheur trop prolongé lasse et ennuie plus que la misère. Pourquoi cette existence si douce me laissait-elle regretter les courses, les privations, les souffrances inhérentes à mon métier de ramoneur ? Peut-on concevoir une position relative meilleure que celle qu'on m'avait faite dans cette bienheureuse maison ? Là, rien ne me manquait, pas même du temps pour l'étude. Français, grec, latin, géographie, physique, mathématiques, je pouvais tout apprendre si je l'avais voulu ; mais toujours sous l'empire des souvenirs de ma vie errante, je ne m'appliquai guère qu'à l'histoire, à la géographie, parce que ces connaissances semblaient donner de l'activité à mon sang et qu'elles me faisaient rêver. Pourtant, mon professeur, M. B..., le gendre, l'un des premiers avocats du barreau de Blois, disait que j'avais de la mémoire, de la facilité, et qu'un jour viendrait où le petit ramoneur serait un homme savant... Hélas! M. B..., vous étiez un grand orateur, mais vous n'étiez pas un grand prophète.¹

Comme il nous prend parfois un tremblement convulsif au souvenir d'un danger imminent auquel on a échappé, danger qui souvent nous effraie plus dans ses retours qu'alors même qu'il était immédiat, au moment où j'écris ces lignes je sens une sorte de vertige produit par un effet contraire, en pensant au bonheur qui m'est échappé en cette occasion. Né sensible, je voulus toujours être aimé, estimé; et, chose étrange, je n'ai jamais rien fait pour l'être. Si je n'ai pas été heureux, je ne puis donc m'en prendre qu'à moi seul. Dans cette maison de Romorantin, ainsi qu'en dix autres occasions, rien ne m'était plus facile que de faire mon chemin, et je ne l'ai pas fait. La fortune, on le sait, ressemble aux femmes ; elle ne pardonne pas le mépris qu'on a fait de ses charmes. Or, la première fois que je piquai l'amour propre de cette capricieuse déité, fut le jour où je formai le projet de quitter M. B... et sa bienveillante famille.

Je disais donc plus haut que l'histoire et la géographie étaient les études pour lesquelles je montrais le plus d'application. L'histoire romaine, bien plus que les autres, m'intéressait par ses guerres incessantes, par ses grandes gloires et ses grands revers. Brutus l'Ancien, si patriote, si Romain et d'une vertu si sauvage dans la condamnation de ses deux fils, m'enflammait l'imagination au point que je ne pensais plus qu'à Rome. Rome avec son Tibre, son Capitole, ses gémonies et sa roche Tarpéienne, ne me laissait plus de repos. Je voulus voir des lieux si célèbres. Longtemps je cherchai un prétexte pour quitter mes bons maîtres, mais je ne le trouvai point; chaque jour je recevais d'eux de nouvelles marques de sollicitude, et plus je pensais à m'éloigner de ces braves gens, plus ils s'attachaient à moi : j'avais le cœur navré de ma propre ingratitude.

C'était le temps des vendanges. Depuis quinze jours on était à la maison de campagne. Cette maison était située non loin de la rivière du Cher, dans une position délicieuse.

Un jour, assis près de la grille d'entrée, lisant La Fontaine, mon poëte favori, je fus accosté par un petit ramoneur de mon âge :

— Eh! mon bon petit monsieur, donnez quelque chose, s'il vous plaît!

— Ah! de quel pays es-tu, toi?

— Je suis de la Savoie, mon beau petit monsieur; c'est bien loin... bien loin...

— Je sais que tu es de la Savoie; mais de quel village? La Savoie en a plus d'un! J'en suis aussi, moi, de la Savoie!

— Vraiment!... vraiment!... répétait-il, étonné, tu... vous êtes de la Savoie. Comment se fait-il donc que vous soyez ici avec ces beaux habits?

— Réponds d'abord à ma question.
— Eh bien ! quoi ! quoi ?
— De quel village es-tu ?
— Je suis de Sainta-Fé, et vous ?
— Moi ! je suis de Saint-Sigismond. Il y a cinq mois, je n'étais qu'un pauvre ramoneur comme toi. Maintenant, regarde ! puis je lui montrai mes larges boutons à initiales, mon jabot, mes galons, etc..
— Oh ! oui ! tout ça est bien beau ! tu dois gagner *beaucoup de l'argent*, n'est-ce pas ? tu as de l'or jusque sur tes manches !
— De l'or ! tous ceux qui servent dans de bonnes maisons en ont ainsi.
— Qui servent !... tu es donc domestique ?
— Oui ! !...
— Alors, ces choses-là, ça sert pour montrer qu'on n'est pas le Monsieur.
— Tu l'as dit. Oui, cela ne sert qu'à montrer que l'on est domestique.
— Eh bien !... je n'aimerais pas ça.
— Pourquoi ?
— Je ne sais ; mais ça ne me plairait pas.
Cela dit, mon compatriote s'en alla en me souhaitant le bonsoir.
— Il n'aime pas ça, repris-je, en regardant mes galons ; il est bien difficile !... Bah ! à la vérité, je ne les aime guère plus... Ma foi, au résumé, son sort me fait envie. A quoi me servent ces beaux habits ?... Allons ! courage, quelque beau jour je recouvrerai mes ailes. En attendant, reprenons notre fable.

Or, de ma leçon de ce jour il ne me restait plus que ces dix vers à apprendre :

Chemin faisant, il vit le cou du chien pelé. (*Le loup.*)
« Qu'est-ce là ? lui dit-il.—Rien.—Quoi ! rien !—Peu de chose.
— Mais encor ? — Le collier dont je suis attaché,
De ce que vous voyez, est peut-être la cause.
— Attaché ! dit le loup ; vous ne courez donc pas
Où vous voulez ? — Pas toujours ; mais qu'importe !
— Il importe si bien, que de tous vos repas,
    Je ne veux en aucune sorte,
Et ne voudrais, même, à ce prix, un trésor. »
Cela dit, maître loup s'enfuit et court encor.

—S'enfuit et court encore ! c'est absolument comme a dit et fait mon petit pays ! oh ! non, il ne sera pas dit que maître loup aura plus de cœur que moi. Je partirai ce soir.

Plein de cette résolution, j'attendis avec impatience que la nuit fût venue. N'ayant rien de mieux à faire, j'écrivis la lettre suivante que je posai sur la table de nuit de monsieur B...

« Monsieur,

» Je vivrais encore cent ans que je penserais à vous, à madame, à M. Gustave, à vous tous qui avez été si bons pour moi. Je ne puis vous dire pourquoi je vous quitte ; je n'en sais rien moi-même. Pardonnez-moi, mon bon Monsieur, mais, comme l'oiseau que M. Gustave a pris avec de la glue, et qui est mort dans sa cage où cependant il ne manquait pas de nourriture, je mourrais, moi aussi, si je restais plus longtemps chez vous. Je ne sais où je vais !... Tout chemin mène à Rome.

» Je vous remercie encore mille fois de vos bontés.
» Claude GENOUX. »

Telle est, à l'orthographe près, mais mot à mot, la seconde lettre que je me suis mis en tête d'écrire. Quant à la première, à peine y avait-il quinze jours que j'étais à Romorantin que déjà elle partait par la poste, avec cette suscription : A la sœur Sainte-Eulalie, à l'hôpital d'Auxerre (Yonne).

Comme l'idée de mon voyage à Rome m'était venue à la ville, je n'oubliai pas, en partant pour la campagne, d'emporter ma vieille défroque de ramoneur, ma raclette et mes genouillères. Logeant dans un corps de bâtiment séparé de celui des maîtres, il me fut facile de faire mes préparatifs de départ sans être aperçu. Epiant le moment où tous les domestiques étaient à la cuisine, je sautai par la fenêtre sur un chemin vicinal et me mis à courir à travers les prairies. Je noterai qu'une bonne chemise de toile, huit francs et mon reliquaire d'or fut tout ce que j'emportai de ma splendide servitude.

Il faisait un beau clair de lune : c'était l'heure où les troncs d'arbres semblent des hommes. Le cœur plein d'émotions, je suivais un petit sentier à l'extrémité duquel je devais trouver la route de Bourges, lorsqu'au détour d'une clairière, au moment où j'arrivais à la jonction de deux chemins, je me trouvai face à face avec M. B...

— Hé! mon bon Monsieur, donnez quéque chose, s'il vous plait, lui dis-je, en contrefaisant ma voix le mieux qu'il me fut possible.

— Es-tu aussi de Saint-Sigismond, toi? me dit-il, en me donnant une pièce de deux sous.

— Non, mon bon Monsieur; mais je n'en suis pas de bien loin.

— Quel pays que cette Savoie! quelle migration!! se dit-il à lui-même et d'une voix si faible qu'à peine l'entendis-je.

— Bonsoir, mon bon Monsieur, bon... » Il me fut impossible d'achever; j'avais le cœur si oppressé que je fusse mort, si d'abondantes larmes n'étaient venues me soulager.

Ainsi finit ma dernière entrevue avec cet homme de bien. A trois heures du matin, heure à laquelle il se couchait d'habitude, mon épitre dut le faire rêver! pour moi, à la même heure, étendu sur un tas de foin à quatre lieues de là, je pensais encore à lui. Enfin, vaincu par la fatigue, je finis par m'endormir au lever du soleil que chantaient les oiseaux.

CHAPITRE VII.

Trente-six heures à Rome.

Ainsi, je n'avais pas douze ans et demi quand je formai le projet d'aller à Rome évoquer ses grands souvenirs. Partir du centre de la France, à pied, vivant au jour le jour et comme il plaît à Dieu, est un de ces desseins que les enfants sont toujours prêts à exécuter, mais que rarement ils accomplissent. Donc, mettant à profit mon peu de savoir en géographie, je me dirigeai sur Lyon par La Charité et Moulins. Ce ne fut que vers le premier novembre, qu'arrivé en Savoie, je me disposai à franchir les Alpes.

Cependant, durant ce long trajet qui sépare Romorantin de mon pays, je ne fus pas sans perdre un peu de mon fol enthousiasme pour le nom romain. Ma propre misère, et celle de vingt autres malheureux avec lesquels les circonstances me mirent en relation, m'enlevèrent une bonne partie de cette effervescence qu'avait entretenue le confortable. Dans ces instants où, mouillé, fatigué et mourant de faim, je perdais l'espoir de trouver un gîte pour la nuit, Scipion ne ranimait plus mon courage. Alors, au lieu de voir de vastes palais en marbre de Carrare, je ne voyais plus, hélas! qu'une modeste grange, et pour souper un morceau de pain noir; puis, loin, bien loin, un reste d'imagination me montrait le clocher de mon village et les grands noyers qui l'entourent. Disons-le en deux mots : quand le soleil brillait, j'allais à Rome; quand il pleuvait, à Saint-Sigismond. Eh bien, malgré les mille et une privations que j'endurai sur la route, malgré les misères d'autrui, sans cesse en contact avec les miennes, je conservai mes cent francs; et quoique, selon mon habitude, je ne cessasse de me créer de belles fortunes fantastiques, celle-là me semblait toujours préférable. On le voit, les quatre années que j'avais passées en France ne m'avaient rien fait perdre de mon caractère de Savoyard.

Or, le soleil brillait le jour où j'arrivai à Montmeillan, petite ville célèbre par le siége qu'elle soutint sous Louis XIV, et distante de six lieues de mon pays. La vue d'une montagne bien connue, le souvenir de mes bons parents, me conviaient puissamment à prendre la route de gauche au lieu de suivre celle d'Italie ; mais j'étais encore indécis, j'aurais voulu pouvoir dire en arrivant dans mon village : J'ai vu Rome et Paris.

Après dix minutes de réflexion, je jugeai qu'il serait plus convenable de laisser au hasard le soin de me conduire. Une voiture publique qui passait en ce moment, et dont le marchepied de derrière était assez commode pour permettre de s'y tenir une heure sans trop de fatigue, finit mes irrésolutions : Fouette, cocher ! dis-je, pour Rome ou Saint-Sigismond.

Cette voiture était celle de Chambéry à Saint-Jean-de-Maurienne. J'étais en route pour Turin.

Lecteur, les pages précédentes sont déjà assez remplies de futilités, je n'abuserai pas davantage de votre patience. A quoi bon, en effet, vous parler de cette foule de petits incidents, d'aventures insignifiantes qui m'arrivèrent durant cet étrange pélérinage. Quelques mots suffiront, je crois, pour vous en donner une idée sommaire.

Dans une petite ville nommée Aiguebelle, pays où, par parenthèse, je ramonai ma dernière cheminée, il me restait encore deux francs, non compris le trésor auquel je croyais bien ne jamais toucher de ma vie. Je traversai donc, aidé par la charité publique, cette pauvre vallée de la Maurienne, où les habitants, aussi hospitaliers que dans le pays le plus favorisé, avaient pourtant un grave défaut à mes yeux : celui de ramoner eux-mêmes leurs cheminées.

Arrivé non loin de Lans-le-Bourg, sur le versant nord du mont Cenis, dont la route était déjà couverte d'un pied de neige, je fis la connaissance d'un roulier qui conduisait à lui seul trois voitures. Cet homme, à qui je fus assez heureux pour rendre quelques légers services sur le plateau et à la descente du mont, m'offrit de me donner un franc par jour si je voulais l'aider à conduire ses chevaux jusqu'à Turin, ou jusqu'à Milan, sa dernière destination. Je n'eus garde de refuser. A Milan, au roulage même où nous descendîmes, mon patron chercha et me trouva une condition analogue à celle que je remplissais près de lui. Deux voituriers de Sienne m'emmenèrent dans cette ville, d'où je n'eus plus qu'un court trajet pour me rendre à Rome. Nulle part, peut-être, une conversation ne s'engage aussi facilement que sur une route. Là, bien plus que sur les bancs du collége, on peut apprendre une langue. Aussi, à force d'entendre, d'écorcher cette belle langue toscane, parlai-je passablement l'italien en arrivant à Rome.

Jusqu'ici le lecteur a pu voir que je n'ai point abusé des descriptions, soit que mon sujet ne le comporte pas, soit que je sente mon incapacité en ce genre. Je ne décrirai donc pas davantage. Vingt touristes ne nous ont-ils pas dépeint tous les sites, toutes les villes de la Romanie? Quelle figure ferais-je après eux? Ne serait-il pas comique de voir un ramoneur dans cette pléiade de lions voyageurs?

Ce fut le trente-un décembre dix-huit cent vingt-trois, que je vis, par un temps superbe, le lever du soleil dans la campagne de Rome. La température, qui pouvait bien être à zéro sur l'échelle centigrade, ne permettait point aux miasmes pestilentiels des marais Pontins de se développer. Seul sur la route, à sept heures du matin et par un vent assez fort, je ne trouvai pas que la chaleur fût *tiède et parfumée* sous le beau ciel d'Italie. Du reste, l'esprit entièrement dominé par mes rêveries, je ne fis aucune attention à *l'optique,* aux *effets de lumière* que les peintres et les poëtes disent avoir vus dans les environs de la ville éternelle. Moi, j'ai vu le soleil se lever là comme partout ailleurs et se coucher de même. Ainsi, toujours conduits par les ombres des premiers Romains, ce ne fut que bien avant dans la nuit que j'arrivai sur les bords du Tibre, deux heures à peu près avant la venue de dix-huit cent vingt-quatre.

A dix heures du soir, la capitale du monde chrétien, calme et silencieuse d'ordinaire, avait, le 31 décembre, un aspect animé. Ville peu industrieuse et pour ainsi dire sans commerce, Rome est une vraie Thébaïde. C'est tout au plus si, quatre ou cinq fois par an, elle entend sonner l'angelus sans rentrer dans la retraite et le recueillement, ce qu'elle fait d'habitude. Les prêtres dont se compose la moitié de sa population, n'ont pu encore faire oublier à l'autre moitié certaines coutumes qui datent des temps du paganisme. Rome, ainsi que toutes les grandeurs déchues, aime à se souvenir; elle conserve religieusement ses traditions comme elle garde ses vieux tombeaux.

Je disais donc que Rome n'était pas endormie le soir où j'y arrivai. Les boutiques étaient ouvertes et des groupes nombreux de jeunes gens se formaient dans les rues, sur les grèves du Tibre. La mandoline sous leurs manteaux, ils fredonnaient quelques airs en attendant l'heure solennelle de minuit. Cette heure sonna enfin. La basilique de Saint-Pierre donna le signal; Sainte-Marie-Majeure lui répondit, et tandis que les autres églises la répétaient, mille concerts qui semblaient n'en former qu'un seul s'exécutèrent de toutes parts : c'était un adieu à l'année qui finissait; c'était un salut à sa sœur nouvelle. Un moment je fus tout yeux et tout oreilles ! L'harmonie me faisait oublier que je n'avais pas de gîte et que je ne savais où aller déjeûner le matin.

A deux heures, rues et forums étaient déserts. Les horloges de cinquante églises interrompaient seules le silence de la ville papale. Adossé contre l'une des cinq cents colonnes de la galerie circulaire qui ceint la place du Vatican, la plus belle du monde, quelles pensées vinrent m'assaillir à la fois ? Oh ! quels rêves fantasmagoriques ou plutôt ridicules s'entrechoquèrent dans mon pauvre cerveau ! Je voyais donc enfin cette ville que je désirai tant voir depuis quatre mois!

— Eh! qui me la montrera cette Rome où je ne connais pas une âme ? m'écriai-je. Peut-être ai-je déjà foulé la cendre de Camille ! Qui me montrera les cryptes qu'habitèrent les premiers martyrs de notre sainte foi? Qui me montrera... Bah! bah! assez de sentiment comme cela; ce matin le soleil luira pour moi aussi bien que pour sa sainteté; nous verrons.

Cela dit, je m'endormis dans une vieille guérite qui faisait l'angle de la galerie de droite et qui était veuve de son factionnaire. A l'aube, comme le jour commençait à poindre, je fus réveillé par le bruit d'un sabre qui résonnait sur le pavé. Bientôt, celui qui le portait vint se heurter rudement à mes pieds qui étaient restés en dehors de la guérite.

— *Sciocco ! ramingo !* me cria-t-il, en se retournant.

— Sapristi ! ce n'est pas ma faute si la guérite n'est pas assez grande. Vous m'avez fait mal, répondis-je en français et tout en me mettant sur mon séant.

— Ah ! ah ! un petit français ! Que fais-tu donc là ? Pourquoi te coucher ainsi sur la place ? me répondit-il dans la même langue, mais avec un accent fortement italianisé.

— Je ne faisais rien, monsieur, je dormais.

— Tu dormais ! Pourquoi ne pas dormir chez tes parents ? Tu as des parents ? ils sont Français !

— Non, monsieur, je n'ai point de parents à Rome, point d'argent, et ne suis arrivé qu'hier soir, seul, absolument seul.

— C'est étrange ! Qu'es-tu donc venu faire ici ?

— Je l'ignore moi-même, monsieur ; tout ce que je puis vous dire, c'est que j'ai beaucoup lu l'histoire romaine et que j'ai voulu voir Rome.

— En vérité, si cela est, tu es un enfant intéressant... Je... non... je suis trop pressé. Viens ! suis-moi !

Dix minutes après cette conversation qui se prolongea chemin faisant, nous arrivâmes devant une magnifique maison, un véritable palais situé non loin de la porte *Pia*.

— Remarque bien cette maison, me dit-il ; c'est là que je demeure. Attends-moi ici à cinq heures ; à cinq heures, entends-tu ? j'y serai. Tiens ! voilà, reprit-il en me donnant un *scudi*, de quoi te faire prendre patience. Va déjeuner. Puis il retourna sur ses pas et prit la direction du *Corso*.

Quoique jusqu'à ce jour je n'eusse jamais désespéré de la Providence, j'étais loin de m'attendre à pareille aubaine. Curieux de connaître cet homme, qui portait le ruban de la Légion-d'Honneur sur un frac bourgeois et l'éperon en tenue civile, je m'en allai par la ville, impatient d'être au soir. Il était grand jour ; 1824 commençait à Rome par un temps magnifique. Cependant, loin d'avoir la physionomie joyeuse, étourdissante, qu'ont à cette heure et à pareil jour nos grandes villes du Nord, Rome, elle, restait plongée dans un profond sommeil. Ce ne fut guère qu'à neuf heures, quand le soleil eut acquis quelques degrés de chaleur, que ses habitants sortirent de leur torpeur. Plus pressé de déjeuner que de faire des observations physiologiques, archéologiques, je m'en allai, suivant une troupe de mendiants, à la porte de plusieurs monastères. Au premier coup de marteau, deux frères capucins sortaient, et tandis que l'un distribuait un urbain et une soupe de pâte à chacun de nous, l'autre psalmodiait des prières, appelant sur nos têtes les bénédictions du ciel. Plus tard, après avoir longtemps promené mes rêveries, j'achetai une montre de plomb, un recueil de sonnets, et fus faire de la poésie sur un banc de pierre, à la porte de l'hôtel où rendez-vous m'était donné.

Cinq heures venaient de sonner; un dragon qui m'examinait depuis quelques minutes s'avança vers moi et me dit :

— Que fais-tu là ?

— Rien, j'attends.

— En ce cas, c'est bien toi que je cherche; monte.

Arrivé dans l'antichambre d'un bel appartement du premier, où nous montâmes par un escalier d'une largeur telle que je n'en avais jamais vu de semblable, un valet de chambre chamarré de galons m'introduisit dans la salle à manger. Deux dames et quatre officiers supérieurs étaient à table. J'hésitai d'avancer. L'un de ces messieurs, celui-là même que j'avais vu le matin, m'en donna l'autorisation.

— Tiens, dit-il à son voisin dont l'uniforme différait beaucoup du sien, voilà un compatriote, un sujet de sa majesté sarde. Demande-lui pourquoi il est venu à Rome.

— Quelles sont les raisons qui t'ont amené à Rome? me dit, sans dérider son front soucieux, celui qui était chargé de me faire cette question.

— Ces raisons sont simples : c'est parce que je ne me trouvais pas bien où j'étais.

— Ce n'est pas là la réponse que tu m'as faite ce matin à cette même question, reprit mon protecteur d'un air sévère.

— Pardon, *signor*, je ne pensais pas que les paroles d'un pauvre enfant pussent tirer à conséquence. Je vous ai dit ce matin que j'ai beaucoup lu l'histoire romaine et que j'ai voulu voir Rome. Je vous avais dit la vérité, et n'ai point menti à monsieur, pourtant...

— Puisque tu as si bien lu l'histoire romaine, saurais-tu me dire le nom du dernier empereur romain? de Rome, entends-tu?

— Augustule, répondis-je.

— Qu'est-ce qu'on entend par olympiades?

— Un laps de temps de quatre ans à peu près.

— A quelle époque les fait-on remonter?

— Ah! monsieur... je ne sais pas bien au juste... six à sept cents ans avant Jésus-Christ, je crois.

— C'est bien!... Et avec l'histoire romaine, qu'as-tu appris encore?

— Un peu de latin et la géographie.

— La géographie! Tu pourrais dire que tu sais de cette science ce que tu sais du latin, ce me semble.

— Pardon, monsieur, je crois en savoir davantage.

— Oh! oh! major, veuillez me passer le volume des poésies françaises du cardinal, dit l'une des dames à l'amphytrion.

— A quoi bon, madame? ce pauvre cardinal n'est-il pas déjà assez...

— Qu'importe une critique de plus ou de moins?.. Petit! reprit-elle en me faisant signe d'approcher, lis ceci ; si tu trouves une erreur géographique dans ces quatre lignes, je te prends à mon service.

— Oui, il y a erreur, dis-je lorsque j'eus lu les trois vers suivants :

Et le soir, sous l'habit d'un marchand de Surate,
Il se promenait seul sur les ponts de l'Euphrate.
De Bagdad en tous sens, comme un simple croyant,
Le calife, etc.,

ce calife ne pouvait se promener sur les ponts de l'Euphrate, étant à Bagdad. On a confondu. Le Tigre seul, qui n'est pas un fleuve, passe à Bagdad. Ces deux points sont séparés par le pachalick de ce nom et cinquante *milles* au moins de distance.

— *Bravo, picolo! bravissimo!* répéta-t-on unanimement.

— Cette définition est logique, dit le chevalier ; tu mérites de boire un coup de Lacryma-Christi ; puis, il me versa un doigt de ce vin.

— Si je rencontre le cardinal aujourd'hui, je lui dirai de te donner des étrennes, me dit un autre.

— C'est bien, je suis contente de toi, dit la dame en ôtant de mes mains sales le volume que je tachais. — Comment t'appelles-tu?

— Claude.

— Claude, je tiens ma parole. Je te prends à mon service. Dans huit jours tu auras une livrée de toute beauté,

— Une livrée! pardonnez-moi, madame; mais, j'ai

déjà essayé ce costume. Il me va fort mal. Je préfère celui que je porte, ou tout autre. Un uniforme m'irait bien, repris-je en riant.

— Cette fierté ne me déplaît pas, dit l'homme qui d'abord avait été chargé de m'adresser la parole. Eh bien! moi, je veux te faire porter l'uniforme des marins de ton pays, du roi Charles-Félix. Il ne tient qu'à toi de devenir un jour chef de timonerie. Tout roturier intelligent peut arriver à ce grade. Veux-tu venir avec moi à Constantinople? Je pars demain. Le brick que je commande est en ce moment dans la rade d'Ostie.

D'abord étourdi par ces offres brillantes qui flattaient mon caractère aventureux et qui, de plus, m'offraient un but déterminé, je ne sus que répondre. Ici la conversation s'engagea en italien, si vive, si serrée que je n'y compris rien, sinon que l'on s'entretenait de moi. L'air confus, embarrassé, mais fort d'un certain aplomb moral, j'élevai la voix.

— Monsieur, dis-je enfin, vous avez assez peu parlé pour que je vous croie. J'accepte votre proposition avec empressement. Par la suite, nous saurons lequel des deux aura été le plus généreux ou le plus reconnaissant.

— Assez, assez, bavard! Va dîner à l'office; je te ferai appeler plus tard. Pietro, reprit-il en s'adressant au valet, envoyez chercher un Juif, dites qu'il apporte toutes ses défroques à la taille de ce gaillard.

Je m'inclinai et suivis le valet.

De tous temps, à Rome ainsi qu'à Paris, les valets ont singé leurs maîtres. Arrivé à l'office, j'y vis les domestiques se mettre à table avec tout le cérémonial en usage dans le monde. Attentions, prévenances, propos flatteurs, à part la grâce et le bon goût, étaient fidèlement imités des mœurs courtoises de la noblesse romaine. Pour moi, rélégué dans un coin, près du cylindre à laver la vaisselle, je ne dus l'honneur de dîner à leur table qu'aux vives instances du valet témoin de l'ovation que je venais de recevoir.

— Cet enfant que vous voyez si timide ici, dit-il, ne l'était pas devant les maîtres. Avant que l'un de nous vive de ses rentes, il portera, lui, les épaulettes d'officier de marine. L'habit ne fait pas le moine.

Cet argument parut péremptoire. Placé entre la femme de chambre de madame et l'ordonnance du chevalier, ce même dragon dont j'ai parlé, j'appris de ce militaire tout ce que je désirais savoir relativement à mon nouveau maître.

Le chevalier Morelli, celui-là même que j'avais rencontré le matin, quoique Piémontais et décoré par Napoléon, était major des dragons de Sa Sainteté. Il devait ce grade élevé à la famille puissante de la femme qu'il avait épousée à Rome. Son frère aîné, mon futur commandant, lui, n'avait jamais quitté le service de Sa Majesté sarde. A l'époque dont je parle, il commandait, avec le grade de capitaine de vaisseau, le brick de guerre, *Il principe di Carignano*. Parti de Gênes pour aller opérer quelques mutations d'agents consulaires dans le Levant, il n'avait relâché à Ostie qu'avec l'intention d'aller voir son frère. Arrivé la veille, il repartait le lendemain. Ces renseignements, qui me furent donnés avec force commentaires par mon narrateur que le vin rendait intarissable, finirent heureusement à l'arrivée de deux Juifs chargés de plus d'effets que je n'en ai portés depuis ce temps. Le choix que l'on fit de ces défroques étant terminé, je fus conduit dans la chambre où je devais passer la nuit.

— Dors bien, me dit le commandant que je rencontrai sur l'escalier. Tu ne seras pas aussi secoué cette nuit que tu le seras demain.

Il disait vrai; car, vingt-quatre heures ne s'étaient pas écoulées, qu'*Il principe di Carignano* tangait rudement sous ses basses voiles, par le travers du Tibre.

CHAPITRE IX.

Première campagne sur mer.

> Sous le ciel où Virgile a moissonné des roses,
> Au souffle du zéphir, nacelle, emporte-moi.
> Sous le ciel d'Italie il est des fleurs écloses;
> Douce mer, courbe-toi !

Oui! douce mer, courbe-toi, si la tempête te le permet. Courbe-toi à la voix du poëte, de cet enchanteur qui, du fond de son cabinet, commande aux éléments. Oh! si le poëte qui rêva ces vers s'était trouvé à bord de la *nacelle* qui m'emportait vers l'Orient, il eût été bien autrement inspiré! il eût appris que le golfe de Sorente est parfois rafraîchi par des *zéphyrs* acerbes, et que le sol d'Italie n'est pas toujours jonché de *roses*.

Ce mauvais temps dura huit jours. Il ne nous quitta qu'à l'entrée du détroit de Messine. Louvoyer, mettre à la cape, s'approcher et s'éloigner des côtes, tel fut en substance la rédaction du journal du bord durant les huit premiers jours de notre navigation. Arrivés dans le détroit, entre la côte de Reggio et la Sicile, nous commençâmes à sentir la douce température de l'Orient. Bientôt nous perdîmes de vue ces deux rives verdoyantes; l'Etna se couvrit de nuages, et le surlendemain, filant de dix à onze nœuds par une brise de N.-N.-E., nous vîmes à l'ouest, perdue à l'horizon, l'île de Malte imperceptible et grosse tout au plus comme un grain d'Ebène.

Voici en deux mots le genre de vie que je menais à bord.

Je me levais à cinq heures du matin avec la partie de l'équipage (bordée) qui, le soir, avait eu le premier quart. Le branle-bas se faisait au son du tambour. Aussitôt les hamacs pliés et rangés sur les bastingages, je me livrais avec d'autres mousses à divers travaux domestiques. Le carré briqué, les uniformes brossés, il ne me restait plus qu'à servir le commandant à table, à m'occuper d'études. Or, ces études, dont lui-même avait pris la direction, ne furent pas sans résultats. J'appris, dès les premières leçons, à connaître les latitudes et les parallèles, en prenant pour point de départ la ligne équinoxiale et l'observatoire de Paris. Du reste, toujours en présence de portulants, de chronomètres, d'octans, de sextans et d'astrolabes, il me fut bien plus facile de m'instruire à bord que dans la meilleure école préparatoire. Après sept mois d'application, je savais parfaitement l'arithmétique ; je possédais les premières notions de l'astronomie, de la physique, et, la campagne finie, lorsque nous débarquâmes à Gênes, je connaissais les premières notions de la géométrie.

Ce fut le quatorzième ou quinzième jour après notre départ d'Ostie que nous aperçûmes les brillants minarets d'Alexandrie. Cette ville, bâtie à l'extrémité d'une presqu'île, est éblouissante à voir par un beau soleil et à la distance d'une lieue en mer ; mais, comme toutes les autres villes d'Orient, elle est loin d'offrir les mêmes beautés dans son intérieur. Vus de près, les minarets n'ont plus le même prestige.

Obligé de louvoyer pour éviter les rochers à fleur d'eau qui masquent l'entrée du port d'Alexandrie, le brick mit le cap sur le promontoire de l'île de Pharos. Comme le vent nous poussait vers le golfe de Syrie, il fallut continuer de louvoyer. Durant cette manœuvre, nous tirâmes dix coups de canon pour demander un pilote. Il nous accosta vers le soir. Le soleil, voilé par trois bandes horizontales de nuages vaporeux qu'il semblait teindre des mille couleurs de l'aurore boréale, se couchait splendide dans les flots de la Méditerrannée, quand nous jetâmes l'ancre dans le port.

J'ai conservé peu de souvenirs de cette terre des Pharaons. J'y fus trop occupé par les dîners que les consuls donnaient à nos officiers et que ceux-ci leur rendaient à bord. Voici, du reste, avec la diversité des types et le pittoresque des costumes, ce dont je me souviens le mieux. Un jour, après un déjeuner copieux qu'un négociant anglais avait donné à la plupart des représentants européens, et auquel nos officiers furent invités, je demandai au *giaour* d'outre-manche s'il voulait me permettre que je fisse un tour dans son jardin.

— Je voudrais, lui dis-je, voir si les fleurs de ce pays ressemblent à celles d'Italie ou de France.

—Va, mon enfant, me dit-il, va respirer l'odeur balsamique des fleurs ; mais ne touche à aucun fruit. Je te le défends. Ne fais pas comme a fait Ève, notre première mère. Tu sais que Dieu l'a punie de sa gourmandise. A ces mots je sautai dans le jardin, sans plus chercher à pénétrer le sens de ces paroles que je n'avais pensé à comprendre celui de la Genèse. Après avoir fait quelques tours entre les plates-bandes, dont les fleurs ne me souriaient guère, je me dirigeai vers de petits arbres surchargés de grenades et d'oranges ; mais ces fruits ne me sourirent pas davantage ; ils étaient encore trop verts.

—Au diable l'Égypte ! dis-je ; pays maudit ! il n'y a pas seulement ici une poire, une pomme à se mettre sous la dent. Cette imprécation lancée contre la terre que je foulais me porta malheur. A l'instant, le sylphe du jardin, sylphe espiègle qui sans doute se balançait dans la corolle d'une fleur, écartant le feuillage d'une haie, montra à mes regards avides deux fruits qui venaient de croître et de surgir comme par enchantement, deux beaux fruits

6

vermeils, veloutés comme une pêche et dignes du jardin des Hespérides. M'en emparer, mettre l'un dans ma poche et mordre dans l'autre fut l'affaire d'une seconde.

— Dieu de Dieu! m'écriai-je, après en avoir avalé trois bouchées et jeté le reste, mille dieux! que c'est amer! tonnerre! j'aurais préféré avaler deux brasses de câbles!

Je courus à la citerne, et tandis que je buvais, un grand nègre éthiopien vint me dire en langue franque :

— *Pilotino, andate ; il signor Capitani vi chiama.*

Dans une cour carrée, cour de rigueur en Orient autant que l'est un salon dans une maison à Paris, je trouvai tous ces messieurs passablement échauffés par de nombreuses libations de vin de Chypre. Ils discutaient sur les probabilités d'un armistice entre les insurgés grecs et la sublime Porte.

En ce moment je ressentis de violentes coliques. L'Anglais fixa ses regards pénétrants sur moi, et un sourire d'intelligence s'engagea entre lui et le commandant.

— Monsieur le savant, vous allez nous suivre ; nous voulons aller voir les aiguilles de Cléopâtre, me dit ce dernier. Tenez-vous prêt. Nos chevaux arabes vont arriver. Puis il ajouta, en affectant un grand sérieux démenti par la contraction de ses lèvres : « Si pourtant vous vous sentiez indisposé...

— Mais pourquoi cette réflexion, commandant? suis-je jamais indisposé?

Cependant les coliques redoublaient de plus fort en plus fort.—Ils m'ont sans doute vu manger la pomme, me dis-je, tenons bon ; il ne sera pas dit qu'il me verront broncher.

Au mois de janvier, la chaleur est très supportable à Alexandrie ; aussi notre petite caravane n'éprouvat-elle pas l'accablante chaleur de ce soleil de *plomb* dont parlent tant de voyageurs... Mais tous ces messieurs s'étaient peut-être donné rendez-vous au mois de juillet... N'importe, la chaleur était tolérable et nous nous mîmes en marche à deux heures. Notre troupe était composée de trente-six individus partagés en trois catégories bien distinctes. Douze âniers ou fellack (ce mot n'a pas d'équivalent en français ; les Napolitains le traduiraient par celui de lazzaroni) suivaient en courant et fouettant devant eux douze ânes poussifs qui n'étaient guère plus gros que des boulesdogues. Ces rapides coursiers égyptiens, en tout semblables à ceux de Montmorency, étaient montés par douze Européens, la plupart assez grands pour que leurs pieds touchassent le sol. Cette grotesque comédie à cheval fit beaucoup rire ces messieurs. Pour ma part, j'eusse ri aussi, et de bon cœur, sans ces maudites coliques. Toutefois, comme je ne m'arrêtai point, l'œil collé à une lunette d'approche, pour contempler les oasis du désert ou les navires de la pleine mer, j'arrivai aussitôt qu'eux au lieu de notre destination.

A quelques pas d'un petit golfe formé par la presqu'île d'Alexandrie et la terre ferme, nous gravîmes une petite colline au bas de laquelle nous aperçûmes un vaste amas de ruines ; décrites par vingt archéologues, entre autres par MM. Champollion le jeune et Volney, je renvoie le lecteur aux livres de ces antiquaires pour leur description. Deux monolytes semblables pour la forme à celui de l'obélisque du Louqsor, étendus à terre et presqu'enfouis dans le sable, telles étaient les aiguilles de Cléopâtre, but de notre visite.

— Voici, me dit l'Anglais, notre officieux cicérone, des aiguilles qui pèsent un peu plus que le fruit que tu as dans ta poche.

— Ah ! vous m'avez donc vu ?

— Oui, oui ! et puisque tu es si gourmand, je te conseille d'apprendre la botanique, reprit-il en enfourchant son âne.

— Je l'apprendrai, monsieur ; mais dites-moi, s'il vous plaît, comment on nomme ce fruit.

— En français, on le nomme coloquinte; c'est le terme vulgaire. Les gens de science, *comme toi*, par exemple, le désignent sous celui de *fructus colocynthis*.

— Merci, monsieur, je profiterai de la leçon.

Peu de jours s'écoulèrent, et nous remîmes à la voile pour Beyrouth.

Beyrouth, ainsi qu'Alexandrie, paraît beaucoup plus beau de loin que de près. Ses maisons à terrasses, aux murs blanchis, où les rayons du soleil oscillent par la réfraction, forment, avec le désert qui l'entoure et le mont Liban qu'on aperçoit dans le lointain, une perspective étrange, un panorama de l'aspect le plus singulier. L'île de Chypre, Candie, Smyrne et la brillante végétation de ses environs, n'offrent pas un coup d'œil aussi imposant. Oh! l'heureux temps que celui où, traversant la mer Egée, je lisais une traduction d'Homère et m'endormais plein d'émotions dans la hune du grand mât! Quel bonheur je goûtais quand, après trois heures d'études, on me permettait d'aller faire de la gymnastique sur les vergues, d'apprendre à nager le soir, et de rêver à l'aise sur le gaillard d'avant! A treize ans, la carte et l'histoire de la Grèce sous les yeux, voir Mitilène, Ypsara, Samos et Ténédos, n'est-ce pas là un bienfait du sort que des gens plus fortunés pouvaient m'envier? Ainsi dispos de corps et d'esprit, je franchis les Dardanelles et ses deux rangées de forts. Le soir du 5 mars, *Il principe di Carignano* mouillait devant Stamboul, à la pointe même du sérail.

Constantinople, l'ancienne Byzance, est, sinon la plus belle ville du monde, du moins celle qui impose le plus à la première vue. De l'endroit où nous étions à l'ancre, par un beau soleil levant et du faîte d'un mât, je vis le plus magnifique tableau qu'il soit possible d'imaginer. La ville et le port, Scutari et la côte d'Asie, Péra, le Bosphore et Galata, on peut tout embrasser d'un même coup-d'œil. La plume ne saurait décrire, le crayon le plus exercé ne pourrait imiter tant de beautés réunies sur un même point. Ces divers aspects ont des prismes vraiment magiques : tout l'Orient est là avec ses mille féeries.

Le genre de vie que je menai à Constantinople fut beaucoup moins monotone qu'il l'avait été à Alexandrie. Cependant c'étaient toujours des dîners donnés en ville et rendus à bord. Sous ce rapport, rien n'était changé. N'eût été les incidents et les petites aventures qui nous arrivaient plus fréquemment, j'aurais pu me croire encore sur les bords du Nil. A propos d'aventures, en voici une que je donne comme j'ai donné les autres, sans commentaires et dans sa vérité native. Mon éditeur, de même que tous ses confrères, doit avoir de grands ciseaux. Il peut donc en faire justice, si bon lui semble.

Une après-midi, je m'en revenais seul à bord, de la maison de campagne d'un secrétaire d'ambassade, chargé d'une commission par le commandant. Le temps était superbe ; et moi, plus superbe encore, je portais en ce bienheureux jour, avec une jolie veste en drap bleu enrichie de brillants boutons à ancre, un pantalon, une chemise éclatants de blancheur ; de belles bottes, une cravate de soie et le petit chapeau d'ordonnance complétaient mon costume. A cet âge, l'ensemble de mes traits n'avait rien de défectueux. De beaux cheveux blonds, soyeux, que par coquetterie j'avais laissé croître, retombaient en larges anneaux sur le col bleu de ma chemise ; et certes, à la blancheur de mon teint, nul n'aurait soupçonné que, six mois auparavant, j'étais noir comme un nègre. Ajoutons que je portais au bras un petit panier artistement tressé, plein de figues, de dattes et de raisins. Ce panier était un présent que l'on avait fait à mon maître. Je le portais à bord pour être remis au chef d'office. Or, non loin de la maison de M. le secrétaire, je longeais un chemin étroit, enclavé de petits murs, et que dominaient, à des distances inégales, des kiosques ou pavillons entourés d'épais bouquets d'arbres. Passant devant l'un de ces kiosques, j'entendis un cri perçant de jeune fille, et aussitôt je vis une perruche tomber à mes pieds. Elle avait les ailes coupées à leurs extrémités. M'en emparer fut mon premier mouvement.

— *Mio uccello! mio uccello!* dit la jeune fille en pleurant. Je levai les yeux, et le plus gentil minois, la plus jolie tête que j'eusse encore vue m'apparut derrière les barreaux d'une lucarne qui donnait sur le chemin. Rendre l'oiseau à cette belle enfant n'était pas facile; la lucarne était trop haute, et la petite porte bâtarde fermée en dedans. Elle me dit n'en avoir pas la clé. Que faire? Aller jusqu'à la grande porte d'entrée, sur la route d'Andrinople, était trop loin; d'ailleurs, l'idée ne nous en vint pas. — Oh! bon! me dis-je, alors que d'un rapide coup d'œil j'eus examiné les lieux, voici un figuier qui va m'aider à franchir le mur. Tirant de ma poche un bout de lupin, je liai l'une des pattes de la perruche à l'anse de mon panier, que je suspendis à la première branche de l'arbre; montai sur le mur, et, le panier à mon bras, je sautai dans la propriété. La jolie Turque m'attendait, tenant une grande cage à la main.

— Sais-tu bien, petit Franc, que mon père ne serait pas content s'il te voyait ici? me dit-elle en très bon italien et quand la perruche fut enfermée.

— Pourrait-il m'en vouloir de vous avoir été agréable? Ne fallait-il pas que je vous rendisse votre oiseau?

— Oh! calme-toi, il ne reviendra que ce soir, avec ses deux serviteurs.

— Quoi! seriez-vous seule ici?

— Oh! non, je suis restée pour veiller ma pauvre nourrice qui est bien malade; mais en ce moment elle va mieux; elle dort, je crois.

— Laissons-la reposer. Voulez-vous accepter quelques dattes, manger quelques figues?

— *Grazie.* Puis elle me regarda avec un sourire si doux, si expressif, que je ne pus m'empêcher de m'écrier :

— Mon Dieu! que vous êtes jolie! Oh! que vous êtes belle!

— Tu trouves? Quel âge as-tu, petit Franc?

— Treize ans, ma toute belle, et toi?

— Moi aussi; treize ans, aux oranges.

— Ah! nous sommes du même âge; mais nous ne nous ressemblons pas!

— Comment! pourquoi?

— C'est que tu es jolie, et moi...

—Toi! tu voudrais que je dise que tu n'es pas laid, reprit-elle avec un sourire malin.

— Non, je sais que je ne suis pas aussi beau que tu es jolie.

— Allons, tu n'es pas mal non plus ; j'aime beaucoup tes cheveux blonds. Comme ils sont doux au toucher! Puis, elle y passa ses doigts blancs et délicats. Un léger frisson me parcourut l'épiderme, à ce premier attouchement d'une jeune fille.

— Les tiens, balbutiai-je après une pause, sont bien plus beaux. Ils sont noirs, brillants. Et mes mains, ainsi que les siennes, erraient voluptueusement sur les tresses lisses de ses cheveux que retenait une épingle d'or à tête de perle.

Assis à côté l'un de l'autre, sur un banc de gazon naturel, à l'ombre de deux sycomores, nous nous mîmes à causer de riens charmants, de mille choses enfantines qui valent bien les choses sérieuses. Ensuite nous parlâmes de sa mère, morte depuis longtemps, et de son père, officier napolitain au service de Sa Hautesse; de quelques souvenirs et de quelques espérances. Durant cette conversation qui me parut pleine d'attraits, je sentis, pour la première fois, mon sang bouillonner dans mes veines; sans pouvoir m'expliquer la nature de mes sensations, je serrais dans mes mains convulsives les mains tremblantes que ma jolie Turque m'abandonnait. Mes regards, qui montaient et descendaient alternativement de ses yeux à sa gorge naissante, couverte à demi par un fichu de gaze légère, semblaient vouloir pénétrer un mystère. Depuis cinq minutes nous ne nous disions plus rien. Nos yeux seuls se parlaient. Cette position était gênante et délicieuse tout à la fois. Enfin, n'y pouvant plus tenir, je rompis le silence :

— Mia cara ! carissima cara ! chrétienne ou musulmane, tu es ravissante comme un ange !

Attiré vers elle par une puissance magnétique qu'il m'était impossible de combattre, je l'embrassai avec transport. La jeune fille frissonna dans mes bras, ne me repoussa point, et...... Telles furent mes premières armes en galanterie.

— Tu reviendras, nous nous marierons dans deux ans, n'est-ce pas ? me dit-elle, confuse et sans oser lever les yeux.

— Oui, lui répondis-je lorsque je fus à cheval sur le mur et prêt à sauter dans le chemin ; je reviendrai, je te le jure, quand je serai officier de marine ; alors je serai digne de toi ; adieu !

— Adieu ! reprit-elle en sanglottant.

Honteux, je m'éloignai, les yeux pleins de larmes et regardant souvent en arrière. Inutile de dire que je n'ai plus revu cette charmante enfant dont j'ignore même le nom.

Depuis huit jours nous attendions un vent favorable pour franchir les Dardanelles. Cette brise d'est, si impatiemment attendue, nous arriva enfin, et je quittai Constantinople pour ne plus la revoir. Si j'en excepte un homme tombé à la mer, et que l'on ne put sauver à temps, rien ne nous arriva qui soit digne d'être rapporté, jusqu'en Sardaigne. Notre pavillon neutre nous fit respecter, dans l'archipel, et des défenseurs de la Croix et de ceux de l'Islamisme.

Nos provenances ne nous permettant pas d'entrer en libre pratique dans le port de Cagliari, nous ne restâmes que deux heures dans la rade de cette ville. C'était juste le temps nécessaire pour attendre un pli que le gouverneur envoyait au souverain, et les dépêches de l'île. Ces dépêches nous furent tendues, à l'extrémité d'une pique, par les préposés de l'intendance sanitaire.

Le lendemain, comme nous doublions le cap Spartivento, nous nous trouvâmes tout à coup, par une belle mer, à trois portées de canon d'un navire. L'allure de ce bâtiment, sa mâture et sa route problématique, nous firent de suite soupçonner un corsaire. En un moment, toutes les lunettes de l'état-major furent braquées sur cette voile. Nos officiers ne s'y trompèrent point. C'était bien un corsaire, et le plus redoutable : le *Mourzouck*, commandé par Ali-Addalla, l'un des plus intrépides pirates de ce temps.

— Timonier ! laisse arriver d'un quart ! cria le commandant.

Dix minutes s'étaient à peine écoulées depuis que cet ordre avait été donné, que nous nous trouvions au vent du navire. Cette manœuvre ne lui échappa point. Dès ce moment, nous le vîmes prendre le plus près pour se replier au vent ; mais nous ne lui en donnâmes pas le temps. Son pont se couvrit de monde, et le pavillon rouge au cimeterre blanc flotta hissé à sa corne d'artimon.

Le commandant, toujours sur la dunette, prit son porte-voix :

— Branlebas de combat ! s'écria-t-il d'une voix que l'instrument rendait plus formidable ; et cet ordre, transmis par un cadet (aspirant), répété par l'équipage avec le plus vif enthousiasme, retentit depuis l'entrepont jusqu'aux hunes.

Après deux minutes d'agitation, le calme et le silence régnaient à bord. Chacun était à la place qui lui était assignée. De ce désordre, de ce calme apparent, de tous ces préparatifs, rien ne m'effraya comme l'infirmerie qu'improvisèrent le chirurgien-major et ses aides. Les trousseaux déployés, les scies à amputation, des monceaux de charpie, m'impressionnèrent bien plus que ne l'avait pu faire la vue des armes à feu, des haches, des sabres d'abordage.

Cependant, la manœuvre que nous venions d'exécuter pour prendre le vent eut un plein succès. Sur les trente-deux aires du compas, nous en possédions vingt-cinq. Avec un ennemi supérieur en nombre, cette position était avantageuse. Aussi en profitâmes-nous. A portée de canon, le corsaire, malgré sa fausse position, nous envoya un projectile lancé par une longue couleuvrine. Ce boulet nous fit peu d'avaries. Nous continuâmes d'avancer. Ici nous ne devons pas oublier combien, avant 1830, les corsaires africains étaient redoutables sur la Méditerranée, combien les Etats maritimes de l'Europe avaient de pertes à réparer, de crimes à venger. Aussi, Alger, Tunis et Tripoli, Tanger et Salé n'eussent pas suffi à la soif de vengeance qui dévorait nos matelots. Ils brûlaient d'en venir aux mains.

— A l'abordage! à l'abordage! criaient-ils avec des accents de joie frénétique.

— Silence! reprit le commandant; je ferai fusiller ceux qui éleveront la voix ou qui quitteront leurs postes. Attention! feu tribord. A cet ordre, le brick frémit sous mes pieds; une effroyable détonation se fit entendre. Le corsaire répondit à cette bordée par une bordée pareille. On ne se voyait plus à trois pas.

— Parons-nous à virer de bord; lève les lofs; file l'écoute de grande voile; halle bas le petit foc; la barre dessous!

On court quelques encâblures; le brick se penche et pince le vent à cinq quarts; une jolie brise siffle le long de ses ralingues bien bordées; nous filons par le travers même du forban, mais dans une direction opposée.

— Feu babord!

Cette fois, nous eûmes pour réponse une douzaine d'hommes hors de combat et deux bordages enfoncés. De ce moment et pendant une heure, le feu continua bien nourri de part et d'autre. Nos pointeurs rivalisaient d'adresse avec les pointeurs tunisiens, dont les rangs néanmoins s'éclaircissaient à vue d'œil. C'était un duel à mort. Le hasard, qui plaçait ces pirates sous le canon d'un navire de guerre, devait leur faire payer cher les actes de cruauté qu'ils avaient commis sur les navires marchands. Encore une demi-heure, et c'en était fait d'eux.

Cependant le soleil se couchait derrière les hautes montagnes de la Sardaigne qu'on apercevait au nord. Nous n'avions plus qu'une heure de jour, et quoiqu'à moitié désemparé, le corsaire pouvait encore nous échapper. Il fallait en finir.

— Timonnier, laisse courir à l'ennemi ! Préparons-nous à l'abordage A cet ordre ! si longtemps attendu, un cri général, un houra de joie se fit entendre. Les chaînes, les grappins résonnèrent sur le pont. Le tillac, les vergues, les porte-haubans se couvrirent de monde.

— *Per christo!!!* à l'abordage ! criaient nos matelots. Oh ! ce fut un beau moment que celui où notre brick, docile au gouvernail, alla sans choc, et par une manœuvre habile, coller son flanc redoutable aux flancs du Polacre ! Quelle plus grande volupté pour un homme de cœur que de voir son ennemi en face ! Or, dès que les œuvres mortes des deux bâtiments se touchèrent, que les vergues frappèrent les vergues, une vive fusillade s'engagea. En ce genre de combat la discipline européenne nous donnait sur les Tunisiens une grande supériorité ; leurs efforts désespérés se rompaient contre un double rempart de baïonnettes. Se voyant décimés en détail et pour ainsi dire sans gloire, sans vengeance, trente des plus intrépides de ces forbans prirent une résolution héroïque : ils s'élancèrent d'un commun accord sur l'une de leurs vergues, s'accrochèrent à nos haubans et se laissèrent tomber sur notre pont, le cimeterre au poing, le poignard à la bouche. De ce nombre, la mousqueterie fit justice de moitié ; mais ceux qui atteignirent les gaillards firent chèrement payer leur vie. Les cimeterres voltigeaient avec tant de rapidité qu'ils jetèrent le désordre dans le rang des tirailleurs. Alors, un nombre égal de matelots génois, armés de haches, les combattirent corps à corps. De ce moment, sur les deux navires réunis, l'action devint sanglante, mais non douteuse. La croix devait écraser le croissant.

La nuit approchait sensiblement. Déjà le crépuscule s'éteignait, et le pavillon maure n'était pas encore amené. Vingt hommes, ses derniers défenseurs, cernaient les approches de sa drisse ; ils la défendaient pouce par pouce, ligne par ligne, contre la moitié de notre équipage. Pas un seul ne se rendit; tous se firent tuer au poste d'honneur !

— Chiens de chrétiens ! disaient-ils en nous crachant leur dernier souffle au visage. Qu'Allah vous maudisse ! Puis, ils mouraient comme ils avaient vécu, en véritables forbans.

Cette victoire nous coûta vingt-sept hommes morts et trente-cinq blessés, sur cent. Combien en restait-il de valides ? — Trente-huit.

Pourvoyeur de la première pièce de tribord durant l'action, je suivis mon maître canonnier et ses servants à l'abordage. Blessé à la jambe droite d'un coup de mousquet, dès que j'atteignis le Morzouck, je tombai entre deux caronnades sur dix cadavres africains. Sain d'esprit, mais souffrant horriblement, je dus attendre philosophiquement la fin du combat. Ce ne fut guère que cinq minutes avant l'immersion du Morzouck, car il faisait eau de toutes parts, que je fus transbordé.

— A l'infirmerie les blessés ! disait l'un des chirurgiens.

— A l'infirmerie! ô mon Dieu! et je tombai évanoui.

Quatre jours après cette glorieuse prouesse, *Il principe di Carignano* entrait mutilé, mais fier de ses blessures, dans le port de Gênes la superbe.

CHAPITRE X.

Retour dans la patrie.

Après trois semaines de quarantaine passées tant en rade qu'au lazaret de Gênes, où ma blessure eut le temps de se guérir, je partis avec le commandant pour aller attendre à Turin le retour du printemps. Quelle quiétude, quel bonheur j'éprouvai lorsqu'assis dans une bonne berline, je traversai les riches plaines du Piémont! Quelles réflexions ne fis-je pas sur les destinées et l'instabilité des choses humaines! Quels beaux rêves d'avenir!

Ma tête n'est pas faite autrement que celle de tous les grands hommes; il est certain que dans vingt ans, on dira à Saint-Sigismond : Claude fait honneur au pays, et de bonne foi je me voyais déjà capitaine de vaisseaux.

Quoique âgé de plus de quarante ans, le commandant avait encore l'inappréciable bonheur d'avoir son père et sa mère. De souche noble, bons et affectueux, ces respectables vieillards avaient traversé les orages de la révolution sans y rien laisser de leurs mœurs, de leurs vertus et de leurs préjugés. Là, dans cette maison vraiment patriarcale, je fus, à la lettre, aussi heureux que le commandant lui-même. Plus fortunés, mais aussi bons que les braves gens que j'avais servis à Romorantin, mes nouveaux maîtres eurent pour moi tout autant de sollicitude. Chaque jour, à terre comme à bord, le commandant trouvait dans son noble cœur assez de simplicité, et dans sa belle âme assez d'abnégation pour se faire le précepteur de son domestique ! Quelques promenades, que je faisais avec lui en cabriolet, étaient, avec mon devoir, tout ce qu'il exigeait de moi. Ainsi, à l'exception des heures de repas, auxquelles j'étais rigoureusement tenu de faire acte de présence, je pouvais disposer de mon temps.

Ici, je regrette beaucoup d'avoir trop à conter pour ne pas assez décrire. Fidèle à mon programme, je dirai seulement que Turin est une ville charmante, la mieux bâtie du monde, et celle où l'on peut vivre à meilleur marché. La beauté des sites qui l'entourent, ses palais, le Pô et la Doire qui l'assainissent, en font un séjour vraiment délicieux. En vérité, je ne comprends pas l'antipathie des Français pour le peuple piémontais, peuple qui me semble tout à la fois bon, martial et généreux.

Un soir de carnaval, le commandant me fit appeler.

— Brutus, tu liras demain ; viens ici, me dit-il.

Arrivé dans la pièce qui lui servait d'atelier et de cabinet, il se recueillit un instant. Notons que mon noble maître affectionnait beaucoup le métier de tourneur en bois, métier dans lequel il était devenu très habile. Ce délassement était, avec les calculs intégrals et quelques amourettes, ses plus chers passetemps.

— Tiens, tu vas aller porter cette lettre à la comtesse de F.... Écoute... Si le comte était chez lui, tu me rapporterais la lettre ; va, sois intelligent.... tu comprends !...

— Oui, commandant.

Cinq minutes après avoir reçu cet ordre, je frappais à la porte de l'un des plus beaux hôtels *della contrada San-Philippo*.

— Monsieur le comte de F... est-il chez lui ? demandai-je au suisse ?

— Non, il est sorti.

— Tant pis ! Mais madame pourrait peut-être me donner une réponse, repris-je en montrant ma lettre. Est-elle chez elle, madame la comtesse ?

— Oui ; montez.

A peine étais-je à l'entresol que j'entendis une voiture s'arrêter devant l'hôtel.

— La porte, s'il vous plaît ! cria le cocher. La porte ouverte, monsieur le comte, car c'était lui qui rentrait, me suivit dans l'escalier. Ne voulant pas me trouver en sa présence, du premier étage, où je m'étais arrêté, je montai au second.

— Où est donc le message dont m'a parlé le suisse? dit-il au chasseur.

— Je l'ignore, monsieur.

— Voyez s'il ne serait pas redescendu.

Alors, certain que la galante missive dont j'étais chargé devait être forcément ajournée, et sentant la nécessité d'éviter toute question, je continuai de monter jusqu'au palier des mansardes. N'y voyant goutte et ne sachant où donner de la tête, j'entrai dans la première chambre qui s'ouvrit sous mes tâtonnements.

Dans cette chambre, dont je fis le tour, je trouvai d'abord une cheminée où couvait un feu sous la cendre; puis un lit fort bon, ma foi! où je n'hésitai pas à m'étendre pour rêver plus à l'aise. Il n'y avait pas cinq minutes que ma tête reposait mollement sur l'oreiller, qu'un bruit se fit entendre dans l'escalier. Ce bruit, confus dans l'éloignement, devint insensiblement plus distinct.

— Je vous demande pardon, signor, il était sur l'escalier lorsque vous êtes entré. J'ai fermé la porte en votre présence, et certes, je mettrais ma main au feu, je parierais vingt pistoles qu'il n'est pas sorti... et...

— Eh bien, s'il n'est pas sorti, nous le trouverons. Que diable! il ne s'est pas envolé.

— Non, il ne s'est pas envolé, mais il peut avoir trouvé une porte ouverte, être entré dans un appartement. Là, il attendra minuit, minuit et demi, une heure, et alors, signor, alors...

— Alors, alors, reprit le comte impatienté...

— Alors, il attachera la corde que j'ai entrevue sous son frac à l'un des balcons. Toute la bande de voleurs grimpera après, et..... Cela s'est déjà vu !

— Si cela s'est vu ailleurs, cela ne s'est pas encore vu chez moi, et ne se verra pas ce soir, dussé-je monter chercher ce galopin jusque sur les toits.

— Bon ! dis-je, il n'a pas parlé de la cheminée. Voyons s'il m'y trouvera. Aussitôt dit, aussitôt fait ; j'étais déjà immobile au poste, quand maître et valets entrèrent dans la chambre.

— Nous le tenons ! nous le tenons ! Il est dans la cheminée. Voyez l'empreinte de ses pieds dans la cendre. Il s'est même couché sur le lit avec ses bottes, voyez !

— C'est vrai ! répétèrent dix personnes à la fois. Il est dans la cheminée. Fumons-le comme un jambon. De la paille ! de la paille !

— Ah ! ah ! dit le suisse, petit *birbanti*, tu vas enfin lui parler à Monsieur le comte. Nous allons voir la lettre que tu as à lui remettre. « Je veux parler à Monsieur le comte, » reprit-il en contrefaisant ma voix. Attends ! attends ! la paille mouillée va te faire descendre ! Ces dernières paroles me firent réfléchir. A peine avais-je eu le temps de mâcher et d'avaler le *poulet* du commandant, qu'une fumée épaisse, suffoquante, m'étreignit de ses noirs tourbillons. N'y pouvant plus tenir, je me laissai tomber, et, quand j'eus repris haleine, je m'écriai de toute la force de mes poumons :

— J'ai perdu mon pari ! *contacchio*, j'ai perdu mon pari !

Lorsque, les yeux fermés par la douleur, je fus tiré de l'âtre et traîné au milieu de la chambre, tous les assistants poussèrent un éclat de rire homérique. Cette hilarité, qui me semblait ne devoir pas finir, tant elle était de bon aloi, cessa enfin à l'arrivée de la comtesse et de sa camériste. Ces dames étaient suivies de la femme de charge, du palefrenier et d'une douzaine de marmitons. Entouré de tout ce monde, je ne perdis pas la tête. Fort de mon innocence et de mes bonnes intentions, je me levai fièrement et me tins dans l'attitude de l'hercule Farnèse.

— Ah, mon Dieu ! il s'est couché sur mon lit ! s'écria la camériste. Cette exclamation ne fut pas perdue pour moi.

— Oui ! oui ! il s'est couché sur ton lit. Tu n'auras que la peine de le refaire, dit le comte. Puis, s'adressant à moi : Voyons, voyons, quitte ces airs de matamore, cela ne te va pas ; voyons, qui es-tu ? — Monsieur le comte, je m'appelle Claude ; je suis le groom de monsieur le commandant Morelli, le meilleur homme du monde, je vous assure. — Ah ! tu es le groom de Morelli ; mais j'ai déjà entendu parler de toi. N'as-tu pas été blessé à l'affaire de Mourzouck ?

— Oui, monsieur le comte, répondis-je en découvrant ma jambe.

— C'est bien ! Maintenant, fouillez-le, dit-il au suisse.

A ces mots, la comtesse, qui m'avait reconnu, prit un flambeau pour sortir.

— Ne vous alarmez pas, madame. Restez, que diable ! On ne veut pas le mettre à nu.

Mes poches sont vidées, mes effets palpés en tous sens. Lorsque le comte fut convaincu que je n'avais sur moi ni billet doux, ni poignard, ni échelle de soie, il reprit :

— Mais pourtant..... Allons, dis-nous la vérité. Pourquoi es-tu ici ? La vérité, ou je te fais conduire au poste de la place Saint-Charles. Tu parlais tout à l'heure d'un pari, je crois ?

— Oui, monsieur le comte, répondis-je en me pressant le front, comme si cette pression eût pu faire mûrir le mensonge que je méditais. Oui, je vais vous dire la vérité, la pure vérité. Lundi je suis allé à Rivoli en société de trois camarades. Quoique le plus jeune, je bus plus que les autres. Rentrés en ville, nous nous assîmes à l'une des tables de dehors du grand café *della piazza Castello*. Là, pour bien finir la journée, nous vidions un carafon *d'aqua-vita*, et la conversation allait son train, quand mademoiselle, (dis-je en désignant la camériste,) vint à passer....

— Moi, sainte Vierge ! s'écria cette pauvre fille en se couvrant la figure de ses deux mains.

— Vous-même, mademoiselle. Ne passâtes-vous pas lundi, à quatre heures, devant le grand café ?

— Oui, mais je ne vous ai jamais parlé. Vous êtes

un imposteur ! jamais je ne vous ai vu….. vous mentez….. vous….. elle ne put achever.

— Oh! rassurez-vous, mademoiselle. Je dois le dire, oui, vous passâtes votre chemin de la manière la plus pudique. Je vous dois la vérité….. bien certainement….. je la dirai…..

—Enfin ! enfin ! qu'avait de commun mademoiselle avec quatre mauvais garnements qui s'enivrent comme des Suisses?

— Bien obligé, monsieur le comte, répondit l'Helvétien.

— Eh bien, en définitive, nous trouvâmes mademoiselle très jolie. De propos en propos, et l'*aqua-vita* aidant, j'en vins à parier une pistole….. à parier….. ma foi, je n'ose pas le dire…..

— Dis-le, dis-le, me crièrent tous les hommes à la fois, tandis que les femmes faisaient mine de vouloir sortir.

— Vous le voulez ? eh bien ! je le dirai. Écoutez….. Je vous demande mille pardons, mademoiselle !….

—*Maladetto!* dit le comte en frappant du pied.

— Oui ! eh bien ! j'ai parié une pistole que je passerais la nuit avec mademoiselle ce soir, ici même, dans son lit !

A cette révélation à laquelle personne ne s'attendait, pas même le narrateur, l'hilarité, un instant suspendue, recommença de plus belle. Le comte, la comtesse et la cameriste elle-même se prirent à rire de si bon cœur que, ma foi, je me mis moi-même de la partie. Jamais, peut-être, maîtres et valets ne furent sur le pied d'une si parfaite égalité.

— Ah! oui! tu voulais passer la nuit avec Mademoiselle Peste! tu n'es pas difficile! me dit enfin le comte.

— Sans doute j'eus un peu trop de présomption. Mademoiselle est très jolie, mais... mais... j'aimerais mieux ne pas avoir perdu ma pistole.

— A propos, tiens! voilà quatre écus de trois livres douze. Acquitte ton pari puisque tu l'as perdu, et bois un coup à ma santé. Une autre fois cependant, s'il te prend envie de jouer quelque farce, choisis un autre théâtre; tu m'entends? maintenant va te nettoyer.

— Je vous remercie infiniment, monsieur le comte. Bonsoir. Puis, ayant fait une grande révérence, je descendis les escaliers quatre à quatre, suivi de tous les marmitons qui riaient aux éclats.

Dix heures sonnaient à l'église Saint-Philippe lorsque je rentrai à l'hôtel Morelli. Un carrosse attelé de quatre chevaux blancs était à la porte. Dans l'antichambre je coudoyai un valet étranger dont la livrée blanche contrastait singulièrement avec la mienne. Comme il était tard et que je craignais une mercuriale, je fus droit au commandant pour lui rendre compte de mon expédition. Dès que je fus entré et qu'à la lueur d'un lustre je me vis dans une glace, je n'osai plus ni avancer ni reculer. Plusieurs personnages éminents, dont un seul était assis, causaient, près du feu, sur la formation probable d'un nouveau ministère.

— Que fais-tu là? me dit le commandant dès qu'il

m'eut aperçu. Va-t'en... Non, reste; mais comment oses-tu te présenter en cet état? D'où viens-tu?

—Commandant, c'est... c'est que je sors d'une cheminée.

A ces mots, l'homme qui était assis tourna vivement la tête de mon côté. Ces demandes et ces réponses faites en français piquèrent aussi vivement sa curiosité que ma figure barbouillée de suie.

— Morelli, dit-il, où as-tu trouvé ce groom?

— A Rome, Altesse.

— A Rome!

— Oui, Altesse. Oh! son histoire est curieuse.

— Vraiment!

— Oui, Altesse. Et le commandant, quoique peu parleur, conta tout ce qu'il savait de mes antécédents.

— Mais ton histoire m'amuse beaucoup, me dit Son Altesse. Dis-nous donc pourquoi tu sors d'une cheminée.

— En vérité, Messieurs, je craindrais de vous ennuyer.

— Tu mens, dit le commandant. Tu es trop bavard pour craindre de nous ennuyer. Dis-nous ce qui vient de t'arriver.

— Puisqu'il en est ainsi, j'obéis. Toutefois, Messieurs, je prendrai la liberté de ne nommer personne.

Alors, charmé de pouvoir intéresser d'aussi nobles auditeurs, je contai d'un air dégagé l'aventure que je viens de décrire; n'omettant aucune particularité, je m'étendis avec complaisance sur la bonhomie de monsieur le marquis, que j'avais substitué à monsieur le comte, et finis par faire sonner bien fort les écus que j'avais dans ma poche. Certes, ma figure noire et le jeu de ma pantomime n'ajoutaient pas peu à la volubilité de mes paroles.

— En vérité, Morelli, dit Son Altesse en se levant, et toujours en français, tu as là un garçon curieux; plus curieux, je t'assure, que l'éléphant qu'on montre en ce moment à Porte-Neuve. Veux-tu me le céder?

— Altesse, cela dépend absolument de lui.

— Veux-tu entrer à mon service? je suis le prince de Carignan.

— Je m'en étais douté, Monseigneur; mais excusez-moi, je perdrais au change. Le commandant m'a retiré de la misère; il daigne m'instruire lui-même; il me donne des pièces de huit sous autant que j'en veux... et...

— C'est bien, je suis content de toi! Va te coucher; on te fera faire ton chemin. Puis, il me donna une pièce d'or d'une main et un petit soufflet de l'autre. Sur ce, je saluai profondément le futur roi de Sardaigne et sortis.

Cette petite aventure eut du retentissement. Le printemps venu, je n'allais pas une fois à la promenade du Valentin sans que tous les regards ne fussent fixés sur moi. Dans cette allée ombreuse, où toute la noblesse de Turin se donne rendez-vous, que de fois j'ai baissé les yeux sous les regards narquois de brunes jeunes filles! Oh! cette existence était trop heureuse! elle devait finir.

Lecteur, s'il m'était possible d'omettre l'incident qui

va suivre, je le ferais de bon cœur. Sans intérêt et ne valant rien par lui-même, il est vraiment le plus insipide de tous mes récits. Pourtant, comme il est aussi de toute nécessité, inhérent, pour ainsi dire, à la narration de cette histoire, je me vois forcé de l'écrire ; mais, croyez-moi, il ne m'arrivera plus de vous donner de pareils faits ni d'aussi mauvais chapitres que celui-ci.

Donc, peu de temps avant le jour fixé pour notre départ, le commandant m'envoya porter une lettre à l'ambassade de France. En attendant la réponse, je pris un livre et m'amusai à le lire : c'était les premières méditations de Lamartine. Ce livre, que je trouvai supérieur à Jean-Baptiste Rousseau, au Dante, à Pétrarque dont je m'étais déjà pénétré, me tenta si fort qu'il me fallut toute ma probité, je dirai plus, toute ma volonté pour m'empêcher de le mettre dans ma poche. Ma commission faite, j'allai courir chez tous les libraires de Turin afin de me procurer cet ouvrage. Ne l'ayant trouvé nulle part, je m'en revins désenchanté. Comme il me fallait attendre le retour du commandant, qui devait me mener avec lui à la villa de la reine, j'entrai chez le concierge de l'hôtel, un vieux soldat de l'empire dont la femme était savoyarde ; ces braves gens m'aimaient beaucoup. Dès que je fus entré, l'ex-cuirassier me prit par la main et me présenta à l'un de ses frères d'armes qui était venu lui rendre visite. — Tiens ! lui dit-il, voilà un petit gaillard qui, pour n'avoir pas été, ainsi que nous, de l'armée de la Loire, n'en connaît pas moins Vendôme, Romorantin et Blois. Instruit et raisonnable, il ne sera pas de trop dans la conversation.

En effet, quelques lectures sur l'histoire contemporaine m'avaient mis au fait. Comme dans tous les pays du monde, lorsque deux compagnons d'armes se rencontrent et qu'ils ont de l'argent, nos deux bonapartistes allèrent retremper leurs souvenirs dans le vin. J'avais pris part à la conversation, je dus prendre part aussi à la bouteille. Combien en vidâmes-nous? Question oiseuse. Il suffira de dire que nous bûmes tant et si bien que nous nous grisâmes tous trois. Rentré à l'hôtel, je puis affirmer que je ne pensai pas plus aux méditations de Lamartine que je ne songeais à ma première chemise.

Dans cet état d'ivresse, plus effronté que je l'étais d'habitude, j'entrai à l'office, où j'attaquai sans cérémonie un bocal de cerises à l'eau-de-vie. Le jus de ces fruits me sembla meilleur que le vin de la taverne et j'en bus presque autant. Sentant mes jambes fléchir, je gagnai la grange, où je m'endormis enseveli dans un monceau de foin.

Ce jour était un jeudi. Il faisait nuit lorsque je m'éveillai. Je n'en fus pas étonné; car il me semblait que j'avais dormi un siècle. Pouvant à peine me soutenir, je quittai l'atmosphère narcotique et dangereuse de cette grange pour aller prendre l'air dans la cour. J'avais un violent mal de tête.

— Enfin! te voilà donc! D'où viens-tu? me dit le cocher du commandant.

— Je viens de faire un somme dans la grange.

— Tu viens de faire un somme dans la grange! mais ton somme n'a pas duré trois jours?

— Trois jours!

— Oui! trois jours! Où as-tu passé ton temps depuis jeudi?

— Depuis jeudi!

— N'aie pas l'air de te moquer de moi. Monte parler au commandant!

— Qu'est-ce qu'il me chante avec ses trois jours? est-il fou? grommelai-je entre mes dents. Puis j'allai droit à la cuisine, où tous les domestiques me firent les mêmes questions et me trouvèrent tout aussi ébahi. Incrédule, il me fallut aller dans la rue, voir toutes les boutiques fermées, le théâtre d'Angennes ouvert, pour me convaincre que ce jour était bien le dimanche. Ainsi j'avais dormi trois jours. Oui! trois jours et trois nuits! durant lesquels on aurait pu m'ensevelir vingt fois sans que je me fusse réveillé. C'était un véritable sommeil léthargique.

Je n'essaierai point de raconter la scène que j'eus le soir avec monsieur Morelli. Ce serait un imbroglio à n'en plus finir. Prompt et colère comme le sont, en général, les Piémontais, il me reçut à coups de cravache; frappant toujours, il me fit vingt demandes sans écouter une seule réponse. Ce mode d'interrogation me déplut fort. Les mains et la figure en sang, je m'esquivai et fus me promener dans la campagne. La nuit me porta conseil: le matin je rentrai pour faire mon sac. Heureux de retrouver mon indépendance, je partis en laissant ces deux mots d'écrit au concierge:

Commandant,

Croyez-le, ou ne le croyez pas, j'ai dormi trois jours. Après ce qui s'est passé hier, nous ne pouvons plus rester ensemble. J'en suis fâché, parole d'honneur! oui, malgré les coups de cravache dont vous m'avez fustigé, je ne doute pas un instant que vous ne soyez le meilleur homme du monde. Que Dieu vous conserve la vie et la santé!

Je vous salue pour toujours.

BRUTUS.

— Adieu Turin! adieu belles rives du Pô! je vous salue! Et je cheminai pédestrement vers la Savoie.

Quoique bien plus riche que je ne l'étais dix-huit mois auparavant, je ne pensai pas un seul instant à faire ce voyage autrement qu'à pied et le sac sur le dos. Ce n'est pas que la manie de thésauriser me tînt autant que par le passé. Non, mais je trouvai qu'il valait mieux marcher ou s'arrêter à volonté que de s'enfermer dans une ignoble voiture publique. Il est si doux de voyager par un beau soleil, de s'arrêter bien fatigué à l'ombre des grands arbres qui bordent la route! Il est si doux, le soir, de souper, en pensant à sa famille, avec l'hôtesse et ses filles!... Oh! Rousseau, qui, à mon âge, partit de Turin comme moi, qui, à cent ans de distance, allait en Savoie comme moi, et par la même route, avait bien raison de dire : Il n'est rien d'agréable comme un voyage pédestre.

Ce fut un samedi que j'arrivai enfin à Aiguebelle,

ce pays où j'avais ramoné ma dernière cheminée. Là, à dix heures du soir, après un bon souper arrosé d'une bouteille d'excellent vin, je fis mes adieux au régiment de Piémont avec qui j'avais fait route depuis Modane. Quoique six lieues me séparassent encore de mon village, je pris la résolution de marcher toute la nuit, afin d'y aller entendre la messe le lendemain dimanche. A minuit, je traversai le petit bourg de Sainte-Hélène situé non loin de l'Isère. A trois heures, j'arrivai en vue d'un petit bac dont je me souvins parfaitement. Monté sur une éminence, je pus enfin, aux premières lueurs de l'aurore, distinguer mon clocher. Oh ! cette vue me fit verser plus de larmes de bonheur que toutes mes peines ne m'en avaient fait répandre durant mes cinq années d'exil. Debout sur une roche contre laquelle l'Isère venait briser ses flots, je me pris à réfléchir en attendant le batelier qui devait me conduire à l'autre bord. Dans un instant de verve, d'enthousiasme, d'une félicité que rien n'égale, tirant mon portefeuille, j'écrivis tout d'un jet, sans reprendre haleine et radieux comme un archange, la pièce de vers suivante :

PREMIER CHANT.

O ma belle prairie !
O mon riant berceau !
O ma rive fleurie !
Je reviens au hameau.

L'ingrat qui t'abandonne
Au loin va s'attrister ;
O mon pays, pardonne
Si j'ai pu te quitter.

On m'avait dit : En France
Va chercher le bonheur !
Ton ange et l'espérance
Calmeront ta douleur !
Je partis, et fidèles
A leur mandat pieux,
Ces anges sous leurs ailes
M'ont conduit en cent lieux.

Bien loin, l'Intelligence
Me dit un jour : Ami,
Travaille ! sans science,
On est homme à demi.
Nature te protége.
— L'or me dicte des lois !
Aux portes d'un collége
Que j'ai pleuré de fois !

Si pauvre ! L'ignorance,
Comment donc la dompter,
Quand déjà l'existence
Est si lourde à porter ?
Pourtant, au mot : Étude !
Mon âme s'exaltait,
Et dans la solitude
Déjà mon cœur rêvait.

Alors, à la richesse,
J'ai dit : O déité !
Tu donnes l'allégresse
Et la félicité.
Le feu qui me dévore
S'éteint par ton pouvoir ;
Richesse, je t'implore,
Car j'ai soif de savoir.

Comme, cherchant son âtre,
Un voyageur poursuit
Une lueur bleuâtre
Qui l'égare la nuit.
O fortune superbe,
Pourquoi tant m'éblouir,
Et te cacher sous l'herbe
Quand j'allais te saisir ?

Sur la terre et sur l'onde,
Alors je fus courir
Aux lieux où l'or abonde ;
Je voulais parvenir.
La voix intérieure
M'arrête : — « Où vas-tu ?
» Dans ton hameau demeure,
» Ou crains pour ta vertu !

» Une beauté sincère,
» Un troupeau de brebis,
» Un asyle, une mère
» Sont des trésors sans prix.

» Va! Suis la loi commune,
» O pauvre voyageur;
» La gloire et la fortune
» Ne font pas le bonheur. »

O ma rapide Isère,
Je te revois ! merci !
Je vais voir ma chaumière,
Et toi, ma mère, aussi !
Pauvre exilé, courage !
Vois sur ces toits fumans
Le clocher du village,
Phare des cœurs aimans !

Lecteur, quel mortel était plus heureux que moi en ce moment? L'inspiration me visitait, j'avais quatorze ans, et tant d'espérance ! Oh ! si l'on pouvait mourir de bonheur, je serais mort sur cette roche, le crayon à la main. Ainsi, cette fois encore

« L'amour de la patrie enfantait un poëte ! »

— Ho! hé ! notre petit maître, voulez-vous passer la rivière? me crie le batelier qui venait d'arriver.

— Oui, et dépêchons-nous.

Cinq minutes après, je courais sur l'autre rive, à travers champs et bruyères, vers Saint-Sigismond.

Il était cinq heures lorsque j'arrivai dans la petite ville de L'Hôpital, à laquelle touche mon village. Le temps, qui avait été beau jusqu'alors, devint orageux. La pluie tombait par torrents. Je cherche le chemin qui devait me conduire à la maison paternelle : je ne retrouve pas les arbres qui en formaient l'entrée, ils avaient été coupés ; enfin, après bien des détours, je revis les lieux témoins de mes premiers ébats, l'église, la croix, le verger, et plus loin le toit de chaume où reposait ma mère ! L'atmosphère parfumée du pays m'enivrait ! je n'osais plus respirer ; je craignais que les parois de mon cœur ne se brisassent sous l'effort de l'émotion. Il était six heures, personne n'était dehors ; le mauvais temps retenait les habitants chez eux. Ce ne fut donc qu'à ma mémoire que je dus de retrouver cette allée où, enfant, j'avais joué tant de fois. Comme le cœur me battait quand je montai les degrés de la galerie et que je frappai à la porte de la maison de mes pères !

— Pan ! pan ! — Qui est là ?

— C'est moi, ouvrez !

— Sainte Vierge ! c'est Claude ! dit ma sœur Françoise, ouvrant avec précipitation et tombant dans mes bras.

Nous n'avions pas encore ouvert la bouche que toute la famille, tout le voisinage m'entouraient. Oh ! ce sont là des joies que Dieu donne au voyageur seul. Il les lui donne comme une juste compensation à ses mille douleurs.

CHAPITRE XI.

Séjour à Marseille.

S'il était vrai, comme on l'a souvent affirmé, que les grands hommes ont seuls le droit de parler d'eux, et notamment de leurs petites actions, je risquerais fort, il me semble, d'être taxé de fatuité. Ce qui précède prouverait jusqu'à l'évidence que je me crois un homme de mérite, et, partant, que la modestie n'est pas innée chez moi.

Nonobstant ces reproches qui, je le sais, peuvent m'être adressés, je crois qu'il est de mon devoir de suivre le plan que je m'étais d'abord tracé, quelle que soit du reste la valeur de l'axiôme que je viens de citer. Certes, si je me croyais à la hauteur d'Alfieri, de Rousseau et de saint Augustin, si je croyais pouvoir revendiquer une gloire quelconque, je n'écrirais pas ces mémoires sur le modèle si simple que m'a fourni Léonard. Puis, au lieu de sauter à pieds joints sur des années entières afin de n'écrire qu'un volume, j'en eusse certainement écrit deux. Ainsi, cher lecteur, tout ceci vous prouvera, je l'espère, que la tâche que je me suis imposée est tout simplement la moins ennuyeuse. Pour un *pauvre diable*, avouez-le, c'est une tâche bien difficile, si difficile que Voltaire lui-même n'a pas toujours pu la remplir dans ses traités philosophiques. Passons.

Du jour où je rentrai dans mes foyers jusqu'à celui de mon arrivée à Marseille, quatre années s'écoulèrent, quatre années remplies de peines et de joies comme celles de mes premières pérégrinations, et durant lesquelles je fus successivement berger et décrotteur en Savoie; à Paris, marchand de contremarques et factotum d'un poëte qui, depuis, s'est perdu dans la politique; colporteur dans le Languedoc; novice à bord d'un navire de guerre, et cook sur un bâtiment de transport pendant l'expédition d'Alger. A dix-huit ans, j'avais vu les trois parties de l'ancien continent; je m'étais donné moi-même le peu d'instruction que je possède ; et ce qui était le plus beau de mon affaire, c'est qu'à force de garder une *pomme pour la soif*, comme le disent mes compatriotes, j'étais parvenu à coudre dans ma ceinture pour mille francs de pièces d'or.

A cet âge des illusions, j'étais déjà tout positif

L'adversité, mon inséparable compagne, me montrait
un modeste châlet sur le penchant d'une montagne,
trois arpents de terre ombragés de châtaigniers, comme
un paradis terrestre où mes jours devaient s'écouler
libres et heureux. Mais, pour acquérir ces biens,
mille francs ne me suffisaient pas; il me fallait mille
écus. Je pris donc, pour y arriver, le chemin que je
crus être le plus court, et c'était, hélas! le plus long.
Arrivé à Marseille, loin de trouver un embarquement
plus lucratif que celui que je venais de quitter à Toulon, je m'y vis réduit à servir les maçons, et, l'hiver
venu, à reprendre mon ancien métier de décrotteur.
Ces pauvres industries que bien des gens trouveront
avilissantes, abjectes, indignes d'un homme qui pense,
par cela seul qu'ils ne pensent pas eux-mêmes, semblaient, au contraire, me relever dans ma propre estime. N'ignorant pas ce que je valais, et peut-être
exagérant mon mérite, j'étais fier de pouvoir me plier
à toutes les fatigues, fier de mes mille francs et des
vers que je crayonnais sur tous les murs; j'eusse parié
cent contre un que j'étais le premier goujat du monde.
Au fait, si le résultat que j'atteignis était une gloire,
je pouvais en être fier : elle me coûtait assez cher.
Lorsque je servais les maçons, par exemple, chaque
soir, quoique harassé de fatigue, je rentrais chez moi,
et, ma journée finie, j'en gagnais encore une autre à
écrire. Mais, dira le lecteur, que pouviez-vous écrire?
quelle était la nature de vos travaux? — Des chansons,
des complaintes, des drames ou mystères tirés de l'écriture sainte. Les chansons que je composais pour les

chanteurs des ports, les complaintes pour les colporteurs des campagnes m'étaient invariablement payées trois francs, quelque fût leur valeur et le nombre de leurs couplets. Ce dernier genre était le plus productif. L'on chantait ces lamentables histoires dans les villages, à la porte de l'église, ou les jours de marchés. Chaque nouvelle complainte exigeait un nouveau tableau grossièrement peint, composé lui-même d'autant de tableaux qu'il y avait de péripéties, de scènes frappantes dans l'imprimé, narration en prose dont j'accompagnais la complainte. Quant aux mystères, c'était une autre affaire. Ils ne m'étaient payés qu'approximativement d'après le succès à obtenir, et cinquante centimes de droit d'auteur par représentation. Deux de ces pièces: *La belle Judith* et *La chaste Suzanne*, furent jouées sur un petit théâtre public du quartier Saint-Jean. Les deux autres : *La Passion* et *La résurrection de Lazare*, sur le Cours et à la Canebière, durant la foire. *La belle Judith*, qui obtint un succès éclatant, grâce à l'actrice chargée du rôle principal, femme belle et de mœurs faciles, me fut payée quarante francs.

Je l'ai déjà dit, les conditions sont relatives au milieu de cette bonne gent ouvrière, porte-faix, maçons, fabricants d'hameçons et pêcheurs : ma réputation d'homme instruit, habile, était immense. Ces pièces, pitoyablement pensées et écrites de même, sous l'inspiration des souvenirs de tous les mélodrames que j'avais vu représenter sur le boulevard du Temple, étaient parfaitement goûtées par la majorité de mon public; public peu lettré à la vérité, mais, pour moi, qui ne l'étais guère plus, je m'en trouvais très honoré. Quand, à de rares intervalles, je daignais apparaître à l'orchestre de l'un de ces théâtres et que j'entendais cette exclamation unanime : Voilà l'auteur! ma vanité d'écrivain était complétement satisfaite. Conduit au cabaret voisin après la représentation et tandis que l'on faisait chorus à mes chansons, je me pris souvent à douter que Corneille et Béranger eussent jamais eu des auditeurs plus bénévoles, plus enthousiastes que les miens.

De tous ces enfants de mon imagination, fatras d'écrits indigestes, sans portée, je n'ai conservé que deux pièces en vers, de peu d'étendue, je les insère ici pour donner une idée de cette littérature au lecteur. Voici ce genre de complainte. Celle qui suit eut un grand succès dans le Midi. Elle fut imprimée dix fois.

COMPLAINTE.

» Je retourne dans ma patrie;
» Je pars! Adieu, braves guerriers;
» Et d'une famille chérie,
» Je vais donc revoir les foyers!
» Je reverrai ma tendre mère,
» Mes sœurs, mes frères, mes amis,
» Cette maison qui m'est si chère,
» Et la France, mon beau pays! »

Ce guerrier à ses frères d'armes,
En ces termes fit ses adieux.
Il ne put retenir les larmes
Qui s'échappèrent de ses yeux ;
Mais l'espérance le console ;
A peine il touche au sol natal,
Hélas ! qu'en lui tout est frivole :
On lui prépare un coup fatal.

Dans un hameau seul il arrive,
Y couche et part le lendemain ;
Mais la justice très active
Lui fit rebrousser le chemin.
Ii revient, que voit-il ensuite ?
Un incendie est en ce lieu :
Le village, et son dernier gîte,
Tout est consumé par le feu !

Les villageois, tous en furie,
Du soldat demandaient la mort ;
Et comme auteur de l'incendie
On l'accusait, mais bien à tort.
Ils le maltraitent, ils l'enchaînent,
Et le dégradent injustement,
Dans un noir cachot ils l'entraînent ;
Et pourtant, il est innocent !

De grand matin on vient le prendre,
On le conduit au tribunal ;
On le juge. — Peut-il comprendre
Un destin pour lui si fatal ?
Protestant de son innocence,
Il dit à ses accusateurs :
« Un jour, malgré votre inclémence,
Du crime on verra les auteurs.

A la cour d'assises on le mène,
Garotté comme un criminel.
Afin de soulager sa peine,
En grâce il implorait le ciel :
Son malheur ne touche les juges,
Ils aggravent encor son sort.
Il n'est plus pour lui de refuge :
Il entend son arrêt de mort.

Conduit sur le lieu du supplice,
Ne s'attendant plus qu'à mourir,
Il dit : « O divine justice !
« Innocent, je vais donc périr ! »
Il monte, exhorté par le prêtre,...
Alors un homme est accouru ;
Aux juges il remet une lettre,
Et dont voici le contenu :

« Ce soldat est irréprochable ;
» Non, ne retenez plus ses pas :
» C'est moi qui suis le seul coupable !
» Je m'en punis par le trépas. »
On proclame son innocence,
On lui rend la vie et l'honneur.
C'est la divine Providence
Qui vient de confondre l'erreur !

Un dimanche matin, je lus dans un journal de la localité, le *Sémaphore*, qu'un banquet patriotique serait donné le même soir, par souscription, à deux officiers polonais échappés des serres du czar et arrivés la veille seulement. Fatiguée de se traîner dans la fange des vieux quartiers, ma muse vit tout d'abord dans cette solennité une magnifique épopée. Aussitôt je saisis mon crayon, du papier, et m'en fus promener mes rêveries sur les bords du Jarret et de l'Huvanne. Mais, hélas ! j'eus beau me creuser le cerveau, me frapper le front, pas une seule inspiration ne jaillit, le volcan était éteint. J'étais désenchanté et honteux de moi-même. Allons ! me dis-je philosophiquement, puisque nous ne pouvons nous élever à la hauteur de l'ode, restons à terre, servons les maçons, faisons des complaintes. Et me trouvant, vers deux heures, près d'Andoume, j'entrai dans un café de la Réserve pour me rafraîchir. Là, en présence d'une bouteille de cet excellent vin du Midi qui donne des idées à ceux qui n'en ont pas, j'accouchai heureusement de ma première strophe. Une seconde bouteille et le cigare de rigueur achevèrent de me lancer dans les espaces infinis de la poésie lyrique. O douce influence du nectar ! délicieuse ambroisie des dieux ! par toi tous les lieux communs, tous les mots ronflants employés depuis deux mois en l'honneur de la malheureuse Pologne furent enfilés comme des perles dans le cercle de la question. J'étais rayonnant de joie, et sans doute que mon auréole offusquait la vue des nombreux habitués qui m'entouraient, car l'un d'eux, mon voisin, m'interpella de la sorte :

— De grâce ! Monsieur, faites trêve à vos poses académiques.

— De quelles poses académiques parlez-vous ?

— Parbleu ! des vôtres.

— Des miennes! Ai-je donc l'air d'un gladiateur?

— Non, mais d'un mauvais poëte qui se bat les flancs pour s'inspirer; c'est ridicule.

— Je ne vois rien de ridicule ici que vous.

— Sans nous fâcher, prouvez-moi en quoi j'ai été ridicule.

— Je ne prendrai pas cette peine. Sachez seulement que tout homme, honnête ou fripon, peut entrer dans un établissement public, à la seule condition d'y payer sa consommation. Il peut y occuper deux places si, pour le moment, il ne gêne personne. Il peut y écrire toutes ses élucubrations sans que jamais homme sensé se permette de l'interpeller. Une petite tête, une tête vide qui tourne à tout vent comme une girouette est seule capable de s'occuper de celle des autres. Cela est-il logique?

— Cela prouve que vous m'insultez.

— Et si cela était...

— Vous m'en rendriez raison.

— A l'instant!... Toutefois, ayant été le premier insulté, j'exige le choix des armes.

— Je vous l'accorde. Qui êtes-vous?

— Que vous importe, pourvu que je sois un homme d'honneur?

— Il m'importe beaucoup, je veux savoir avec qui je vais me couper la gorge.... Votre mise.... vos mains....

— Mes mains sont celles d'un manœuvre : je sers les maçons.

— Vous servez les maçons! Je vous trouve plaisant!

— Je vous trouve insolent !

— Misérable goujat !

Un sourire de profond dédain et un coup de poing assez vigoureusement appliqué accompagnèrent cette dernière épithète. Quoique je ne sois pas ce que l'on est convenu de nommer un chenapan pur sang, j'ai toujours pensé qu'un coup de poing en méritait un autre. Donc, aussitôt reçu, aussitôt rendu, et mon dandy, après avoir fait trois pas en arrière, alla s'étendre sur les dalles, entraînant dans sa chute une table de marbre ; un cabaret en porcelaine qui se trouvait dessus se brisa en morceaux. A la vue de ce dégât, garçons et habitués s'élancèrent sur moi et me tinrent en respect. Pendant ce temps, mon dandy se releva. — Messieurs, dit-il, lâchez-le, je réponds de tout ; je paierai tout. Puis, venant à moi : — Monsieur, je vous attends ici même, demain matin à neuf heures. Amenez votre témoin et apportez des armes à votre choix... J'espère que vous serez sensible à l'honneur que je veux bien vous faire.

— Vous êtes un imbécile..... votre honneur est absurde, s'il n'est nul. Tout à l'heure, avant que vous m'ayez traité de goujat, avant que vous ne me frappiez, je voulais bien me mesurer avec vous face à face, l'arme au poing ; mais maintenant je pense que la lutte au pugilat est seule digne de nous..... vous ne valez pas mieux que moi..... Sortons, et en présence de tous ces messieurs..... Puis, ayant jeté une pièce de deux francs sur le comptoir, je pris mon chapeau et fus attendre mon adversaire à la porte. Cinq minutes s'écoulèrent; ne le voyant pas sortir, je m'acheminai vers la ville.

Cet incident, qui m'eût fait réfléchir en tout autre moment, n'eut alors aucune prise sur mon esprit. La Pologne et la rime me donnaient assez d'occupation. Ce fut derrière les remparts du fort Saint-Nicolas, et par une chaleur de vingt degrés, que j'achevai mon œuvre sublime, sublime selon moi, s'entend ; car le lecteur ne la jugera pas, comme je la jugeais alors, supérieure à la *Varsovienne* de Casimir Delavigne. Du reste, qu'il la juge comme il l'entendra, c'est son droit; le mien est de dire que, sous la poétique influence qui m'animait, je me croyais si certain d'être un homme de génie que le plus habile rhéteur ne m'eût pu prouver le contraire. Mon orgueil s'élevait au point que, rentré en ville, j'apostrophai ainsi toute personne un peu notable que je rencontrais : — Tu as beau lever ta tête de pygmée, jamais tu ne deviendras célèbre ; tu n'iras pas à la postérité comme moi. — Et ces mots d'une inqualifiable suffisance, j'osai les adresser à tout un régiment, tambours et colonel en tête! — D'honneur! si je n'étais pas, en ce jour, le plus grand poëte de France, j'en étais assurément le plus ridicule et le plus heureux.

Cependant l'heure à laquelle le repas des Polonais devait avoir lieu s'avançait. L'on en était au champagne lorsque, après avoir corrigé et copié de ma plus belle écriture cette ode fameuse, je fis appeler le commissaire du banquet pour la lui remettre.

— Aux émigrés polonais! des vers sans signature!

Qui vous a remis cela ? me dit-il.

— Un monsieur à la porte, qui m'a chargé de ne les remettre qu'à vous.

— Quel est ce monsieur ? ne le connaissez-vous pas? comment est-il ?

— Taille moyenne, fort bien mis, portant une belle barbe dont je ne suis pas certain pourtant de pouvoir désigner la couleur.

— Beau garçon?

— Pas le moins du monde.

— C'est ce diable de Méry ! Merci.

Comme on chantait en ce moment des chansons patriotiques, et que plusieurs personnes étrangères au festin s'étaient, avant moi, introduites dans la salle, je ne crus pas commettre un acte d'indélicatesse en me mêlant à elles. Or, quand l'écho de la dernière note de la *Varsovienne* eut expiré, le commissaire se leva :

— Messieurs, dit-il, je reçois à l'instant une pièce de vers sans signature ; mais je la suppose sortir de l'officine poétique de notre compatriote Méry. Vous plaît-il qu'on en fasse la lecture ?

— Oui ! oui ! répétèrent cent personnes à la fois.

Après quelques pourparlers que je n'entendis pas, je vis, à mon grand étonnement, ce même jeune homme du café, le dandy au coup de poing, se lever et lire d'une voix forte, avec âme, et d'un débit irréprochable, n'eût été un léger accent provençal, ce fameux dithyrambe :

AUX ÉMIGRÉS POLONAIS.

L'heure fatale a sonné et Varsovie expire !
Un silence effrayant règne sur ses remparts.
Du fier géant du nord, le sanguinaire sbire,
  De l'aigle blanc abat les étendards.
La Pologne reprend la chaîne du servage
    Dont le Scythe, avec rage,
    A rivé les anneaux ;
Et ses fils à l'autel de la liberté sainte,
Pour leur culte, martyrs, ont succombé sans crainte
    Sous le fer des bourreaux.

O généreux soutiens d'une cause sacrée,
Vous vîtes donc mourir votre mère adorée,
    Avilir vos drapeaux.
Quoi ! l'exil et la mort furent la récompense
Dont le pouvoir français paya votre vaillance
    Et vos nobles travaux.

L'histoire vengera, glorieuses victimes !
Votre patrie en deuil. — Des cœurs pusillanimes
    De nos tribuns flétris,
L'histoire redira (croyez-le bien, mes braves),
Combien nous maudissons les honteuses entraves
    De la paix à tout prix.

Honte à jamais sur eux ! vos revers sont des taches
Empreintes sur le front de tous ces hommes lâches
    Qui, d'un commun accord,
S'écriaient : mais sur nous l'aigle noir va s'abattre !
Pour sauver Varsovie, il nous faudrait combattre
    La trinité du nord !

Vous n'avez pas ainsi, sur les bords de la Seine,
Retenu vos coursiers fumants et hors d'haleine
   Pour rebrousser chemin !
Sur nos pas triomphants, marchant à la victoire,
L'on vous vit les premiers, au sentier de la gloire,
   Comme un bélier d'airain.

Au large Niémen, pour ouvrir un passage,
Vous trouvez, sans pouvoir aborder le rivage,
   Un trépas glorieux.
Et vainqueurs, comme nous, jouant avec la vie,
Vos escadrons poudreux, aux monts de l'Ibérie,
   Étaient victorieux.

Des brasiers du Kremlin, vos soldats intrépides
De nos vieux grenadiers, noircis aux Pyramides,
   Ont sauvé les débris !
Et la France livrée aux Anglais, aux Tartares,
Vous retrouva constants, en chargeant ces barbares
   Sous les murs de Paris.

Ah ! tous ces souvenirs si puissants sur une âme
A nobles sentiments, qui gémit et s'enflamme
   Pour toutes les douleurs,
N'ont jamais eu d'écho dans vos cœurs égoïstes.
Oh ! de Machiavel, astucieux copistes
   Des décrets oppresseurs.

Grandis dans le malheur ! ô sœur infortunée !
Solime de nos jours, à périr condamnée,
   Espère en tes enfants ;
Car, un autre Moïse ouvrira le passage
Que tes fils au retour d'un long pèlerinage
   Franchiront triomphants !

Cette lecture achevée :

— Je vote, dit-il, un toast à l'auteur anonyme.

— Adopté, et cent patriotes, ou soi-disant tels, burent à la santé d'un goujat !

Après les impressions que m'avaient causées les chants patriotiques, la lecture de mes vers et leur lecteur, cet honneur du toast acheva de mettre le comble à ma félicité. Ma vanité, qui ne m'avait jamais parlé si haut, me conseillait de me nommer, de monter sur une table et de m'écrier : Messieurs, l'auteur de ces vers, le voici ! c'est moi ! Heureusement qu'il me restait encore assez de bon sens, de force de caractère pour ne pas succomber à ses perfides suggestions. Mais, à la vérité, je m'éloignai de cette salle comme on s'éloigne d'une femme que l'on aime, que l'on respecte, et quand la tentation est par trop forte. Bien me prit de penser ainsi, car, sous le nom du spirituel auteur de la Villéliade, mon œuvre obtint une mention honorable dans le compte-rendu qu'un journal donna de cette soirée : il est plus que certain qu'elle ne l'eût pas obtenu sous le mien.

Avant que d'en finir avec Marseille, avant que de m'embarquer dans un autre genre de vie, je vais, à propos de monsieur Méry, citer un petit fait relatif à son collaborateur monsieur Barthélemy, auteur de la *Némésis*. Il y avait dans la maison garnie que j'habitais un décrotteur de mes camarades qui m'accordait, d'après les *on dit*, et comme cela arrive souvent, beaucoup plus de mérite que je n'en avais réellement.

— J'ai, me dit-il la veille du premier jour de l'an

1831, une pratique que l'on dit être un grand philosophe ; il s'appelle Barthélemy. Le connais-tu ?

— Oui, de réputation.

— Je le crois généreux. Je voudrais que tu lui fisses quelque chose avec ta plume, quelque chose... tu sais... pour lui souhaiter la bonne année. S'il donne la pièce, nous partagerons. Qu'en penses-tu ?

— Je pense que ton idée est bonne, et sur le champ je lui fis ce quatrain :

Moderne Juvénal, pour l'ère qui commence,
Un pauvre décrotteur qui te croit un soleil,
Te souhaite aujourd'hui, bercé par l'espérance,
Au lieu de douze mois, tant de lunes de miel.

Voici la conversation qu'eurent ensemble, le surlendemain, le poëte et le décrotteur.

— Dites-moi, monsieur le décrotteur, monsieur le favori des muses, avez-vous fait des études ?

— Oh ! non, monsieur, mes parents étaient trop pauvres pour cela.

— En ce cas, je vous dirai qu'au point où vous en êtes, il ne faut pas vous faire d'illusions ; dût le feu sacré vous consumer, ne vous laissez pas prendre aux trompeuses amorces de votre Apollon. Croyez-en mon expérience. Il est trop difficile de parvenir aujourd'hui.

— Oh ! monsieur, ce que vous dites là est bien vrai... Malgré toutes les peines que je me donne, je...

— Les peines que vous vous donnez, croyez-moi, ne sont rien en comparaison des déboires qu'il vous faudrait subir si vous aviez réellement l'intention de suivre la carrière littéraire. Vous devez avoir beaucoup lu cependant!

— Mais comme ça... je lis un peu tous les soirs.

— Et littérairement qu'avez-vous fait déjà?

— Littérairement... je ne comprends pas... ce que j'ai fait, c'est peu de chose... A Digne, mon pays, je gardais les chèvres; plus tard, après la conscription, je suis allé travailler dans les salines d'Aigues-Mortes ; l'année passée, j'ai été employé dans une fabrique de savon; puis après, dans une autre de vitriol; à présent je suis décrotteur... voilà!...

— Mais... mais... ce n'est donc pas vous qui avez fait les quatre vers que j'ai trouvé attachés au tiran de ma botte?

— Oh! non, monsieur, je n'ai pas autant d'esprit que ça, moi!

— Eh! qui donc les a faits?

— C'est un jeune homme qui sert les maçons, un bon compagnon. *Allez!*

— Quel âge a-t-il?

— Dix-huit à dix-neuf ans.

— Tenez, voilà dix francs pour boire à ma santé avec ce jeune homme. Dites-lui de ma part que je l'estime, non-seulement parce qu'il fait des vers, mais encore parce qu'il sert les maçons. Maintenant..... allez!....

Aussitôt que mon compagnon m'eut rapporté cette conversation, fidèles à la recommandation du poëte, nous nous rendîmes au cabaret. Certes, si M. Barthélemy fut malade ce soir là, ce ne fut pas notre faute; car nous bûmes à sa santé tant et si bien que nous nous grisâmes tous les deux.

Un soir que je revenais du chantier, soupant avec un morceau de pain, et lisant les pensées de Sénèque, je trouvai aux allées de Meilhan une lettre décachetée, écrite par un négociant de Rio-Janeiro. Le *post-scriptum* de cette lettre était ainsi conçu : « Un article d'une importance incontestable, ce serait des sangsues; si vous pouviez m'en envoyer vingt mille pour le courant de juillet, je me fais bon de les vendre au moins trois cents reis pièce. »

Trois cents reis une sangsue! m'écriai-je étonné; trois cents reis!!! J'ignore quelle est la valeur d'un reis; mais qu'importe, puisque c'est une bonne affaire pour un autre, il me semble qu'elle peut aussi bien l'être pour moi. Plein de cette pensée, je cours communiquer mon projet à deux Piémontais, marchands de cordes à musique, avec lesquels je logeais, et qui l'un et l'autre ne manquaient pas de connaissances mercantiles. Après avoir écouté la lecture de la lettre, le plus jeune s'écria dans son langage métaphorique : « Amis, puisque le diapason du hasard fait vibrer pour nous la corde du bonheur, il faut nous hâter d'en écouter les sons. » Aussitôt nous allâmes à la Bourse nous informer s'il se trouvait des navires en charge pour Rio. Il y en avait un en partance. C'était le brick la *Dorade*. Nous convînmes avec l'armateur du prix, de notre passage et du frêt de nos marchandises. Tandis que l'un de nous s'occupait à mettre nos papiers en règle, les autres achetèrent trois futailles de Bordeaux, les scièrent en deux, doublèrent chaque moitié de feuilles de plomb, les remplirent de terre, et dix mille sangsues vécurent à leur aise durant la traversée. Il nous suffisait de les arroser, d'un verre d'eau douce chaque jour et d'enlever, au fur et à mesure, celles qui mouraient. Cette première partie de notre chargement étant achevée, nous achetâmes divers petits articles de mercerie, tels que boucles en chrysocal, boîtes à musique, à ouvrage, ceintures de soie, le tout emballé dans une malle à effets et non porté sur le manifeste. Enfin le 1er mai 1831, cinq jours après avoir trouvé la lettre de commission, nous mîmes à la voile et cinglâmes vers le détroit.

SECONDE PARTIE.

SECONDE PARTIE.

CHAPITRE PREMIER.

Requin, caïman et boa.

Adieu donc, belle France, adieu tableaux magiques,
Gais amis, frais vallons, opulentes cités ;
Je vais bercer plus loin mes rêves poétiques ;
Chercher d'autres douleurs, d'autres félicités.

Je m'abstiendrai de toute narration sentimentale ou descriptive sur notre traversée. C'était une véritable navigation de dames. Le 1er juin, poussés par une jolie brise alisée, nous atteignîmes l'Équateur. Vers le soir de ce même jour, après plusieurs variations, la brise tomba tout à coup et nous étreignit dans les réseaux du plus insipide calme plat. Le lendemain, pas un souffle de vent ne tempérait la chaleur étouffante qui pesait sur nous comme un plomb. Les voiles battaient les mâts, et elles eussent été immobiles si la mer, qui était encore agitée, ne leur eût imprimé une légère oscillation ; mais bientôt tout l'horizon devint d'une sérénité désespérante, et par cette latitude, qui se réduit à zéro, il était facile de prévoir que notre séjour au milieu de l'Océan se prolongerait de quelques semaines.

En effet, un mois s'écoula sans produire le moindre changement atmosphérique. La mer était unie comme un miroir, et pas un nuage n'altérait l'azur du ciel. — Quand donc aurons-nous une bonne petite brise ? Telles étaient les paroles que l'on s'adressait le matin et que l'on répétait le soir. Le vent, toujours le vent, régnait dans les conversations oiseuses et que néanmoins on ne pouvait soutenir ; mais, plus que l'équipage et les autres passagers, mes associés et moi nous eussions voulu voir venter à rompre les écoutes. Notre peine était grande lorsque nous voyions se fermer les paupières de nos pauvres bêtes. Faute d'une quantité d'eau suffisante, elles se permettaient de mourir, et suçaient ainsi nos bénéfices comme des sangsues qu'elles étaient. Cependant chacun de nous semblait se résigner ; nous comprenions le proverbe populaire : « Cent écus de chagrin ne paient pas deux liards de dettes », et nous attendions philosophiquement que messieurs les chérubins à la face bouffie voulussent bien nous permettre de prendre congé du

Père la Ligne, quand une victime se présenta pour nous les rendre propices.

Le trente-deuxième jour de ce maudit calme, le répertoire des récréations du bord étant épuisé, le capitaine jugea à propos, pour divertir son monde, de renouveler ces saturnales connues sous le nom de fêtes tropicales et que l'on ne célèbre plus guère. Ce fut donc par pur passetemps que matelots et passagers s'affublèrent comme ils purent d'un costume grotesque, afin de jouer le rôle qui leur était personnellement assigné et de se faire baptiser s'il y avait lieu. Or, pour rendre le spectacle plus divertissant, au lieu du baquet d'usage, notre officieux capitaine imagina de faire poser une bonnette hors le bord, de manière à former un vaste réservoir inaccessible aux voraces habitants de l'Océan et qui pût servir de bénitier.

A cet effet, deux coins de cette voile furent amarrés aux lisses de babord et les deux autres étaient soutenus par des manœuvres qui allaient s'embosser aux vergues du grand mât de misaine. Une gueuse qu'on jeta au fond de ce bain insolite faisant tendre la bonnette, en formait un bassin où tout individu qui n'avait jamais passé la ligne équatoriale, après avoir été préalablement rasé avec un grand sabre de bois, était immédiatement lancé. Déjà plusieurs passagers avaient, ainsi que moi, sauté par-dessus le bord, quand l'un de mes associés, forcé de recevoir le baptême, soit pour montrer sa bravoure, ou soit qu'il trouvât l'immersion du bénitier par trop prosaïque, s'échappa des mains du barbier, escalada les haubans, et s'avançant jusqu'à l'empointure de la vergue de misaine, il fit, tête en avant, le plus beau plongeon que j'aie jamais vu de ma vie. A peine remonté à la surface de l'eau, lorsqu'un mousse, accoutré en diablotin, gambadant sur le gui de la brigantine, vit un épouvantable requin, que la chute du Piémontais venait sans doute d'attirer. Il s'avançait majestueusement jusqu'à l'endroit où nageait le malheureux Cagnasso qui, n'ayant pas plutôt ouvert les yeux, se trouva face à face avec ce redoutable seigneur des eaux. Cependant, au cri de : un requin ! jeté par le mousse qui, de la main montrait l'animal, la cérémonie fut suspendue et tout le monde vint se ruer sur le gaillard d'avant; chacun suivait des yeux, dans une anxiété mêlée de terreur, les mouvements du formidable poisson et de son frêle antagoniste.

Je ne crois pas qu'un naufrage inévitable eût produit une consternation pareille à celle qui, en ce moment, était peinte sur tous les visages. C'était une scène horrible que de voir ce tigre des mers, escorté de ses deux éternels pilotes, s'avancer, reculer, aiguisant ainsi son appétit sur sa proie pour la mieux dévorer. A peine mon imprudent associé eut-il connaissance du danger qu'il voulut rejoindre la bonnette; mais l'animal ne lui permit pas ce moyen de retraite qui, d'ailleurs, n'aurait pu lui servir, car le requin n'attendait que le moment où il sortirait de l'eau pour le dévorer. Dans cette cruelle position, mon Piémontais garda le plus admirable sang-froid ; déjà côte à côte avec le requin, il avait fait le tour du navire, sans qu'on eût pu trouver les moyens de le sauver. Toutefois, on allait mettre un canot à la mer, quand le maître d'équipage, encore couvert des oripeaux du Neptune improvisé, jetant de côté sa tunique et son trident, s'élança d'un bond sur la vergue du grand mât et affala à la mer un bout de manœuvre passé dans la poulie d'empointure. Il dit au pauvre diable de s'amarrer fortement sous les aisselles, qu'on allait le hisser, ce qu'il fit fort habilement; car, malgré la fatigue qui devait énerver ses membres, il eut encore la précaution de faire un nœud à la corde à un pied au-dessus de sa tête, afin de la préserver du choc de la vergue, puis portant ses regards sur le requin qui semblait l'épier, il s'écria : enlevez ; et trois hommes tenant l'autre extrémité de la manœuvre, se laissèrent tomber en pagaie sur le pont, du haut de la hune, au risque de se rompre les jambes. Ainsi, en moins de deux secondes, cette triple force l'enleva à plus de trente pieds au-dessus du niveau de la mer. Eh bien ! malgré la rapidité de cette ascension, il fut atteint. Je vis le monstre se pencher sur le côté, ouvrir une large gueule garnie de trois rangs de dents triangulaires, s'élancer hors de son élément dans une ligne verticale, tenir les trois hommes en équilibre pendant une seconde, retomber, et nous ne vîmes plus suspendu à la drisse qu'un corps mutilé dont les entrailles pendaient le long de la jambe droite; la gauche avait été coupée !

Deux heures après, il expira.

Pauvre Cagnasso! mon autre associé et moi nous le regrettâmes sincèrement, non parce qu'il venait de nous faire ses héritiers, mais parce qu'il était vraiment un bon et jovial compagnon.

Quelle bisarrerie! on eût dit que ce malheur devait nous être favorable : le soir même nous eûmes du vent.

Comme dans toutes les villes d'Espagne et de Portugal, à Rio les perruquiers ont encore le privilége de pratiquer les saignées et de poser les sangsues. J'appris cette coutume, que j'ignorais, aussitôt que nous fûmes entrés dans la baie et que la députation sanitaire nous eût rendu sa visite. Le canot de la santé s'était à peine éloigné, que nous vîmes approcher celui de la douane, suivi d'une foule innombrable de pirogues : ces embarcations n'étaient montées que par un blanc. Un noir les manœuvrait. Dès que les préposés furent descendus dans la chambre, je vis s'élancer, des pirogues sur le pont, une vingtaine de barbiers qui nous crièrent tous à la fois : *senor! vendé-sé bichas de sango?* « Ces messieurs ont-ils des sangsues à vendre? Nous nous gardâmes bien de répondre affirmativement avant que les préposés se fussent éloignés; mais nous prîmes l'adresse de ces futurs acquéreurs dont l'affluence nous fit augurer que la vente de nos sangsues serait lucrative et facile.

La première chose que nous jugeâmes à propos de faire en mettant le pied sur le rivage, fut de chercher un entrepôt où nous pussions déposer nos marchandises que nous ne pouvions débarquer que partiellement et à l'insu d'un douanier qui veillait à ce que rien ne sortît du navire sans un permis émané de la douane. Nous trouvâmes un local commode dans la maison d'un Italien que mon associé, réfugié politique, reconnut pour être un de ses compagnons d'exil. Cet homme, qui était au Brésil depuis quelques années, où il vivait de contrebande, nous donna toutes les instructions nécessaires pour frauder les droits de Sa Majesté Brésilienne ; et ce fut à son expérience que nous dûmes l'entier succès du débarquement de nos marchandises.

Comme je pense que le lecteur se soucie fort peu que je l'initie aux mystères de la vie mercantile, il suffira que je lui dise qu'après avoir couru chez tous les barbiers de la ville, à qui nous portions nos échantillons dans une bouteille en cuir, sorte de vessie en usage au Brésil, nous parvînmes à vendre toutes nos sangsues au prix assez élevé d'*un contos de reis* (cinq mille francs). Elles ne nous avaient coûté que quinze cents francs, non compris les petits frais d'entretien et le passage qui fut de deux cent cinquante francs chacun. C'était donc un bénéfice de trois mille francs. Cela pouvait nous paraître encourageant. Quant à notre pacotille d'objets de fantaisie, nous ne pûmes la vendre à Rio. Cette ville, dont les rues semblent ne former qu'un vaste basar, est mieux assortie en ces sortes d'objets que nos villes manufacturières d'Europe. Il eût fallu, pour en effectuer la vente, avoir recours aux courtiers de commerce qui eussent exigé un bénéfice beaucoup plus considérable que le nôtre.

Ce n'était pas là notre affaire. Notre hôte, l'Italien, à qui nous nous adressâmes, vint encore à notre aide. Il nous conseilla d'aller faire une tournée dans l'intérieur, nous traça un itinéraire qu'il avait lui-même suivi l'année précédente, nous assura qu'avec de la patience, du courage et une conscience tant soit peu large, nous ne pouvions manquer de réussir. Ce conseil ne me déplut pas, car indépendamment des avantages pécuniaires qu'il semblait devoir nous procurer, mon caractère aventureux s'accommodait parfaitement d'un pareil genre de vie. Nous complétâmes donc notre pacotille de quincaillerie, de menue-mercerie; nous la classâmes par ordre dans deux boîtes à compartiments, et nous nous mîmes en campagne par un soleil auquel nos tempéraments, quoique bons, eurent de la peine à s'habituer. Ce nouvel état me parut d'abord difficile, surtout lorsqu'il fallait faire valoir nos marchandises dans les habitations (fashendas), où l'on ne nous comprenait pas. Cependant, avec le secours de ce que je savais de latin, de provençal et d'Italien, je parvins bientôt à m'exprimer en portugais; rarement il m'arrivait de n'être pas compris. Depuis deux mois nous voyagions ainsi de bourgade en bourgade, portant nous-mêmes nos marchandises, et bravant le préjugé du pays qui voue au mépris tout blanc qui s'avilit à porter un objet quelconque. Un jour, nous allions de l'Ile-Grande à Sainte-Marie; le chemin, sur lequel nous marchions, était sablonneux et rendait notre marche pénible; le soleil était au zénith; une chaleur étouffante nous accablait, et pas le plus léger souffle de vent pour nous rafraîchir, ni même assez d'ombre pour nous mettre à l'abri des rayons de feu qui nous dévoraient. Il ne manquait cependant pas d'arbres ; mais les forêts qui bordaient le chemin étaient si compactes ; les lianes, les arbustes, enlacés les uns aux autres, en formaient une haie tellement impénétrable, qu'à peine pouvions-nous y passer le bras. S'il nous arrivait parfois de trouver une ouverture assez large pour que nous pussions y entrer, des myriades d'insectes nous forçaient bientôt d'en déloger. Enfin, vers le milieu du jour, après avoir marché six heures, courbés sous notre fardeau, nous arrivâmes sur le bord du ruisseau des Singes (rio dos Macacos), où nous nous endormîmes à l'ombre d'un immense bananier.

Je sommeillais depuis longtemps, lorsqu'un bruit étrange, qui ressemblait assez à un grognement de porc, me réveilla. J'appelai mon compagnon pour nous remettre en route. Ne voyant que sa balle à la place où il s'était endormi, je me levai, fis quelques pas vers le ruisseau où je l'appelai avec force ; alors, du milieu d'une touffe de roseaux dont l'une des moitiés croissait dans un petit marais, un cri étouffé qui n'avait rien d'humain, un râle me répondit. Je m'avançai, et je vis un énorme caïman marchant à reculons, et qui disparut lorsqu'il m'aperçut, entraînant à l'eau mon malheureux camarade. Mon pauvre ami ne donnait plus aucun signe de vie. Sa tête était horriblement fracassée et ses deux pieds coupés comme s'ils eussent été tranchés avec une hache. Sa mort, qui eût été la mienne si, comme lui, je me fusse endormi le plus rapproché du ruisseau, fit sur moi une telle impression que je restai plus d'une heure à regarder ce cadavre, sans me sentir capable de prendre la moindre résolution. Cependant la nuit approchant, je dus songer à ma conservation. Il ne fait pas bon dans les forêts du Brésil à l'approche de la nuit. Indépendamment de la fraîcheur qui surgit tout à coup le soir après une chaleur de trente-cinq degrés, il est bien d'autres dangers pour le voyageur qui se perd dans la savane. Je me décidai donc à me remettre en route ; mais avant que de m'éloigner, je fis glisser les restes mortels de mon ami dans un petit ravin, après, toutefois, les avoir dépouillés d'une ceinture qui contenait dix onces d'or. Je les couvris avec quelques feuilles de bananier, sur lesquelles je jetai un peu de terre ; puis liant sa balle à la mienne, je m'éloignai de ce lieu fatal, répétant plusieurs fois cette exclamation : « Pauvre Fénoglio ! »

Si l'or de mon infortuné camarade me consola un peu de sa perte, cet évènement n'en remua pas moins mon cœur de banian. Par ce coup, mes espérances de fortune firent place à de sérieuses inquiétudes. J'étais tellement démoralisé que j'eus d'abord le dessein de m'en retourner directement à Rio. Si je ne pris pas ce parti, c'est que dix milles me séparaient déjà de Sainte-Marie, et que ma double charge, qui pesait un quintal métrique, ne me permettait pas de les franchir dans la soirée. Je continuai donc ma route, et malgré tout mon courage, je ne pus atteindre une habitation cette même nuit. Je la passai à la belle étoile sans pouvoir fermer l'œil, tant les rugissements des jaguars et les piqûres des moustiques me causaient de mal et de frayeur.

Quel rude métier, lecteur, que celui de colporteur dans les Indes! Le métier de baleinier, qui n'est pas des plus doux, et dont je parlerai par la suite, n'est qu'un état de femme en comparaison. Il faut avoir marché deux jours entiers chargé comme un mulet, sans rencontrer une seule habitation, sans une seule poignée de manioc, pour s'en faire une idée. Durant trois mois, j'ai gravi des montagnes hérissées de précipices ; j'ai traversé des torrents, des plaines immenses inondées de soleil, et de vastes forêts que je puis nommer épiques. Mais pourquoi mettre en action tant de persévérance ? Pourquoi affronter tant de dangers? — Pourquoi? — Pour jouir de la vue d'une nature primitive qui rappelle la création ! pour voir les plus belles contrées qu'il soit donné à l'homme de voir ! pour.... rapporter quelques malheureuses piastres en Europe !

Quinze jours après la mort de mon associé, me trouvant sur la route, je veux dire le sentier qui conduit de *Mugi-Mirem* à *Ytu*, à cinquante lieues de Rio, j'eus une frayeur telle qu'aujourd'hui même je ne me la rappelle pas sans frémir. Voici en quelle occasion :

Il y avait quatre mois qu'il n'était tombé une seule goutte d'eau à Ytu; le ciel était bleu comme l'Océan, et depuis quatre mois le soleil dardait ses rayons de feu sur ce pays desséché. L'homme, les plantes et les animaux souffraient horriblement de ce manque d'eau, de cette chaleur écrasante. Déjà la veille du jour dont je vais parler, j'avais failli tomber sous les cornes de taureaux rendus furieux par la soif et par d'abominables insectes qui leur suçaient le sang et leur faisaient des plaies profondes. On comprendra la désolation où était cette contrée quand on saura qu'il fallait payer deux francs de notre monnaie une bouteille d'eau tiède et saumâtre. Le jour de mon départ d'Ytu, le ciel se couvrit de nuages apportés par le vent d'est. Comme j'avais fait double étape la veille et que j'étais réellement trop fatigué, je louai un nègre pour porter ma balle jusqu'à la première *posada*. A peine avions nous fait deux lieues que la pluie vint à tomber, mais à tomber comme si toutes les cataractes du ciel s'étaient déchaînées à la fois. En moins d'une demi-heure, le ravin où nous marchions fut envahi par un torrent furieux. Il fallut forcément lui céder la place. Ayant gravi l'un des versants du chemin, nous nous arrêtâmes pour reprendre haleine. Là, mon nègre mit la balle à terre et se prit à considérer une espèce de taupinière assez semblable à celle que nous voyons dans nos champs.

—Que vois-tu donc à cette place ! *rapas*, lui demandai-je.

Au lieu de répondre à ma question, mon nègre se leva précipitamment et fut danser, trépigner des pieds sur la taupinière jusqu'à ce qu'il en eût comblé la cavité. Cette opération achevée, il se mit à crier : *Cobras senhor! cobras! vom! vom!*

Ne me voyant pas disposé à m'enfuir, il me prit à bras-le-corps et me fit rouler avec lui au fond du ravin, dans le lit même du torrent. Entraîné par l'eau, mon nègre ne me lâcha point; bon gré malgré il me fallut le suivre sur le sommet de l'autre versant. Deux fois je fis mine de vouloir lui résister, mais alors il m'enlaçait de nouveau et répétait toujours avec plus de force : Cobras, senhor! cobras! vom! vom! (Un serpent, monsieur, un serpent, allons! allons!) A la fin pourtant, lorsqu'il se crut assez éloigné, il s'arrêta.

— Toma, sentida (faites attention !), me dit-il en me montrant du doigt la place que nous venions de quitter. Au même instant un sifflement perçant, un cri aigu qui domina la tempête et le bruit du torrent se fit entendre.

C'était un boa.

Saisi de frayeur, je vis cet énorme reptile d'une longueur de trente pieds au moins, sortir en tournoyant de la taupinière que le nègre avait foulée. D'abord droit sur l'extrémité de sa queue, il se replia bientôt en larges anneaux, se roula à terre faisant entendre un bruit semblable à celui que font les feuilles sèches agitées par le vent. Après cinq minutes d'évolutions autour d'un petit arbre et de ma balle restée en cet endroit, le monstre se redressa et sembla nous flairer..... Aux bonds qu'il faisait, à sa marche bien autrement rapide que celle du jaguar, je crus un moment qu'il allait franchir le ravin, mais il n'en fit rien heureusement, soit qu'il ne nous eût pas aperçus, ou soit qu'il préférât prendre un bain, toujours est il qu'il alla se précipiter dans les eaux fangeuses du torrent.

Lorsque, deux heures après, la pluie s'étant beaucoup ralentie, le ruisseau fut revenu presque à sec, nous allâmes reprendre ma balle; je la trouvai encore couverte de la bave blanche et tenace du constrictor. L'excavation d'où il était sorti et que je visitai, ne me parut pas avoir plus d'un pied de diamètre. J'ignore quelle pouvait en être la profondeur. Chemin faisant, j'appris du nègre que le serpent, ainsi que le caïman, se creuse des terriers durant les grandes chaleurs, et cela, reprit-il, afin de trouver dans les entrailles de la terre l'humidité qui convient à leur organisation et sans laquelle ils ne peuvent vivre. Lorsque le temps est à la pluie, leur instinct les en avertit. Alors, malheur à l'être vivant qu'ils rencontrent. Quand il sort de son terrier, le boa fait son repas d'un bœuf entier!

— Comment! mais sa tête n'est pas plus grosse que mes deux poings!

— C'est vrai, senhor, mais elle s'élargit; elle se dilate démesurément. Il est vrai de dire qu'avant d'avaler le bœuf, le boa le fait allonger, le triture, lui broie les os contre un arbre, et le couvre de bave afin qu'il glisse mieux. Vous me croirez si vous voulez, mais ce repas achevé, il reste trois mois comme mort à faire sa digestion. On peut le tuer alors. Il ne bouge pas plus qu'une roche.

—Tout ce que tu me dis là est prodigieux !... Mais pourquoi, tout à l'heure, dansais-tu sur le terrier, puisque tu savais qu'un boa allait en sortir?

—Pour refouler la terre en dedans afin que, rencontrant des difficultés, le boa nous donnât le temps de fuir.

—C'est bien ! Rapas, tu es bon nègre. Je me souviendrai de toi!

Arrivé a la posada, je lui fis cadeau d'une mandoline, car il aimait la musique, et d'un superbe cheval qui ne me coûta cependant que trente mille reis. (cent vingt-cinq francs).

Le lendemain, étant arrivé à Mugi-Miren, je me hâtai d'y vendre ma quincaillerie afin de m'alléger de ce poids. J'y échangeai aussi une grosse de cordes à instruments de défunt mon associé, contre une livre de poudre d'or, et continuant ma tournée par Saint-Paul, vendant mes aiguilles et mes rubans, j'arrivai à Rio avec une valeur intrinsèque de six mille cinq cents francs, somme dont je me proposai de restituer la moitié aux parents de Fénoglio, si jamais je parvenais à faire fortune.

CHAPITRE II.

Papagail.

> L'esclave heureux ! — Alors il est heureux celui qui est privé de tous les attributs de l'homme, celui dont on abrutit l'intelligence, dont on éteint tous les sentiments généreux, dont on étouffe la conscience, et dont l'esprit languit dans une dégradante servilité !   (WILBERFORCE.)

Avant de quitter le Brésil, où je reviendrai dans deux ans pour en repartir aussitôt, voici, sous forme de nouvelle, un tableau de mœurs, une aventure qui m'a vivement impressionné.

Dans la matinée du 20 mars 1832, à une lieue de Saint-Paul, sur un chemin pratiqué par le feu, au centre d'une épaisse forêt vierge, je fus devancé par une centaine de noirs chargés de sacs de café, et qui couraient en chantant pour régler la marche. Un mulâtre était au milieu de la troupe, accompagnant d'un petit instrument de musique une chanson dont les nègres répétaient le refrain. A quelques pas derrière je vis le feitor (intendant) faisant caracoler son cheval et claquer un long fouet dont il cinglait les épaules des traînards.

Arrivés au passage de la petite rivière de Gyparana qui traverse la route, un de ces nègres, qui avait cherché un gué plus praticable que celui où passèrent ses compagnons, glissa le long d'une pente jusque dans la rivière, et ce ne fut pas sans peine qu'il parvint à en retirer son sac. Le feitor, qui n'avait pas remarqué l'embarras où il se trouvait, continuait à pousser les nègres devant lui comme nous voyons conduire sur nos routes des bœufs destinés à l'abattoir.

Cependant Papagail (c'était le nom de ce nègre) avait vainement essayé de recharger son sac, rendu plus pesant par l'humidité, et attendait probablement qu'un noir vînt à passer pour se faire aider. Ce fut là même, au bord de la rivière, que je le trouvai tranquillement assis et lavant ses pieds ensanglantés par les ronces. Quoiqu'un énorme collier de fer qu'il portait au cou me l'eût d'abord fait reconnaître pour un mutin que l'on punissait, je n'hésitai point à le saluer selon ma coutume. Un sourire sardonique et méchant, qu'il me fut facile d'apercevoir sur ses grosses lèvres rouges, ne me prévint point en sa faveur. Ses yeux énormes, protubérants, se posèrent sur moi dès qu'il m'aperçut, puis il me tourna dédaigneusement le dos sans me rendre mon salut. A cette manière d'agir, il me fut aisé de reconnaître un malheureux qui sans doute me comprenait dans la catégorie des blancs, auteurs de ses souffrances. Cependant son dédain, loin de m'irriter, excita ma curiosité. Je m'avançai vers lui et lui demandai s'il voulait que je l'aidasse à recharger son fardeau. A ces mots, il leva la tête, me regarda d'un air irrité et me dit en bon portugais :

— *Yo, nao esta briquando, senhor :* moi, Monsieur, je ne suis pas d'humeur à rire.

— Tu me juges mal, *rapas* (jeune homme). As-tu pu croire que j'aie voulu insulter à ta misère ! Dieu m'est témoin que je ne voulais que te rendre service.

— Grand service, en effet, puisque mes compagnons sont déjà loin et que je suis encore là ; mais, dussé-je y rester jusqu'à demain, je n'accepterai pas un service d'un blanc.

— Il faut faire bien des exceptions : dans le nombre des blancs que tu hais, il en est de bons ; s'ils étaient tous cruels, où en serait l'humanité ?

— L'humanité, reprit-il ironiquement ; ah ! ce mot est bien beau ; mais je voudrais savoir ce que tu penserais de l'humanité si tu étais esclave comme moi, comme moi si tu n'avais qu'un avenir de douleur et des coups de fouet pour consolation ! Crois-moi, si toutes les nuits tu te retrouvais dans tes songes aux lieux de ton enfance, libre comme un chacal, et qu'à ton réveil, tu ne visses en réalité qu'un esclavage sans fin, tu n'aurais pas une si haute idée de l'humanité.

Il se tut, secoua la tête, se leva, attira son sac sur un tertre élevé et se mit en devoir de le charger sur ses épaules. Je l'avais aidé et lui avais touché la main sans oser lui donner une seule parole de consolation. Il comprit mon silence.

— Blanc, tu es le premier de ta couleur qui se soit abaissé, ou plutôt qui se soit montré assez grand jusqu'à s'avilir à aider un pauvre nègre. Quoique je n'aime pas qu'on me plaigne, je te remercie de la sollicitude que tu me témoignes; mais, dis-moi, s'il y avait eu là d'autres blancs, si, par exemple, j'avais eu besoin de ce service sur une place de Saint-Paul, m'aurais-tu aidé? n'aurais-tu pas eu honte?

— Non! puis-je te faire un crime de la couleur que Dieu t'a donnée? tu es esclave, mais tu ne t'es pas vendu toi-même : tu n'en avais pas le droit.

— Jamais, je pense, pareil discours n'a été prononcé par un blanc en présence d'un noir. Pourtant j'ai vu un grand nombre de ces Européens qui vont de case en case pour vendre des rubans, et qui sont aussi méchants, pour ne pas dire plus, que les maîtres de ce pays, j'en ai même connu qui ont acheté des nègres à qui ils ne laissaient tout au plus que le repos nécessaire pour les empêcher de mourir. Ces hommes ne pensent-ils donc pas comme toi?

— Non! la société de leur pays les a repoussés de son sein, comme l'immonde écume est rejetée par les flots.

— Mais toi, blanc, qui parles si savamment des autres, n'est-tu pas venu au Brésil pour gagner des *contos de reis?*

— Je suis venu ici comme j'ai été ailleurs. Je cherche à vivre, à m'instruire, et je trouve mon bonheur à courir de long en large en ce monde.

— Que tu es heureux, *moço!* Oh! tu es bien heureux! Ah! si j'étais libre ainsi que toi, j'aimerais aussi à m'agiter sur la terre, à consoler le pauvre esclave; mais, je ne m'appartiens pas : le maître a tout acheté, esprit, sang, chair et os. Il a mieux fait, il m'a arraché jusqu'à mes entrailles, puisqu'il m'a séparé de mon enfant qu'il a vendu. Cher enfant! qui me rappelait au moins les traits de sa mère morte près de moi dans la cale du négrier. Hélas! six-vingts lunes se sont montré brillantes depuis, et pas un jour de bonheur, pas un regard ami n'est venu jusqu'à moi.

Il achevait à peine ces derniers mots que nous nous trouvions en face d'une halte, *casa de sechos et mulhados*, sorte d'auberge bâtie sur le bord du chemin. Là, j'invitai mon noir compagnon à se rafraîchir. Il ne se fit pas prier deux fois, et quand l'intimité nous eut liés par nos sympathiques questions, qu'une bouteille de vin de Porto se fut vidée entre nous, il me fit la description des bords du lac Maravi qui l'avaient vu naître. Il aimait surtout à revenir sur les heureux tems de sa vie nomade. C'était avec une noble effusion de cœur qu'il me parlait des forêts séculaires où ses jeunes années s'étaient écoulées pleines de bonheur, de liberté. C'était aussi avec des imprécations accompagnées de mouvements convulsifs qu'il me peignait les Portugais de la côte de Mozambique.

— Ce sont eux, reprit-il avec véhémence, qui ont mis la désunion entre ma tribu et celle de *Morinha*, qui ont contribué à ma défaite, qui m'ont livré pour un vil morceau d'étoffe, et qui m'ont conduit enchaîné jusqu'ici. O vengeance! oui, vengeance! quoiqu'en dise le prêtre de Saint-Paul. Se reprenant :

— Ce prêtre, il dit, lui, parce qu'il ne souffre pas, qu'il faut pardonner à ses ennemis ; que la vengeance n'appartient qu'aux vieillards, aux enfants, aux âmes faibles qui n'ont pas la force de se vaincre... Allons, adieu; penses quelquefois à moi, à Papagail, au malheureux roi de la tribu de Zuengas!

Je n'étais pas encore revenu de l'étonnement où m'avait laissé ces dernières paroles, que l'ex-roi était déjà loin. Je continuai mon chemin préoccupé de cette rencontre, et midi sonnait à la cathédrale au moment où j'entrai dans Saint-Paul.

J'étais depuis quelques instants étendu sur ma natte dans la case où je logeais, savourant les douceurs de ce véritable repos que la fatigue seule procure, quand je vis s'arrêter à la porte et descendre de cheval, ce même individu qui conduisait la troupe de noirs dont je viens de parler. Cet homme que je reconnus à son costume ; costume des Péons, habitants de l'intérieur, me remit un billet de la part de son maître. Lecture faite, je me hâtai de prendre ma balle portative et le suivis monté sur l'un des chevaux qu'il avait amenés.

Après avoir galopé pendant une heure sur la route de Rio, que déjà je venais de parcourir à pied, nous entrâmes dans un petit sentier bordé de deux rangées de superbes gouyaviers. Ces beaux arbres, au feuillage touffu comme celui de nos marronniers, formaient sur ce chemin une voûte tellement impénétrable, obscure, qu'elle interceptait jusqu'au plus mince rayon de soleil. A l'extrémité de cette espèce d'allée s'étendait, dans une circonférence de plusieurs milles, une magnifique plantation, la plus belle que j'aie vue au Brésil. Au centre d'un bois de palmiers, sur le penchant d'un coteau planté de caféiers de la plus belle venue, s'élevait l'habitation; elle était entourée de vastes bâtiments servant d'entrepôt aux produits de la plantation. Arrivé sous un grand hangar où mon conducteur me fit mettre pied à terre, je fus bientôt présenté *au Senhor don Manoël da Silva*, le propriétaire, qui me dit dès qu'il m'eut aperçu :

— Ah ! c'est vous qui êtes le marchand à qui j'ai écrit ? Eh bien ! m'apportez-vous des boîtes à musique ?

— Oui, Senhor.

— C'est bien. Donnez-vous la peine de me suivre; ma femme vous attend avec plus d'impatience, je vous assure, que les juifs maudits n'attendent le Messie. Les femmes sont comme les enfants, il leur faut des jouets.

— Senhor n'ignore sans doute pas le proverbe ; il sait que les petits cadeaux entretiennent l'amitié... Les caprices des femmes rendent plus saillantes leurs vertus.

— Je n'ignore pas que vous êtes marchand et que vous voulez vendre vos colifichets. Les vertus sont pour vous de beaux *contos de reis* que vous emportez dans votre pays, me répondit-il avec un sourire quelque peu ironique. Je n'eus pas la peine de répliquer : en ce moment, nous entrions dans un très beau salon où don Manoël me pria de l'attendre. Cette pièce, décorée avec autant de goût que de simplicité, n'avait rien de remarquable, si ce n'est un immense ventilateur qu'un nègre robuste faisait fonctionner.

Ce fut là qu'après un moment d'attente, dona Silva, suivie de ses deux jolis enfants et de quatre jeunes négresses, vint m'honorer de sa présence. Déjà une douzaine de mes sonores instruments vibraient sur une table d'acajou, lorsque le commandeur et le *feitor* entrèrent dans le salon, s'arrêtèrent à distance, tenant leur chapeau à la main, et parlèrent à don Manoël qui était allé à leur rencontre.

— Quarante coups de fouet, répondit ce dernier dès qu'il eut appris de quoi il s'agissait. Quarante coups, entendez vous ? ce n'est pas de trop pour un roi qui ne veut pas devenir bon sujet.

Ce mot de roi, la présence du *feitor*, réveillèrent mes souvenirs ; ma mémoire me fit penser à la triste destinée de Papagail. Une sueur froide découla de mon front avec une telle abondance que don Manoël crut que j'étais indisposé et m'offrit une chaise. Quelques instants plus tard, les suaves mélodies de Boïeldieu, de Meyerbeer, de Rossini, que jouaient mes orgues en miniature, furent accompagnées des cris plaintifs, déchirants, que poussait le malheureux que l'on écorchait non loin de nous.

— Quels sont donc ces cris? dis-je en m'approchant d'une fenêtre.

— Ce n'est rien, ce n'est rien, me répondit dona Silva de l'air le plus indifférent. C'est un nègre que l'on corrige.

— Madame, repris-je avec vivacité, vous semblez préférer cette boîte aux autres : faites cesser le supplice de ce malheureux, et je vous l'abandonne sans paiement!

— Eh! monsieur le négociant en herbe, dit en m'interrompant don Manoël, on dirait, à vous entendre, que vous n'êtes au Brésil que d'hier! Ignorez-vous que le bois d'ébène est le bois le plus dur? Ignorez-vous ce qu'il y a de méchanceté, de mauvaises passions dans une tête noire? Votre sensibilité vous abuse. Si Dieu, qui nous a tous faits à son image, ne leur a pas donné sa couleur, c'est que probablement il les connaissait mieux que vous... D'ailleurs, ajouta-t-il après une pause, la grâce arriverait trop tard. Tout est fini maintenant, et demain il n'y pensera plus... Cependant, à votre recommandation, je vais lui faire laver ses plaies avec du sel et du vinaigre, afin qu'elles se cicatrisent plus promptement... Ecoutez!... il ne crie plus. En effet, les cris avaient cessé, et avec eux la conversation.

J'avais vingt ans alors; l'esprit imbu d'un libéralisme outré; je me croyais un grand philosophe, et j'eusse sacrifié le monde entier à ce que j'appelais un principe. Si mon système s'est quelque peu modifié depuis, aujourd'hui je crois encore, et avec plus de conviction, qu'il n'y a pas dans le monde entier une anomalie sociale plus pénible à observer que l'esclavage au Brésil. Cet empire, dont chaque province possède une feuille libérale, quotidienne ou périodique, où les saintes lois de l'Évangile sont prêchées dans les plus humbles bourgades, où la constitution accorde aux blancs la plus large part de liberté, cet empire, dis-je, a cru entendre la trompette du jugement dernier quand le premier cri d'émancipation a retenti dans la chambre des communes d'Angleterre. « Le sol du Brésil ne peut être cultivé sans le secours des noirs, » disent les planteurs brésiliens. Or, pour prévenir les sanglantes réactions de Saint-Domingue, ils resserrèrent avec plus de force les liens de leurs esclaves. Esclaves eux-mêmes de leurs préjugés, la routine et l'égoïsme les jeta dans la nécessité de sévir avec plus de force contre cette caste qui les fait vivre, ou sinon, de voir bientôt sur leurs cadavres mutilés s'élever une nouvelle république d'Haïti. Pénible alternative!...

Cependant il se faisait tard. Satisfait d'un bénéfice de vingt-cinq mille reiz (cent francs) que je venais de faire, égayé par maintes bouteilles de madère que don Manoël voulut bien m'aider à vider, je me promenais aux environs de l'habitation, attendant pour m'en retourner à Saint-Paul que les chevaux que l'on était allé faire boire fussent sellés. Quoique dans la meilleure disposition d'esprit, je ne pus m'empêcher de penser au sort de ces pauvres esclaves, et surtout à celui du malheureux Papagail; or, tout en pensant à lui, le hasard vint encore l'offrir à mes regards une seconde fois et ce ne devait pas être la dernière. Oh! quelle indignation je vouai à son maître à la vue de tant de souffrances! Attaché au poteau où l'on venait de le flageller, l'infortuné tremblait comme si un froid intense lui eût glacé le peu de sang qui lui restait dans les veines! Son corps était sillonné de plaies profondes. Il semblait qu'un reptile de feu l'eût ceint de ses triples anneaux; des myriades d'insectes le dévoraient; je ne pus m'empêcher, à la première vue, de jeter un cri de surprise et d'effroi. A ce cri, Papagail tourna la tête vers moi, autant du moins que ses mains fixées à l'anneau pouvaient le lui permettre.

— Ah! c'est toi, *Moço!* Eh bien! que dis-tu de l'humanité?

— Malédiction sur eux!

— C'est toujours toi, Moço, c'est toujours toi!

En ce moment le *Feitor* qui me cherchait arrivait au grand galop, monté sur son cheval et tenant le mien par la bride.

— Tu pars! donne-moi un conseil; je jure sur la tête de mon père que je le suivrai.

— Venge-toi!

—Oh! merci, merci, bon blanc! Va, je t'ai compris: si ta religion ne ment pas, nous nous reverrons là-haut!

A peine ces deux mots : *venge-toi!* furent-ils sortis de ma bouche que j'eusse voulu pour tout au monde les rattraper au vol; mais il n'était plus temps; l'âme de ce malheureux s'en était emparée. Je vis un éclair de joie briller sur sa figure, ses regards se fixer sur moi comme pour me remercier encore.

— Adieu, lui dis-je ; puis je montai en selle, piquai des deux, et, suivi du *Feitor*, je m'éloignai de toute la vîtesse de mon cheval.

Quinze jours après, je ne pensais plus aux incidents dont je viens de parler, quand, revenant de Saint-Félix à Saint-Paul, je fus arrêté sur la grande place par une affluence de peuple mêlée de blancs, de noirs, de mulâtres, d'Indiens, de métis, qui se ruait autour de trois poutres, dont deux, perpendiculairement plantées en terre, supportaient l'autre, horizontalement couchée sur leurs extrémités. Je demandai le sujet d'un pareil rassemblement. On me répondit qu'on allait pendre un noir qui, ayant été puni injustement, avait, pendant la nuit, assassiné huit blancs et un mulâtre composant l'habitation de son maître ; que ce dernier, par un raffinement de cruauté, avait été enterré vivant. Je fis de nombreux efforts pour me soustraire à la vue d'un pareil supplice ; mais, soit que je n'aie pu y parvenir, ou soit qu'un instinct de curiosité m'ait retenu, je jetai un regard sur l'échafaud. Un caleçon jaune, tel que celui que portait Papagail, me fit penser au roi des Zuangas : je levai les yeux... c'était lui!!!

CHAPITRE III.

Naufrage.

Ainsi, comme aurait dit un mythologue du dix-huitième siècle, Plutus avait donc daigné me sourire. Si en ce moment la sagesse fût venue un seul instant à mon aide, je me fusse de suite rembarqué pour la France avec quelques tonneaux de denrées tropicales dont l'importation eût probablement doublé ma fortune ; mais fortune et sagesse ne voulaient pas s'entendre à l'égard d'une tête aussi folle que l'était la mienne. Livré à moi-même, je me disais comme Amyot disait à Charles IX : « La faim vient en mangeant, » et je me pardonnais ce rude appétit des biens de ce monde, quoique la mort de mes deux associés

vint souvent me faire entrevoir les dangers dont la vie
de banian est semée; mais pourrai-je me faire un
crime, me reprocher une faute qui est inhérente à
l'espèce humaine? Puis, quelles probabilités qu'un
montagnard de vingt ans se fût trouvé plus philosophe
que le traducteur de Plutarque, identifié avec les vertus des grands hommes de l'antiquité... D'honneur,
l'homme est un animal bien insipide puisque, avec
tous les éléments de bonheur, il ne sait pas se rendre
heureux.

Donc, au lieu d'aller en Savoie bâtir cet ermitage,
songe doré de mes jeunes années, je m'amusais à construire des châteaux en Espagne.

Dès le soir de mon arrivée à Rio, j'allai revoir l'I-
talien, mon ancien hôte, et je lui racontai la mort de
Fénoglio, comme celui-ci lui racontait naguère celle
de Cagnasso. Ce récit terminé, le contrebandier me
parut plus charmé du succès de nos affaires mercantiles que pénétré de la mort de son ami. Après force
félicitations, il me conseilla de m'embarquer avec lui
sur un navire chilien frété pour Cobija (Bolivia), et
dont il avait obtenu la place de subrecargue. J'avais
lu les *Incas* de Marmontel. Je voulus voir ces Péruviens dont mon imagination était aussi frappée qu'elle
l'était lorsque, à l'âge de seize ans, j'allais, parcourant
les villages du Gard, chercher, l'*Estelle* de Florian à
la main, le fertile vallon de Remistant dans un pays
desséché par le mistral.

Mes préparatifs pour ce voyage étant achevés, j'a-
chetai sur rade, secondé par mon nouvel associé,

trois balles d'étoffes de fabrique anglaise. Nous les transbordâmes à l'insu de la douane et durant la nuit, au risque de nous faire emballer nous-mêmes par les préposés de la patache. Je pris mes papiers chez le consul, où ma qualité de négociant fut officiellement reconnue; j'échangeai mon dernier billet de deux cent mille reis pour deux cents belles piastres d'Espagne, et quelques jours après nous mîmes à la voile, le cap au S.-S.-E.

Il est plus que probable que jamais le brigantin chilien n'avait porté un équipage aussi insolite que le nôtre, depuis que sa quille labourait le grand pré. Le capitaine, nommé *Kinson*, était Anglais ; il avait commandé un navire de la compagnie des Indes-Orientales, et je ne saurais dire pour quel motif il avait été cassé. A la veille d'être jugé par une cour martiale, il s'échappa des prisons du Cap et s'embarqua pour Valparaiso, où il obtint le commandement du *Condor*. Le second était Océanien, c'est-à-dire Hollando-Malais, né dans l'une des petites îles qui avoisinent Java. Il s'embarqua jeune encore sur une corvette néerlandaise en station à Sourabaya, navigua bon nombre d'années sous divers pavillons, apprit presque toutes les langues européennes, dont il parlait la plupart avec facilité, vint en dernier lieu à Rio, où le consignataire du *Condor* le donna pour lieutenant au capitaine Kinson, et cela sans trop connaître ses antécédents et sans lui faire passer l'examen de rigueur, examen qui eût prouvé mathématiquement qu'il n'avait pas idée de son nouveau métier. Cet autre Christian Rack, malgré son étonnante mémoire, était incapable de faire un calcul de latitude. La faculté de retenir des mots était la seule qu'il possédât. Quoique son front fût très élevé, il avait une organisation si peu apte à la méditation, que le capitaine ne put jamais parvenir à lui apprendre à se servir des tables de logarithmes. Cependant, bien ou mal, il faisait son point. Le maître d'équipage était Languedocien, matelot dans toute l'acception du terme, et qui n'avait d'autre éducation que la connaissance sommaire des notes de musique, art pour lequel il avait, disait-il, une vocation décidée, quoique son oreille fût parfaitement fausse. Ce travers n'empêcha pas pourtant qu'une grande dame de Valdivia ne devînt éprise de notre artiste, qui bientôt, plus chien de mer que dilettante, se rembarqua, ennuyé qu'il était de l'amour des grandes dames et du plancher des vaches. Enfin les douze hommes embarqués, tant à Valparaiso qu'à Rio, étaient les uns Danois, Péruviens, les autres Hollandais, Brésiliens, Anglais, etc.

Les langues de toutes ces nations que l'on parlait à bord n'étaient guère propres à prolonger les causeries du soir, mais la manœuvre ne souffrit nullement des malentendus qui pouvaient en résulter; tous ces aventuriers, déserteurs des navires de guerre de leur patrie, et qui, selon leurs expressions, voulaient naviguer librement, étaient d'excellents marins. Et si le commandement, qui se faisait en espagnol, n'était pas toujours compris, ils y suppléaient par l'habitude e la pratique. Enfin un nègre pour cuisinier et son fils, jeune moussillon éveillé, formaient le complément de cet équipage hétérogène.

Ce fut le 1er juin 1832 que nous doublâmes le cap Horn; là, pour la première fois, je me trouvai en face de ces montagnes d'eau que, jusqu'alors, je n'avais vues que dans les relations de voyage. Le tableau qui s'offrit à nos yeux pendant quelques jours était si terriblement grandiose que je me demande encore aujourd'hui comment il se fait que la vieille carcasse du Condor n'ait pas sombré au milieu de cette mer qui lui battait les flancs.

Il y avait cinq jours que nous avions reconnu l'archipel de Chiloë. Nous naviguions par une faible brise, le cap au nord, quart nord-ouest, toutes voiles et bonnettes dehors, lorsque nous aperçûmes à l'horison l'île Juan-Fernandez, mince et noire comme un nuage dense. Le temps était superbe et la mer tranquille. Nous continuâmes notre route jusqu'à une distance de trois mille de rescifs invisibles qui ceignent la côte, où nous nous arrêtâmes et où la nuit nous surprit. On allait se disposer à louvoyer en attendant le jour, quand le *Condor* masqua tout à coup. Dans une rafale imprévue, les vents sautèrent de l'ouest, quart nord-ouest, à l'est, quart sud-est. Là notre petit équipage fut mis à une rude épreuve; car l'ouragan, dans ses acerbes variations, lui donna tant de fil à retordre, que la manœuvre qu'il exécuta eût fait honneur à un brick de guerre. Malheureusement le navire était alors engagé dans cet espace triangulaire formé par les îles Juan-Fernandez, Goat et Mysafuera. Les vents, qui en trois heures avaient fait le tour du compas, ne nous laissaient jamais assez de largue pour sortir de ce mauvais pas. Ce ne fut donc qu'après avoir épuisé toutes nos ressources que nous mîmes à la cape ; mais bientôt la tempête devint si violente, elle soulevait de telles masses d'eau, qu'il fallut fuir devant, sans quoi le pauvre *Condor* se serait vu dépecé par cette meute de flots. Hélas! il n'eut pas un tombeau aussi digne de lui, le noble *ship* : l'Océan n'eut pas la gloire de le vaincre! Les flots qui s'étaient déferlés avec tant de furie sur ses œuvres vives, courroucés de son opiniâtreté, le lancèrent sur les brisants de Juan-Fernandez. Blessé mortellement, il mourut comme un brave, non sur un lit de lauriers, mais sur un banc de coraux.

Il est facile, même à celui qui n'a jamais navigué, de se faire une idée des scènes qui se passèrent à bord depuis une heure du matin jusqu'à l'instant où le jour vint éclairer nos faces consternées. Qu'on se représente d'abord douze hommes se couchant forcément sur le pont, par l'effet d'une violente secousse, dès que le navire talonna ; sept se relever et se tenir aux chevilles, tandis que les cinq autres allèrent se fracasser la tête contre les lisses de tribord, côté sur lequel le *Condor* voulut rendre le dernier soupir. Qu'on se représente un capitaine au désespoir, s'arrachant les cheveux, se tordant les bras, courant sur le pont, braillant comme un insensé, sans que sa voix puisse se faire entendre. La tempête criait plus fort que lui. Malheureux Kinson! En vérité, il y a des gens qui ont des capacités réelles, et dont la fatalité semble s'étudier à déjouer tous les projets! Pour en finir, lecteur, représentez-vous le linguiste Javanais emporté par une vague au moment où il larguait la drisse du petit foc, seule voile que nous eussions dehors; représentez-vous le timonnier maudissant Dieu et le diable près de la barre du gouvernail qui venait de l'aplatir contre une paroi, et expirant dans des souffrances atroces; alors vous aurez une idée assez exacte de ce que j'ai vu le 28 juin 1832 et de ce que je ne voudrais plus voir quand on me donnerait la plus belle pacotille du monde.

L'ouragan continuait. Dès que le jour commença à poindre, voyant l'impossibilité de relever le navire, nous nous réunîmes pour mettre la chaloupe à la mer et opérer notre salut. A peine l'embarcation fut-elle descellée que je m'esquivai, tandis qu'on préparait les palans, et descendis dans la chambre pour prendre mon sac de piastres que j'espérais sauver avec moi. Arrivé sur le carré, où déjà l'eau pénétrait de toutes parts, la cale en étant pleine, j'allais entrer dans ma cabine quand je me sentis arrêté par une main de fer, et dont le propriétaire, mon associé le subrécargue, car c'était lui, me dit avec un affreux ricanement :

— Ah! maudit Savoyard! tu ne sauveras ni toi ni ton argent. » Je me retournai, et quoique la clarté, qui pénétrait par la claire voie fût encore bien indécise, je n'en vis pas moins briller la lame d'un poignard qui probablement allait se loger dans une des parties de mon individu si en ce moment le cadavre de notre pauvre bâtiment n'eût exécuté un double mouvement de bascule imprimé par l'action d'une forte lame, et qui envoya le Milanais tomber à l'autre bord du carré. Exaspéré et voulant mettre ce traître dans l'impossibilité de recommencer sa tentative, je m'élançai sur lui avant qu'il ne se fût relevé ; déjà je le serrais de près, lorsqu'une seconde vague plus terrible que la première tomba sur le pont comme une trombe marine qui s'y serait crevée, brisa le carpeau de l'escalier, le vitrage de la claire voie, et pénétra à grands flots dans la chambre. Je crus mon dernier instant arrivé ! Je lâchai mon antagoniste avec l'intention de remonter au plus vite, mais lui ne voulait pas me quitter vivant. Alors, roulant dans quatre pieds d'eau, eut lieu un combat dont le Savoyard, quoique le plus petit, demeura vainqueur. La noyade et la strangulation, tel fut le genre de mort de mon troisième associé.

On croira peut-être que j'ai des remords. Ah bah ! un Banian en a-t-il ? Le plus honnête homme du monde n'eût-il pas fait comme moi ?

Cinq minutes s'étaient à peine écoulées depuis que j'étais descendu, lorsque, plein de trouble, je remontai sur le pont. Je n'y trouvai plus âme qui vive. Pourtant j'avais calculé que dix minutes n'étaient pas suffisantes pour amarrer les palans et mettre la chaloupe à la mer. Je pensai donc, et avec raison, que la première vague qui m'avait sauvé de l'arme homicide du Milanais avait été mortelle à tout l'équipage. Rien n'était resté sur le pont : cuisine, chaloupe, hommes, tout avait disparu. Je ne vis qu'une cage à poules qui n'était encore qu'à peu de distance du navire et que le flot portait à terre.

J'étais livré à mes réflexions lorsqu'un horrible craquement de la quille me déchira le cœur comme si j'eusse été moi-même martyrisé par le supplice qui brisait les côtes du *Condor*. Il s'affaiblissait et se fendait en plusieurs endroits. En vérité, il faudait être un grand philosophe, un grand psycologiste pour analyser l'état de mon âme en ce terrible moment! Que faire? quelle résolution prendre pour échapper à la mort? Mourir quand on a tant de belles années devant soi! oh! c'est affreux!

Incapable de raisonner, je m'étais cramponné dans les enflèchures d'un hauban; de l'œil je caressais la terre, qui ne me semblait pas être éloignée de plus d'un mille, quand une troisième vague, venant du large, s'abattit avec tant d'impétuosité en travers du brigantin, qu'elle le rompit en deux et m'envoya tomber à la mer à dix brasses devant elle. Revenu à la surface, je tentai de m'accrocher à quelques débris; mais, voyant que le flot m'était contraire, je pris bravement le parti de me laisser emporter par la vague. Je n'eus besoin que de me tenir raide sur l'eau et de suivre en nageant le mouvement direct de l'ondulation.

Enfin, après avoir heurté plus d'une pointe de rocher, après des efforts dont je ne me croyais pas capable, j'arrivai plus mort que vif sur cette même côte où, deux cents ans avant moi, le matelot anglais Alexandre Selkirk abordait dans le même équipage.

Aujourd'hui Juan-Fernandez, l'île de Robinson Crusoë, n'est plus une île déserte. Lorsque le Chili secoua le joug de l'Espagne, sa mère-patrie, pour s'organiser en république, il fit de Juan-Fernandez un lieu d'exil où le trop-plein de la prostitution et les malfaiteurs furent annuellement déportés. C'est, en un mot, le Botany-Bay du Chili.

Eh bien ! cette île couverte de crimes et de fange fut pour moi la terre la plus hospitalière que j'aie rencontrée dans le cours de mes pérégrinations. La société, qui pour une bagatelle s'emporte comme une soupe au lait, avait vraiment rejeté là la crême des honnêtes gens. Après deux mois de séjour au milieu de cette population étrange, le jour où je lui fis mes adieux, une larme coula de mon avare paupière. Oui, du moment où je quittai ces bienfaisants malfaiteurs jusqu'à mon arrivée à Lima, je n'ai pas cessé de les bénir : quelle bénédiction que la mienne !!

Mais n'anticipons pas sur les événements.

CHAPITRE IV.

L'île Juan-Fernandez.

Lorsque, exténué de fatigue et mourant de soif, je touchai enfin la terre, je fus saisi d'un profond découragement. La plage où je venais d'aborder, seul endroit où une mort infaillible ne m'attendît pas, était une petite anse qui, quoique sans brisants, était entourée d'une haute falaise. A peine y avait-il cinq minutes que j'étais sorti de l'eau qu'un froid glacial vint me saisir. Abîmé *de réflexions*, *de contusions*, je trouvai cependant assez de force pour gravir la falaise, rempart dont j'atteignis le faîte, brisé, hors d'haleine. Lecteur, il faut bien vous l'avouer, ici je perds mes souvenirs. De toute cette journée du naufrage, je ne me rappelle aucune particularité, si ce n'est celle de cette falaise, puis de m'être réveillé le soir à la tombée de la nuit : j'étais étendu sur trois coussins de poil de chèvre, dans une cabane de l'aspect le plus misérable, entouré de sept à huit personnes qui me firent peur, tant elles étaient bizarrement accoutrées.

Lorsque je me réveillai, ou plutôt lorsque je repris mes sens, je sentis des douleurs aiguës par tout le corps. J'avais un peu de fièvre, une soif des plus ardentes. Fatigué, je me levai pour retomber aussitôt. Toutes les articulations de mon cou, de mes quatre membres se refusaient au moindre mouvement. Il fut un instant où mes souffrances devinrent si intolérables que je me crus rompu, broyé, et je demandai avec instance qu'on me tuât. Ainsi deux heures de natation, d'une fatigue extrême, avaient suffi pour m'anéantir, pour détendre tous mes muscles. On m'a assuré depuis qu'on a vu des Français, prisonniers en Angleterre, s'échapper des pontons et traverser la Manche à la nage. Si cela est, ce dont je douterai toute ma vie, il faut croire que ces hommes avaient un système musculaire bien autrement développé que le mien.

Le lendemain, après une nuit passée, moitié à sommeiller, moitié à souffrir, me trouvant beaucoup mieux, je pus me livrer sans contrainte aux nombreuses réflexions que me suggérait naturellement ma position nouvelle. Ainsi, me dis-je, non-seulement j'ai perdu toute ma fortune, fortune gagnée avec tant de peine, de privations ; mais j'ignore quel destin matrtend ici. Hélas! il me faudra oublier Marie, dire adieu à mes douces études, à mon bel ermitage de Savoie! Alors je m'écriai avec le poëte :

Grâce à Dieu, mon malheur passe mon espérance!
Je te rends grâce, ô ciel, de ta persévérance!

Eh bien, cette exclamation, pour avoir été vraie mille fois, ne l'était pas celle-ci ; car, intérieurement, je n'étais pas fâché d'avoir fait naufrage, d'abord pour savoir ce que c'est qu'un naufrage, ensuite pour en parler. J'avais tout perdu?... Non, il me restait la ceinture de Fénoglio aux dix onces d'or, ma jeunesse et beaucoup d'espérance. Où donc était l'ironie des vers cités? Pourquoi l'homme se croit-il toujours plus malheureux qu'il ne l'est réellement?

Il pouvait être cinq heures. Le jour commençait à poindre. Près de moi étaient couchés, sur quelques peaux de bœufs, un homme, sa femme et leur fille, jeune personne de quinze ans. Ils dormaient profondément. Curieux de voir où j'étais, d'explorer cette île que je croyais ou déserte ou sauvage, je sortis. L'air frais du matin me fit du bien ; mais, contre mon attente, aucune perspective ne se présenta à ma vue étonnée. J'étais au milieu de *Saint-Carlos*, les présides du Chili. *Saint-Carlos*, résidence du gouverneur de ce petit archipel, n'a rien de remarquable, à l'exception de la demeure du premier fonctionnaire, qui cohabite avec trois cents soldats de la garnison dans une caserne qu'on appelle le Palais. Toute la ville n'est qu'un assemblage de cabanes chétives, près desquelles nos chaumières de village seraient comparativement des châteaux. La population de ce pays, la plus étrange qu'il soit possible de visiter, par le fait même de sa population, s'élève à deux mille, et celle de l'archipel entier à cinq mille âmes.

Parvenu à l'extrémité du bourg touchant au rivage, je m'arrêtai sous les murs d'une redoute qui commande la rade et la ville. Cette espèce de fort, bâti sur un promontoire, est admirablement situé pour battre ces deux points ; il n'est armé que de deux canons en très mauvais état.

Le soleil se levait radieux du sein de l'Océan ; le temps était superbe, l'atmosphère douce et parfumée. Il me semblait renaître à la vie ; jamais je ne m'étais trouvé si heureux. Une prière en action de grâces, que je fis à Dieu devant un oratoire que j'aperçus près de moi, remplit mon cœur de joie, et je crus voir encore l'espérance et la fortune me sourire comme par le passé. Du lieu où je me trouvais alors, quoique borné au couchant par une haute montagne, ma vue embrassait un espace immense. Ce coup d'œil était ravissant ; le lever du soleil a toujours eu pour moi un attrait indéfinissable. Si en ce moment le grand air et quarante-huit heures d'abstinence ne m'avaient pas fait penser à tout autre chose, j'eusse certainement gravi la montagne pour remercier Dieu de plus près et jouir, à son sommet, d'une perspective plus belle. Mais, hélas ! pourquoi faut-il que l'estomac soit d'un prosaïsme aussi désespérant ! Pourquoi faut-il qu'un grossier appétit se mêle sans cesse à notre essence divine! Oui, la pensée fût-elle dans le septième ciel, l'estomac affamé crierait encore assez haut pour se faire entendre d'elle et la rappeler sur la terre. Mon Dieu! l'espèce humaine n'est-elle donc formée que d'éther et de boue?...

Ainsi, pressé de faire connaissance avec mes hôtes, et plus encore avec leurs aliments, je m'en retournais directement à la case quand, passant sur la place de la Caserne, je vis un homme s'élancer à mon cou et m'embrasser avec tous les témoignages de la joie la plus vive. Cet homme, qui n'était autre que le capitaine Kinson, n'avait, comme moi, qu'un pantalon, une chemise, et, comme moi, il marchait pieds nus, faute de souliers. Après les premiers moments d'expansion, il s'écria :

— Oh! quel terrible moment que celui où ces deux affreuses lames vinrent, coup sur coup, s'abattre sur le pont! A la première, la chaloupe descellée écrasa trois hommes contre les lisses, qui elles-mêmes cédèrent. Ce coup m'atterra. Vous devez vous en souvenir ?

— Mon capitaine, dites toujours.

— Mais je ne sais plus rien. Le brick était en travers à l'instant où la seconde lame a fondu sur lui plus impétueuse que la première; alors tout fut emporté. Une fois à la mer, j'ai vaillamment disputé ma vie à la mort, et me voilà comme vous. Voyez ce que j'ai dû souffrir, ce que m'ont fait les brisants, reprit-il en me montrant ses bras et sa poitrine couverts de plaies....

Et vous, jeune homme, comment vous êtes-vous sauvé?

— Moi, capitaine, je n'ai pas été plus ménagé que vous…. Mais entrons dans cette cantine; je n'ai encore rien pris depuis notre dernier dîner à bord. Et, vraiment charmé de cette rencontre, je lui pris le bras et me mis à lui réciter ces vers de Racine :

Oui, puisque je retrouve un ami si fidèle,
Ma fortune va reprendre une face nouvelle.

— A propos, me dit le capitaine lorsque nous fûmes en présence d'une outre de peau pleine d'*aguardiente,* avez-vous de l'argent?

— Ah! diable! vous m'y faites penser.

— Vous n'en avez pas? j'en étais sûr. Eh bien, si, pour sortir de cette île et gagner le continent, vous vous trouviez avoir besoin de quatre ou cinq souverains, je pourrais vous les prêter.

— En vérité, vous êtes trop bon, mon cher capitaine, si bon que vous me feriez un sensible plaisir d'accepter deux ou trois onces d'or que j'ai à votre service.

— Comment!…. Auriez-vous réussi à sauver quelques effets?

— Et vous?

— Rien, si ce n'est ce pantalon, cette chemise et la bague de prix que j'avais au doigt, bijou auquel je tenais beaucoup, et que j'ai vendu hier soir au gouverneur.

— Capitaine, votre confiance m'honore. A mon tour, j'ai sauvé, comme vous, ce pantalon, cette chemise. Et, baissant la voix pour ne pas être entendu de quelques soldats déguenillés qui, assis sur leurs talons, mangeaient des moules près de nous, j'ai sauvé, dis-je, la ceinture que j'ai autour du corps. Elle contient dix onces.

— C'est plus qu'il en faut pour atteindre Valparaiso ou Lima. Voulez-vous que je vous donne un conseil?

— Oui.

— Ne parlez de cet argent à personne. Nous irons voir le gouverneur : il pourvoira à nos dépenses. C'est un excellent homme. Déjà je suis au mieux avec lui... Allons! buvons! il n'est rien comme le *brandy* pour noyer le chagrin... Bah! il ne peut rien nous arriver de pire que la mort.

Longtemps après cette conversation, c'est-à-dire lorsque nous eûmes déjeuné, repas qui se composa de deux petits pains de maïs accompagnés d'un plat de poisson et de fruits en abondance, lorsque j'eus raconté au capitaine tout ce que je viens d'écrire relativement au naufrage, mais principalement la mort du Milanais, il fut convenu qu'il irait voir le gouverneur et que nous nous retrouverions à cette même table, le soir, quand le tambour battrait le rappel. Sur ce, nous nous séparâmes, lui se dirigeant vers la Caserne, et moi vers le rivage. Je ne fus pas longtemps à trouver ce que je cherchais. A cent pas du bourg, sur une petite colline aride, je vis une boule de terre surmontée de deux morceaux de bois plantés en croix : c'était un tombeau, celui de sept matelots du *Condor* trouvés morts sur la plage.

Il pouvait être une heure de l'après-midi. Au bas de la butte du tombeau, je suivis un petit sentier qui tourne le côté Est de Saint-Carlos, et qui, d'après ma topographie, semblait devoir me conduire droit à la case. Quel bonheur j'éprouvai le long de ce sentier sinueux devenu, depuis, ma promenade favorite! Un ruisseau limpide en suivait les contours. De chaque côté des myrtes et toute la famille des laurinées m'embaumaient de leurs parfums. Derrière ces haies naturelles, hautes de dix à douze pieds, je voyais surgir à chaque minute des poiriers et des pommiers, plus loin des pêchers, des oliviers croître là sans culture, comme ils devaient croître dans la terre promise. Un groupe de noyers me fit penser à la vieille Europe, et la montagne dont j'ai parlé me rappelait plus particulièrement la patrie. Oh! oui, Juan-Fernandez serait un paradis terrestre, un véritable Éden, si chaque pays, comme chaque médaille, n'avait pas un revers.

Arrivé près des premières cases du bourg, à l'un des nombreux détours du sentier, je me trouvai bientôt face à face avec trois jeunes filles charmantes. Elles puisaient de l'eau à la source du ruisseau. C'était la fontaine du pays. L'une de ces jeunes filles, qui toutes portaient un costume des plus pittoresques, je pourrais même dire des plus indécents, m'arrêta par la main et me dit après avoir longtemps fixé ses regards sur moi :

Buenos dias, senhor marinèro; ousted non esta mas doente hojé? (Bonjour M. le marin; n'êtes-vous plus malade aujourd'hui?)

Ces paroles espagnoles, que je compris parfaitement par l'analogie quelles avaient avec la langue portugaise, n'eurent pas une réponse des plus catégoriques. Les expressions dont je me servis pour lui répondre excitèrent l'hilarité de ses compagnes, et cette hilarité me rendit aussi confus qu'elles l'eussent été elles-mêmes entre trois matelots. Laura, ma jeune hôtesse, prit pitié de mon embarras. Son vase *(cantaros)* plein, elle le mit sur sa tête, me prit par le bras, et nous marchâmes vers la case.

Laura avait quinze ans, il y en avait bien deux qu'elle était formée; sa taille, quoique petite, était bien prise et ne manquait pas de grâces, de mollesse. Brune et blanche comme le sont en général toutes les Chiliennes, qui, on le sait, sont les plus belles femmes du monde, elle avait la figure de l'ovale le plus pur, les yeux expressifs, un caractère doux, aimant; et, sans parler ici de tous ses autres attraits, ce qui serait par trop fastidieux, disons que Laura était une fille accomplie, une perle dans le fumier, un ange sur la terre! Je l'aimai, et j'eus le bonheur d'en être payé de retour.

C'était l'heure de la sieste; au moment où nous entrions dans la case, bras dessus, bras dessous, mon hôte rentrait aussi, sa hache *(mancheta)* suspendue au côté, à sa ceinture de cuir. Mon premier mouvement en l'apercevant fut de le saluer et d'aller ensuite lui serrer la main. Cette politesse, qu'il me rendit aussitôt, fut suivie de la formule d'usage : *La casa esta a ousted*, ce qui peut se traduire par: « Faites comme chez vous. » Cet homme, jeune encore, mais qui paraissait avoir plus de cinquante ans, était grand, maigre, et l'ensemble de ses traits, repoussant au premier abord, gagnait beaucoup par la suite. Au second examen, il était aisé de s'apercevoir que la rudesse de sa physionomie n'était que la réfraction d'un caractère énergique d'une grande mobilité d'expression. Fils d'un noble Chilien, issu de la première race des conquérants espagnols, il fit toutes les guerres que la métropole soutint contre les insurgés de l'Amérique méridionale. Ce ne fut donc qu'à sa fidélité à l'Espagne, à ses tentatives de restauration qu'il dut les dix années de déportation dont il terminait la huitième. Ces détails, qui m'ont été donnés par lui-même peu de temps après notre entrevue, c'est-à-dire lorsque je fus un peu familiarisé avec la langue espagnole, formeraient, si on les écrivait, des mémoires bien plus intéressants que les miens. Toutefois, en attendant que je publie ceux-là, continuons ceux-ci; comme dit le proverbe, charité bien ordonnée commence par soi-même.

J'ai dit que c'était l'heure de la sieste. Après une conversation qui dura dix minutes, et que j'eus bien de la peine à suivre, mes hôtes se couchèrent sur leurs peaux d'animaux, me laissant libre d'en faire autant ou d'aller me promener. Assez embarrassé de ma personne, n'ayant pas l'habitude de ce repos du jour, j'allais prendre ce dernier parti quand une jambe nue, la jambe de Laura, fixa mes regards. Elle était bien la jambe de Laura ! bien plus blanche que je n'aurais pu la soupçonner; le pied seul, trop aplati à force de marcher nu, offrait un aspect disparate; mais je n'y tenais pas de si près. Une belle jambe, une belle tête suffisent toujours pour captiver un jeune homme. Étendu sur mes trois coussins, je me pris donc à contempler la jeune fille avec mes yeux de vingt ans. Assise plutôt que couchée sur trois cordes parallèles enlacées de joncs et formant une espèce de hamac, sa jambe, celle-là même que je caressais des yeux, touchant le sol par intervalles, donnait une impulsion au hamac qui la berçait doucement. Durant cette contemplation, un rayon de soleil perçant à travers la claie de bambou qui servait de porte, vint à frapper sur son visage où dansait la poussière. Ma belle dormeuse se réveilla. Alors sourires sans nombre, œillades, signes de main donnés et rendus firent tous les frais de la conversation. Nos signes exprimaient aisément les tendres sentiments que nos paroles n'auraient pu faire comprendre. Que vous dirai-je, lecteur? Laura fut charmante! Le soir, à souper, nous étions au mieux; huit jours après, amoureux fous l'un de l'autre, mais amoureux fous à lier. Il n'était plus question dans la bourgade que de notre mariage prochain.

Un poëte a dit avec raison :

<blockquote>La patrie est aux lieux où l'on aime.</blockquote>

Or, si ce poétique axiôme a jamais menti pour quelqu'un, il n'a pas menti pour moi à Juan-Fernandez. Depuis que j'aimais Laura, que j'étais persuadé d'en être aimé, je me plaisais beaucoup dans ce pays et ne pensais pas même à en sortir. Eh! comment ne m'y serais-je pas plu? Né sensible, et privé d'affections, ne m'était-il pas doux de trouver une famille, d'être aimé d'une femme que j'idolâtrais? Cependant, comme on ne vit pas d'amour et d'eau claire, il avait été convenu entre moi et don José d'Alméria, mon futur beau-père, que je prendrais du service comme marin à bord de la goëlette de l'État *Libertad*, qui faisait l'office de paquebot entre les Présides et Valparaiso.

— Ainsi, ajouta don José, il est bien entendu que vous ferez un premier voyage afin de gagner dix gourdes pour faire face aux frais de votre mariage. Au retour, vous serez uni à ma fille, et dans deux ans, lorsque le temps des épreuves sera passé, je vous emmènerai à Santiago. Oh! Santiago! C'est là que le soleil est beau! Jeune homme, qui n'a pas vu Santiago n'a rien vu. Eh bien! souscrivez-vous de bon cœur à cette proposition?

— Amen! répondis-je en embrassant Laura. Senor, je me rendrai digne de l'affection que vous me témoignez... J'ajouterai qu'un grain d'égoïsme et peut-être deux d'avarice, plus encore que le conseil du capitaine Kinson, m'ayant empêché de parler de mes dix onces, je n'osai plus, par la suite, leur en faire la confidence, de peur, on le comprend, qu'ils ne me soupçonnassent, comme cela était en effet, de leur avoir montré trop peu de confiance. J'allai donc à Valparaiso en me disant : — dix gourdes, c'est toujours bon à gagner. Le capitaine Kinson fut du voyage, mais il ne revint pas à Juan-Fernandez. Je ne le revis plus.

Le 22 août, veille de mon embarquement, je m'en allai, devisant d'amour avec ma fiancée, jusqu'au pied de la haute montagne dont j'ai parlé. Un sentier qui contourne la grève la joint à Saint-Carlos. Cette montagne, élevée de cinq cents mètres au-dessus du niveau de la mer qui baigne sa base, est couverte jusqu'à son sommet d'une végétation luxueuse ; elle se nomme le Mont-Fourchu (Sierra-Ahorguillada). Vu de Saint-Carlos, qui se trouve par son travers, ce Mont-Fouchu semble assez mal baptisé ; car, de ce point, l'une des deux aiguilles qui le surmontent cachant l'autre, on n'aperçoit plus qu'une seule pointe, qui me parut faire l'effet d'un obélisque sur le dôme d'une cathédrale.

Décidé à gravir cette première région de la montagne, je priai Laura de m'attendre une heure en faisant sa sieste. C'était à peu près le temps qu'il me fallait pour effectuer mon ascension et redescendre. Fatiguée d'une aussi longue course, elle s'assit sur un tronc d'arbre, au bord du chemin, et me recommanda de ne pas tarder à revenir.

— Non, je serai bientôt de retour ; crois-moi, chère amie, si je te quitte une heure, c'est pour mieux voir ce beau pays où je t'ai connue et où je voudrais vivre seul avec toi toute l'éternité.

— Eh bien, va! dit-elle en me lançant un regard bien autrement éloquent que le fade compliment que je venais de lui faire.

— A tout à l'heure, repris-je en m'élançant dans le sentier rapide de la montagne. Je ne tardai point à atteindre le plateau. Arrivé au pied des deux aiguilles, j'étais dans une agitation fébrile impossible à décrire; elle me donnait une grande vigueur. J'en profitai pour gravir la pointe la moins escarpée, mais qui l'était cependant assez pour me faire croire que jamais homme n'avait encore vu son faîte. Je me trompais. Et pourtant tel était l'espoir qui m'avait fait affronter les fatigues et les dangers que présentait cette ascension. Quel rude travail que celui de grimper le long d'un monolythe de cent mètres de hauteur, presque perpendiculaire, et avec les seuls secours de quelques saillies et d'anfractuosités!

— Eh! quel dédommagement avez-vous retiré de tant de peines? me dira-t-on. Un dédommagement comme un autre, celui de procurer à ma vue l'aspect d'un beau panorama, d'un panorama tel que je ne crois pas qu'il y en ait au monde de semblables, près duquel ceux de Rio-Janeiro, de Constantinople, ne sont que des tableaux voilés. Disons que là tout était abrupte, sauvage; caché derrière les grands arbres de ses plantations, Saint-Carlos n'étant pas visible, j'ai pu me croire un moment au centre d'une île déserte. Rien de plus grandiose que cette immense solitude. Transporté de verve à ce souvenir, il me semble que je pourrais beaucoup d'écrire; mais que décrirais-je en définitive ? Je sens, je jouis mieux que je n'écris ; et, quand j'aurai dit que le soleil brillait, ce jour-là, de toute sa magnificence dans le ciel le plus pur ; que les vapeurs de l'Océan, adhérant à ses rayons, se balançaient dans l'espace ainsi qu'un voile de crêpe rose ; quand j'aurai dit qu'à l'horizon, du côté de l'Est, je pouvais apercevoir la haute chaîne des Cordillières aux crêtes couvertes de neige et ressemblant à autant de coupoles d'argent ; que l'île de Massa-Tierra et vingt autres îlots ne bornaient pas cet immense horizon de cinquante lieues, n'aurai-je pas tout dit ? Et, je le demande à tous les hommes enthousiastes des œuvres de Dieu, pouvais-je regretter mes sueurs ?

Or la pointe ou l'extrémité de ce rocher, que j'étais fier de dominer de ma hauteur de 4 pieds 10 pouces, n'était pas, ainsi que je l'avais pensé d'abord, vierge de pas humain. Deux hommes de cœur, aux jarrets d'acier, aux poignets solides, l'avaient escaladée, 32 ans avant moi.

LOPEZ Y MENDOZA,
1800

Voilà ce que j'eus bien de la peine à lire, mais ce que je lus néanmoins, sur un carré de peau dont le bord crasseux témoignait que, dans le principe, il avait dû servir de doublure de chapeau. Cette étrange inscription, tracée avec du sang et par un doigt habile, était adossée et soutenue par un fragment de pierre contre la paroi d'une cavité que la pluie devait rarement atteindre.

— Ainsi, messieurs, vous m'enleverez tout l'honneur de ma périlleuse entreprise! dis-je en remettant l'inscription à sa place. Puis, portant un regard sur l'autre aiguille, je conçus le téméraire projet de franchir d'un saut les quatre mètres d'espace qui me séparaient d'elle. Une forte saillie, qui s'avançait vers moi de la moitié de cette distance, pouvait me le permettre. Cependant je ne sautai point ; effrayé de l'immense profondeur du précipice, volcan anti-diluvien éteint par quelque grand cataclysme, je me reculai instinctivement, et bien m'en prit. Un faux pas pouvait me précipiter, de pitons en pitons, jusque sur la lave durcie, onduleuse du cratère, où j'eusse infailliblement laissé mes os. Une révolution soudaine s'était opérée en moi. L'air frais que je respirais à cette hauteur, rafraîchissant mon sang qu'avait échauffé depuis le matin une surexcitation cérébrale, me rendit à mon état normal. Alors j'eus beau m'exciter, dire : Un, deux, trois, me traiter de lâche, je ne fis pas le saut périlleux. A peine me resta-t-il assez de courage pour redescendre, ce que je fis avec des précautions infinies, qui me prirent le double du temps que j'eusse mis si j'avais eu encore l'ardeur que j'avais en montant.

Arrivé à moitié chemin du plateau à la mer, je faillis heurter du pied deux femmes étendues droit en travers du sentier que je descendais rapidement. L'une de ces deux femmes, ma Laura, était évanouie ;

ses vêtements déchirés, en désordre, attestaient qu'elle venait de soutenir contre l'autre femme une lutte désespérée. Celle-ci, à genoux auprès d'elle, lui prodiguait les soins les plus affectueux, les noms les plus tendres : — *Mia nina, amiga de mio corazon* (ma fille ! amie de mon cœur), « reviens à toi! Es-tu morte? Oh! non ; allons, viens à la maison, ton père te cherche depuis le matin, » disait-elle d'une voix si faible qu'à peine pouvais-je l'entendre. Puis elle essayait de relever Laura. N'ayant pas assez de force, elle la laissait lourdement retomber. Inquiet, étonné, et ne sachant ce que tout cela signifiait, je me baissai précipitamment pour l'aider. C'était vouloir plus que le possible. Peu s'en fallut que je ne tombasse moi-même suffoqué par l'haleine empestée de cette femme, de cette femme que la lèpre la plus hideuse avait rendue folle : cruelle affection qui venait de lui enlever son mari, et sa fille qu'elle s'imaginait retrouver en Laura. Habitant non loin de là, dans un hameau chétif où demeuraient aussi quelques familles lépreuses formant une véritable léproserie, elle s'était enfuie, poussée par son idée fixe, à la recherche de sa fille morte depuis deux mois. Pauvre folle ! elle avait oublié qu'il lui était défendu de faire plus de cent pas loin de sa case, et, sous peine de mort, de dépasser la limite où, tous les dix jours, le gouverneur faisait déposer ses provisions et celles de ses malheureux cohabitants. Il est donc probable qu'en sa course vagabonde, elle avait passé vers l'endroit où j'avais laissé Laura ; que celle-ci, pour échapper à ses étreintes, s'était enfuie dans la direction qu'elle m'avait vu prendre; mais comment, vive et alerte, comme elle l'était, la jeune fille s'était-elle laissé atteindre? J'ai fait à ce sujet bien des suppositions, je n'en fatiguerai pas le lecteur. Quoiqu'il en soit, de quelque manière que cette rencontre ait eu lieu, le fait est que Laura était là, privée de sentiment, sous le dangereux toucher de ce monstre humain. Non, le typhus et la fièvre jaune, la peste elle-même ne laissent pas de traces aussi dégoûtantes, aussi pénibles à la vue que cette affreuse maladie! Mon cœur se souleva quand, face à face avec la lépreuse, je voulus de sang-froid attacher mes regards sur sa peau crevassée, sur sa figure remplie de plaies, de tubercules, où suintait une humeur visqueuse, fétide, qui me fit frémir. D'honneur! l'infirmier le plus intrépide eût reculé comme moi.

—Horreur! m'écriai-je; arrière, poison! Et, sans plus de philantropie en pure perte, sans plus de pitié, je la repoussai violemment et m'emparai de Laura.

— Ma fille! rendez-moi ma fille! me dit-elle en se relevant furieuse. Nul doute qu'elle ne m'eût arraché les yeux si je n'eusse remis Laura à terre pour me défendre. Déjà ses ongles envenimés m'avaient touché au visage. Il n'y avait pas d'alternative : je dus l'attacher avec ma cravate à l'arbre le plus près, malgré ses cris et la plus vive résistance. Puis, chargé de mon précieux fardeau, je courus comme un insensé jusqu'à Saint-Carlos. Laura avait repris ses sens quand j'arrivai à la case.

Il me serait de toute impossibilité de répéter ici les exclamations que poussèrent les parents de Laura lorsque je leur eus raconté les particularités de cette funeste rencontre. En apercevant aux bras et à la figure de leur fille chérie deux ou trois petites égratignures qui semblaient en effet avoir été faites par les ongles de la lépreuse, leur désespoir n'eut plus de bornes; je ne saurais le dépeindre. Quant à Laura, faible et fiévreuse, elle atténuait ma faute autant qu'il était en elle, disant que mon absence avait été de peu de durée et que ce malheur ne pouvait m'être attribué. Pauvre enfant! Dieu m'est témoin que j'eusse donné ma vie pour sauver la tienne! Si, en ce moment, mes yeux n'ont pas versé de larmes, mon âme a bien pleuré!

Il faisait nuit. Pleine de gens qui discutaient sur les moyens de prévenir l'inoculation, la case présentait un aspect étrange. La consternation était peinte sur toutes les physionomies de types divers qu'éclairait un feu de bois résineux. Auprès de ce feu était suspendu le hamac où l'on frictionnait la malade. Des bains aromatiques se préparaient par l'ordre du chirurgien militaire que l'on était allé chercher, quand le tambour battit à bord de la goëlette. Bientôt le maître d'équipage et quatre matelots entraient en criant:

— Hola! le Français, allons, à bord! on va lever l'ancre; le vent est bon, on part ce soir. A ces mots, je compris que deux devoirs également impérieux m'appelaient, l'un au poste d'honneur, l'autre au chevet de Laura. Oh! si je n'avais eu que mes affections à consulter, mon choix n'eût pas été douteux; mais, entraîné malgré moi, à peine me laissa-t-on le temps d'embrasser Laura, de lui donner quelques consolations. Allons, à bord! à bord! criait le contre-maître chilien, et serrant la main de don José, qui me regardait d'un air farouche, je quittai cette case où j'avais éprouvé les joies les plus douces, les douleurs physiques et morales et les plus poignantes. A trois heures du matin, j'étais en mer.

Comme j'aurai le loisir de parler du Chili dans l'un des chapitres suivants, revenons à Laura.

Cinq semaines s'étaient écoulées depuis cette fatale journée lorsque, le premier septembre, la goëlette *Libertad* revint jeter l'ancre dans la baie des Présides. Aussitôt les voiles serrées, je m'embarquai dans le premier canot qui fut à terre et courus droit à la case de don José. Elle était abandonnée, ouverte à tous les vents.

— *Povresito!* me dit une voisine qui me reconnut, ils n'y sont plus les José. Ils sont allés *al lugar de los leprosos*. N'allez pas *al lugar de los leprosos, povresito!* le gouverneur vous y ferait rester. Venez chez nous, venez!... La bonne femme continuait de parler ; je ne l'écoutais plus ; ses premières paroles avaient comblé la mesure des inquiétudes, des transes mortelles dont j'avais été dévoré pendant les cinq semaines de mon voyage. Je ne sais comment je ne devins pas fou.

— Laura! Laura! m'écriai-je, te reverrai-je encore? Et, faisant le tour de Saint-Carlos, je fus attendre la nuit aux environs de la fontaine. A l'angelus, je partis de toute la vitesse de mes jambes et ne tardai pas d'arriver à la léproserie.

Huit cases, distancées de dix pas les unes des autres et formant un fer à cheval à l'angle d'un petit bois, telle était la colonie des lépreux à Juan-Fernandez.

— Dieu vous garde, mes braves gens! Pourriez-vous m'enseigner la case où demeure don José d'Alméria? demandai-je en entr'ouvrant la porte de la première habitation que je trouvai en arrivant.

A cette question répétée trois fois, une voix saccadée, tremblante me répondit :

— Allez à la case où vous verrez un arbre devant, et laissez-moi mourir en paix.

L'indication était précise. Conduit par l'arbre que j'apercevais déjà, j'arrivai enfin, le cœur oppressé, et chancelant comme si j'avais eu le vertige, sous le toit de malheur qu'habitait Laura.

L'obscurité et le silence qui régnaient dans cette habitation me glacèrent, en entrant, du froid de la mort. Appuyé contre l'un des poteaux d'entrée, longtemps je restai sans voix, en proie aux pensées les plus pénibles. Un effort de raison me tira de cette torpeur. Rassemblant les charbons épars du foyer, je ranimai le feu, dont la flamme douteuse éclaira dix secondes ce triste intérieur.

— Laura! m'écriai-je en m'élançant vers un hamac bien connu.

— Francisco! (c'était le nom qu'elle me donnait) répondit-elle d'une voix faible.

Et, me précipitant dans ses bras, nous nous tînmes longtemps embrassés. Combien de temps dura cette étreinte? Je l'ignore. Elle fut longue, douce et affreuse à la fois. Laura semblait ainsi que moi éprouver ces différentes sensations. Un combat entre son amour et ma conservation se livrait dans son âme. M'attirant et me repoussant tour à tour, elle finit par s'écrier :

—Francisco... Francisco... au nom de Dieu, va-t'en !... va-t'en loin de moi... je vais mourir... la maladie... oh ! la maladie... je te la donnerais; va-t'en, te dis-je... Non !... non !... reste... reste encore...

—Oui, Laura, oui, je resterai ! je ne te quitterai plus ! Prends courage, je te sauverai...

Et je l'embrassais avec frénésie.

—Francisco... il n'est plus temps... mon père nous a tous empoisonnés. Il est là... ma mère... morts... Sainte Vierge, que je souffre !... Donne-moi ta main... Adieu !... me *meurs*...

Et, m'attirant à elle, elle rendit le dernier soupir...

Une heure après elle était froide comme son père et sa mère, dont je heurtai les cadavres en m'en allant.

A la porte, une femme ou plutôt un fantôme m'arrêta par la main.

—Dites-moi, *senor cavaliero*, comment trouvez-vous ma fille ? N'est-ce pas qu'elle est belle ? A quand la noce ? Dépêchez-vous, c'est un si beau jour pour une mère que celui où elle marie sa fille !

—Encore toi, folle maudite !

Et, la repoussant rudement, je l'envoyai tomber au pied de l'arbre. La tête perdue, je m'enfuis à toutes jambes.

Le lendemain, le gouverneur, instruit de mon infraction aux lois sanitaires, me condamnait à mener par les bois, et durant quinze jours, la vie d'un véritable sauvage. Cette existence, que j'aurais choisie moi-même si elle ne m'avait pas été imposée, était bien celle qui me convenait le mieux. Courir toute la journée au soleil, laisser tomber sur ma tête brûlante les flots d'une haute cascade, furent les moyens que j'employai pour calmer l'ardeur de la fièvre qui me dévorait. Cette bizarre quarantaine dura quinze jours ; le seizième, je passai à la visite. Ne trouvant sur mon corps aucune aspérité, aucune pustule qui dénotât un symptôme de lèpre, mon épiderme fut déclaré sain, et le chirurgien me donna ma libre entrée. Disons que la vie agitée qui me fut imposée me sauva. Pour oublier les douleurs qu'endurait mon âme, je soumis, durant ces quinze jours, mon corps à de si rudes fatigues, que j'ai dû suer, rejeter par les pores le principe du mal, s'il était en moi. Un mauvais fusil, de la poudre, du plomb et vingt galettes de biscuit, telles furent les munitions que l'on déposa pour moi, et que je pris sur la limite même qu'il m'était défendu de franchir. Cette infraction était punie, comme je crois l'avoir dit, de la peine capitale.

Une nuit pourtant, ne pouvant résister à l'ardent désir qui me prit de revoir cette fontaine où j'avais vu Laura pour la première fois, je trouai une haie à travers laquelle je passai ; puis, me traînant à plat ventre dans les hautes herbes afin de ne pas être aperçu sur le chemin, j'arrivai enfin sur le bord de mon poétique ruisseau. Là, après une heure de méditation, l'esprit agité par les plus doux et les plus amers souvenirs, je composai de mémoire une longue pièce de vers qui se terminait ainsi :

. . . .

Hélas ! combien de confidences,
Combien de rêves, d'espérances,
Emportait la brise du soir !
Pauvre Laura ! La lèpre affreuse
A ton foyer devait s'asseoir
Et comme elle te rendre hideuse,
Plus hideuse que le trépas
Que ton cœur pur ne craignait pas!
Pourquoi sitôt m'être ravie?
Pourquoi le ciel prit-il ta vie,
Parents, époux, tout à la fois ?
J'ai maudit Dieu dans cette enceinte
Où tu mourus comme une sainte
Sans murmurer contre ses lois !

CHAPITRE V.

Les Péruviens.

De retour d'une mission à Buénos-Ayres, le brick de guerre péruvien l'*Independenzia* vint faire son eau à Juan-Fernandez. Embarqué à son bord comme matelot de troisième classe par la protection du gouverneur, je fis mes adieux aux Présides; et cette fois, je l'ai dit, des larmes vinrent mouiller mes paupières. Ile chérie, tous les trésors de la terre ne paieraient pas le bonheur que j'éprouverais de te revoir un jour, une heure seulement!

Deux cent cinquante lieues marines séparent Juan-Fernandez du port de *Callao*. Une bonne brise de S.-O., qui nous fit franchir cette distance en cinq jours, nous conduisit droit devant l'île de *Saint-Laurent*, qui ferme et abrite la rade de *Lima*. A quatre heures du soir, doublant la pointe de l'île, nous entendîmes le canon du fort retentir. Ce fort, ouvrage admirable des Espagnols, est digne du génie de Vauban. Il est réputé imprenable. A peine l'ancre était-elle mouillée qu'un long canot, parti de terre, nous accosta. Il était monté par un officier supérieur qui, après s'être entretenu avec le commandant, repartit sans laisser soupçonner le sujet de sa visite.

— Il y a du nouveau à Lima, dit-on à mes côtés. En effet, les embarcations qui déjà avaient été mises à l'eau furent remontées, et personne, sans en excepter même le commandant, ne descendit à terre.

Lorsque la nuit fut venue, le canon cessa de gronder en même temps que la brise cessa de nous rafraîchir. Une chaleur accablante força l'équipage et l'état-major de dormir sur le pont. Le matin, point d'appel au quart. Tout le monde était sur pied quand l'officier qui nous avait visités la veille revint à bord. Cinquante hommes choisis entre les matelots de l'équipage les plus incapable furent armés, embrigadés et conduits à terre dans la grande chaloupe. J'étais de ce nombre. Pourtant, là n'était pas ma place. Le souvenir de la famille infortunée dont j'avais involontairement causé la perte me rendait tout autre que j'étais d'habitude. Sans cesse distrait par le souvenir de l'une ou l'autre des scènes retracées dans le chapitre précédent, il me fut impossible de remplir mon devoir. Commandait-on de haller sur une cargue : — point ; je courais à l'écoute, à l'amure, et ainsi de suite. Aussi cette mesure, qui me jetait au nombre de ces cinquante Péruviens à demi sauvages, ne me surprit-elle point; je la reçus comme une conséquence de ma destinée.

Il serait difficile de trouver quelque part une soldatesque aussi bizarrement équipée que l'était celle dont je faisais partie. Pour la première fois depuis le jour où je descendis du Mont-Fourchu, je me pris à rire de chacun de mes camarades, à rire de me voir, soldat d'un jour, marchant au combat, mes poches pleines de cartouches, avec un fusil sans chien sur l'épaule. Arrivés à terre, on nous fit ranger devant la douane du village de Callao. Cent hommes sortis du fort vinrent nous joindre, et nous fraternisâmes. Ces nouveaux venus avaient du moins des uniformes et leurs armes en bon état.

— Capitaine, croyez-vous que j'aurai bien mérité de la patrie quand j'aurai combattu toute la journée avec ce fusil sans chien? dis-je à l'officier qui commandait cette troupe.

— Tu as une baïonnette... beaucoup d'autres n'en ont pas... D'ailleurs, tu pourras prendre le fusil du premier de tes amis qu'une balle enverra se confesser au diable.

— Merci, capitaine.

L'aide-de-camp du président Gamara se faisant trop attendre, les rangs se rompirent et chacun de nous alla tremper son courage dans l'*aguardiente*.

Deux heures se passèrent; les libations et la politique allaient leur train quand une vive fusillade se fit entendre. L'aide-de-camp arriva, suivi de cent chasseurs à cheval. Le tambour battit le rappel ; il fallut partir. La route que nous suivîmes fut celle de Lima, route longue de sept kilomètres, bien entretenue et sablée comme une allée de jardin. Les beaux arbres d'espèces variées qui la bordent en font une promenade délicieuse que d'élégantes voitures sillonnent dix fois par jour. Elle était autrefois le Prado de la ville des rois.

— Par le flanc gauche, pas accéléré, en avant, marche! et, le trompette qui nous précédait coupant la route à angle droit, nous enfilâmes à sa suite un petit sentier où deux hommes pouvaient à peine marcher de front. Ce sentier nous conduisit sur une colline, à trois kilomètres de la ville. Là, il nous fut aisé d'apercevoir les opérations de l'armée insurgée (mille hommes) commandée par le général Iriarte.

La république, ou plutôt le pouvoir péruvien, n'avait à cette époque (fin 1832) que six mille hommes sous les armes. En prélevant les quatre mille cinq cents soldats qui devaient rigoureusement former les garnisons d'Arequipa, de Puno, de Cusco, d'Ayacucho et de Libertad, il ne restait plus que quinze cents combattants pour défendre la province de Lima. Des insurrections toujours renaissantes ayant nécessité la construction de deux redoutes, l'une en aval, l'autre en amont du Rimac, rivière qui traverse la capitale, il fallut aussi garnir ces deux points. Il en résulta que, déduction faite de la garnison du fort de Callao,

Gamara n'avait que huit cents hommes à opposer au millier de soldats du prétendant, son antagoniste. Notons que toute la population était hostile à ce président, par l'unique raison que Bolivar le lui avait imposé.

Le plan stratégique de Gamara était savamment combiné. En effet, à peine étions-nous échelonnés qu'une division ennemie forte de trois cents hommes vint nous attaquer ; mais ce mouvement la mettait à portée de la redoute d'amont, et elle se trouvait ainsi entre deux feux. C'était précisément ce que voulait le chef de l'État qui commandait en personne, et ce combat, qui ne semblait d'abord devoir être que partiel, vint se livrer au pied de cette même colline, et bien avant la nuit les troupes d'Yriarte, Indiens et mineurs, furent mis en pleine déroute.

Ainsi qu'il arrive presque toujours dans les préliminaires d'une bataille, l'action commença par les feux irréguliers de tirailleurs. Depuis dix minutes les balles sifflaient de part et d'autre sans qu'un seul homme encore eût descendu sa dernière garde, et sans que j'eusse, par conséquent, brûlé une seule cartouche. Quoique animé par l'odeur de la poudre, par le bruit du tambour et de la fusillade, je ne crus pas devoir servir de point de mire aux insurgés. Bravement caché tantôt derrière un arbre, tantôt derrière un mur de pierres sèches, j'observai les combattants. Enfin, l'un des soldats du fort étant tombé mortellement frappé à cent pas de moi, je courus à lui pour m'emparer de son fusil.

—Attends, *companero*, j'ai encore une cartouche, me dit-il.

Puis il fit un violent effort pour se relever, mais des flots de sang inondèrent sa poitrine.

—Je suis un homme mort, reprit-il à la vue de cette hémorrhagie. Caraco! c'est dommage ; un beau garçon comme moi!

Et il ajouta :

—Es-tu bon chrétien, *companero?*

Je fis un signe affirmatif.

—Alors je vais me confesser à toi, et écoute. Tu me donneras l'absolution : à tout péché miséricorde. Il y a trois semaines, j'ai tué un pauvre prêtre... bien pauvre... car il n'avait que quatre onces... Si j'avais su qu'il ne possédât que cela, Dieu m'est témoin que je ne l'eusse pas *amotta*... Trois de ces onces me restent... Fais dire des messes pour le repos de mon âme.

Ce furent ses derniers mots : il expira.

Dès que je me fus emparé de la giberne et du fusil du mort, ainsi que de la petite fortune dont il venait de me constituer l'exécuteur testamentaire, je partis joyeux pour aller faire mon premier coup de feu. Il me vint à l'idée, en route, que tuer son semblable ou se faire tuer par lui n'est pas extrêmement philosophique. En conséquence, persuadé qu'il ne convient de se battre que pour des devoirs ou des convictions, je m'assis tranquillement au faîte de la colline. De ce lieu, il m'était facile de suivre les évolutions, marches et contre-marches des deux armées. Ma position toutefois était trop belle pour ne pas être enviée. Je dus forcément céder la place à deux pièces de canon servies par vingt-cinq fantassins auxquels je me mêlai. Bref, grâce à l'intelligence de Gamara, la bataille fut gagnée, et, le soir, je retrouvai ma compagnie de marins non loin de la ville, devant le Panthéon.

Ce panthéon, ou cimetière public, est un monument carré dans l'enceinte duquel sont des cours ornées de parterres où croissent en toutes saisons les plus belles fleurs. On a pratiqué autour de ces jardins de grandes fosses maçonnées, où les morts de la classe pauvre sont jetés pêle-mêle dans la chaux vive qui les dévore. Il est inutile d'ajouter que là, comme partout, la fortune a ses priviléges.

A la tombée de la nuit, la population de Lima (40,000 âmes) circulait dans les rues et sur les places, illuminées en l'honneur de la circonstance.

Quant à moi, obligé de faire patrouille de dix heures à minuit, ce ne fut pas sans une extrême curiosité que je parcourus au clair de la lune cette cité célèbre, si remarquable grâce à ses maisons basses, de style mauresque, à ses rues larges bien alignées, et qu'assainissent de nombreux cours d'eau. Ajoutons en passant que les galinatos, espèce de vautours, contribuent aussi puissamment à sa salubrité. Revenu près du Rimac, qui sépare cette ville en deux parties, nous établîmes notre bivouac sur une place voisine.

Au Pérou, le soleil se lève et se couche à six heures, sans qu'il y ait dix minutes de variation dans le cours de l'année entière. Or, le 15 novembre, au lever du soleil, nous fûmes dirigés sur la redoute d'aval, où nous prîmes garnison. De la plate-forme de ce fortin qui domine la vallée, la vue jouit d'une perspective charmante : de quelque côté qu'on se tourne, elle revêt un aspect différent. Au nord, on aperçoit la ville ; au sud, les gracieux méandres du Rimac ; à l'est, les cordillières couvertes de neige et leurs âpres solitudes ; enfin à l'ouest, les rochers stériles de la côte et l'agreste paysage où s'éleva naguère *Buena-Vista*, détruite par un tremblement de terre.

Bientôt pourtant l'ennui me prit. A cette existence indolente j'eusse préféré la vie plus agitée du bord. D'ailleurs, sous le rapport des distractions, qui toutes ne se procurent qu'à prix d'argent, le fantassin n'est pas mieux partagé au Pérou, avec les quatre sous qu'il perçoit chaque jour, qu'il ne l'est en France où il n'en perçoit qu'un. Toutefois comme le brick, parti pour Guyaqu'il, ne devait pas tarder à arriver, je m'armai de patience. En attendant, je fis la demande d'une permission de dix heures et je l'obtins.

Voici de quelle manière j'en usai.

C'était le premier dimanche de février 1833 ; la chaleur était excessive. Sorti à midi, seul, le sabre au côté, j'arrivai à Lima pendant les offices, c'est-à-dire que les rues étaient désertes. Après avoir visité trois églises que je trouvai, comme toutes celles de Rio, trop surchargées de dorures et d'ornements, j'entrai dans un café où je demandai une bouteille de Madère.

Le nègre, fort surpris qu'un soldat se permît une

telle dépense, me fit observer qu'une bouteille de Madère coûtait deux piastres; mais j'eus bientôt imposé silence à ses scrupules par l'exhibition de mes trois onces, que je le chargeai, moyennant une rétribution convenable, d'aller changer contre des réaux et des demi-réaux.

Cette commission ayant été remplie à ma satisfaction, je quittai le café, et n'avais pas fait cent pas dans la rue qu'un moine vint à ma rencontre. Je l'accostai.

— Révérend père, lui demandai-je, veuillez me dire combien il faut de messes pour sauver une âme en peine.

— Mon fils, vos paroles me paraissent une dérision.

— Pardonnez-moi, mon père : je ne fais que remplir les volontés d'un mourant.

— Votre question n'en est pas moins déplacée. Sachez, enfant, que cent messes ne sauveraient point une âme en peine qui n'aurait eu, ici-bas, ni repentir ni foi. Les messes, mon fils, ressemblent aux diamants; elles n'ont réellement de prix que celui qu'on veut bien leur accorder.

— Vous me semblez un parfait honnête homme, mon père; permettez que je vous compte quarante réaux, pour prix de deux messes que vous direz ou ferez dire pour le repos de l'âme du donateur.

— Vingt réaux suffisent, mon fils, c'est le prix de deux messes basses; donnez quelques piécettes à ces pauvres que vous voyez sous le porche et amusez-vous avec le reste. Goûtez les joies de la terre en attendant celles que Dieu vous réserve. Je vous bénis, mon fils.

— Merci, mon très révérend père. Je le saluai profondément et me dirigeai vers le porche du couvent.

Là douze ou quinze malheureux, hommes et femmes, aux figures souffrantes et hâves, gisaient étendus sur les dalles. La plupart d'entre eux étaient minés par des affections syphilitiques, et leur conversation, que j'écoutai un moment, n'était peut-être pas moins horrible ni moins dégradante que leur mal.

— Ohé! troupe de fainéants, je viens passer un marché avec vous. Voyons, combien de pater et d'ave pour un réal?

— Dix, vingt, trente.

— Eh bien! à genoux! priez pour le repos de l'âme d'un soldat péruvien mort au champ d'honneur. Deux réaux à chacun. Et, la distribution faite, les patenôtres allèrent leur train. Silencieux, je regardais ces malheureux prosternés et priant, les uns par hypocrisie, les autres de bonne foi, quand mes yeux se fixèrent sur un mulâtre affligé d'une hernie, étendu au soleil à quelques pas du porche, loin de ses misérables confrères qui le regardaient comme un paria. Je fus à lui.

— Et toi, mal blanchi, veux-tu tendre la main pour prendre ces deux réaux?

— Oh! oui, mon brave soldat, donnez; j'en ai plus besoin qu'aucun de ces mendiants, me répondit le créole en mauvais français.

— Ah! vous êtes sans doute des colonies françaises? repris-je dans la même langue.

— Oui, je suis de l'île Bourbon, et nous sommes pays, n'est-ce pas?

— Sans doute, quoique nés à trois mille lieues l'un de l'autre.

— Laissez votre main dans la mienne, me dit-il alors; parlez-moi français. Vous écouter me fait tant de bien!

— Mais par quelle fatalité vous trouvez-vous ici en cet état?

— J'étais, il y a six mois, cuisinier à bord d'un marchand anglais. Le capitaine m'a mis à terre parce que je n'étais plus bon à rien. Hélas! mon pauvre pays, je ne reverrai plus Saint-Denis et les Salazes!

— En effet, votre sort est vraiment des plus malheureux. Cependant vous pouvez être guéri et revoir Bourbon. Du courage! acceptez ces vingt réaux; ils vous procureront quelques soulagements.

— Oh! merci, me répondit-il avec un indicible élan de reconnaissance.

— Patience, mon brave, et adieu. Puis, lui serrant la main une dernière fois, je courus après cinq matelots qui s'étaient arrêtés un moment devant le groupe des mendiants qu'ils regardaient, non sans étonnement, prier avec tant de ferveur.

Or ces marins, que j'atteignis au coin de la rue, étaient, non français ainsi que je l'avais cru, mais américains. Ils faisaient partie de l'équipage du *Guillaume-Penn*, bâtiment cachalotier armé à Norfolk.

Deux d'entre eux, nés sur les bords du fleuve Saint-Laurent, non loin de nos anciennes possessions françaises du Canada, parlaient assez bien français pour qu'ils pussent me servir d'interprètes auprès de leurs camarades. Assis avec eux autour d'une table dans une cour spacieuse, la conversation, d'abord froide, devint bientôt vive et sympathique à mesure que je leur payais du rhum, des cigares et des femmes. Séduits par ma bonne humeur et ma libéralité, ils m'engageaient à les suivre à bord, où, disaient-ils, le capitaine ne ferait nulle difficulté de me recevoir matelot à la part, d'autant plus, reprit l'un d'eux, qu'il nous manque trois hommes tués par le premier cachalot que nous avons harponné. C'était précisément où j'en voulais arriver. Or, lorsque la nuit fut venue, après une orgie que Martial et Pétronne auraient eu honte de décrire, nous dîmes adieu à nos belles Péruviennes, qui entonnèrent, assises sur leurs talons, une longue, une interminable chanson où tous nos noms étaient écorchés dix fois à chaque couplet. Nous les quittâmes enfin et prîmes la route de Callao. Dès que j'eus dépassé les dernières maisons de la ville, j'envoyai par-dessus les haies toute ma défroque militaire.

Les pirogues nous attendaient dans le port; à minuit nous étions à bord, et le surlendemain à la voile.

CHAPITRE VI.

Les Kamtchaedales.

Le *Guillaume-Penn* était un beau et solide navire du port de huit cents tonneaux, ressemblant à une petite frégate, tant son allure était dégagée et ses proportions pleines d'harmonie. Caché dans la soute à charbon pendant vingt-quatre heures, je ne remontai sur le pont qu'en pleine mer. Alors seulement j'observai les curieux détails d'un navire baleinier, son fourneau, ses chaudières et ses nombreux ustensiles. Là, point de hamacs embarrassants. De vastes cabines, établies dans les deux postes, permettent à chaque homme d'avoir un chez-lui, voire même une lampe. A l'heure du déjeuner, le capitaine me fit appeler, et voici la conversation que j'eus avec sir Burdett. Il parlait très purement le français.

— D'où es-tu?

— Des Etats sardes.

— Comment es-tu venu au Pérou?

— D'abord en qualité de marchand ; mais, ayant fait n'aufrage à l'île Juan-Fernandez, je m'engageai comme matelot et non comme soldat. C'était contre le droit des gens qu'on me retenait à terre.

— Es-tu vraiment un bon matelot?

— J'espère le devenir.

— Sais-tu faire la cuisine?

— Un peu, capitaine... Mais...

— Je n'aime pas les mais. Mon maître cook s'entend mieux que toi, je suppose, à manier un aviron, à gréer et à dégréer un mât; va prendre sa place et dis-lui qu'il te mette au fait.

— Capitaine, je me rends à vos ordres.

Je saluai, montai sur le pont, et j'entrai immédiatement dans l'exercice de mes nouvelles fonctions.

La science exigée d'un cuisinier est fort restreinte à bord d'un baleinier ; car la carte, à quelques exceptions près, se compose, pour déjeuner, d'une chaudière d'eau chaude, dans laquelle il s'agit de jeter un litre de mélasse et une once de thé; pour dîner, d'une soupe à la purée de pois, de fèves, bœuf ou lard salé invariablement; pour souper, d'un ragoût aux pois et, ainsi qu'aux autres repas, de biscuit et de bière à discrétion. Le pudding, que je ne faisais que deux fois par semaine, entrait aussi dans mes attributions. Une seule chaudière servait pour la chambre et l'équipage. Formée de deux compartiments, je mettais à gauche du beurre salé ; à droite, du suif fondu. De temps en temps cependant je tuais un porc, ou bien je servais des boîtes d'endabages, boîtes aujourd'hui très connues de tous les navigateurs. Il n'est pas inutile de dire que si cette occupation était facile dans les belles mers, elle devenait fort épineuse pendant les gros temps. J'ai vu dix fois les lames éteindre mon feu dans une journée.

Lima était la première relâche que le *Guillaume-Penn* avait faite dans cette campagne. Parti de Norfolk depuis neuf mois, il avait déjà huit cachalots dans sa cale ; en d'autres termes, cinq cents barils d'huile et cinquante de *sparmaceti*. Ce fut aux îles Gambier et Tonga-Tabou qu'il fit ces précieuses captures. La seconde période de ce voyage à travers les Océans ne répondit pas à l'espoir qu'avait fait naître la première. Nous ne vîmes pas un seul cachalot dans ce vaste espace de deux mille lieues qui sépare le Pérou des côtes de Kamtchatka. Les archipels Galipagos et Sandwicth, parages généralement fréquentés par les cétacés, ne nous furent pas favorables. En attendant une chance meilleure, entrons dans le dernier port du nord-est de l'Asie, à Ulotorskoïa.

Située par 64° de latitude nord et 180 de longitude, Ulotorskoïa est bâtie à l'embouchure et sur la rive gauche d'un fleuve qui lui donne son nom. Sa rade, quoique peu abritée, nous permit néanmoins de réparer nos avaries, de poser les bordages à glaces et autres préparatifs à la pénible navigation que nous allions entreprendre. Au premier mai, la nature, qui, à cette époque, vivifie toutes choses dans les zones tempérées, avait encore là l'aspect désolant que nous voyons à nos campagnes au milieu de nos plus rigoureux hivers. Mon cœur se serre au souvenir de cette terre glacée, de cette population chétive qui, durant huit mois, habite sous terre comme des renards. Du pont du navire, seul bâtiment que les indigènes eussent vu depuis longtemps, la vue s'étendait sur une plaine immense où rien ne pouvait la reposer. Le fleuve charriant d'énormes glaçons, quelques bouleaux rabougris et vingt huttes, au milieu desquelles s'élevaient les vastes hangards d'une factorerie russe, tels sont la ville et les environs de Ulotorskoïa par un froid de 15° Réaumur.

Malgré cette température rigoureuse, j'avais un vif désir de faire une excursion sur ce rivage d'Asie, si différent de celui de Smyrne. Or, le premier dimanche qui suivit notre arrivée, à six heures du soir, après le souper, je descendis à terre avec la bordée de tribord. Tous bien couverts de bons effets de laine, de gants, et armés de longs couteaux, nous partîmes avec le dessein bien arrêté de pousser notre promenade jusqu'au sommet d'une petite colline qui, de la rade, se voit dans le lointain, et borne l'horizon au nord. Ceci bien convenu à bord, il en fut tout autrement à terre. Prétextant, les uns qu'il faisait trop froid, les autres qu'ils allaient allumer leurs pipes, tous mes camarades entrèrent chez l'un des employés de la factorerie, vieux russe dont la taille gigantesque contrastait singulièrement avec celle des pauvres Kamtchacdales qui le servaient. Assis en rond sur des ballots de fourrures et autour d'un poêle immense, nos matelots se mirent à boire l'hydromel d'abord, et le kaïr ensuite. Cette dernière boisson, faite avec la graine du Nenuphar, est détestable au goût. Elle enivre comme l'alcool. Dans ce climat rigoureux, c'est un poison qui glace le sang et abrége la vie de l'homme. Comme, à l'exception des peaux de renards rouges, des marthes de zibelines, et des herbes aquatiques sèches qui servaient à chauffer le poêle, rien dans cet intérieur n'était digne d'observation, j'invitai mes compagnons à partir.

— Nous sommes bien ici. Va te geler sur ta montagne si cela te fait plaisir.

Alors, enfonçant mon bonnet sur mes oreilles, je partis en courant.

A peine avais-je fait cent pas loin du village que déjà je me repentais de l'avoir quitté. Quoique le temps fût magnifique, le froid augmentait d'intensité, je dus courir pour ne pas geler sur place. Le sol que j'arpentais ainsi était un terrain d'alluvion de formation récente. Nulle part on ne l'apercevait qu'à l'endroit où je fis cette observation, sur la pente d'un petit monticule; partout ailleurs il était couvert d'une couche de cinq pouces de neige durcie. Arrivé sur la colline, d'où mes regards plongeaient sur d'interminables steppes d'un côté, et la pleine mer de l'autre, j'aperçus, gravissant le côté opposé, une troupe d'indigènes vêtus de peaux comme tous ceux que j'avais vus jusqu'alors. La taille du plus grand de ces hommes n'excédait pas la mienne. Le lecteur voudra bien se souvenir que je n'ai pas quatre pieds onze pouces. Quand, curieux, je me fus approché de ce groupe dont le chef seul portait une chemise sous ses rudes habits de cuir, je vis qu'ils conduisaient un traîneau attelé de quatre gros chiens noirs. Dans ce traîneau, d'une construction des plus bizarres, était un vieillard assis et la tête entièrement couverte d'un capuchon. Il avait les bras en croix, liés au véhicule. Après leur avoir fait bon nombre de saluts, je leur montrai du doigt le navire qu'on apercevait sur rade. Ils semblèrent me comprendre. Comme ils allaient du côté d'où je venais, je les suivis jusqu'au point culminant de la colline. Là ils s'arrêtèrent, et tandis que l'un d'eux déliait l'homme au traîneau, les autres, munis d'outils, firent une fosse peu profonde. Intrigué, je vis alors seulement de quoi il s'agissait. C'était un enterrement. Aussitôt que le trépassé eut été mis dans la fosse, la face tournée au levant, ils dansèrent dessus en jetant de grands cris. J'ignore s'ils voulaient faire sortir le mauvais esprit du corps ou simplement l'allonger; car, gelé sur le traîneau, il gardait l'attitude d'un homme assis. Quoi qu'il en soit, dès que ses membres eurent pris la raideur voulue, ils le couvrirent respectueusement avec la terre ôtée et firent autour un repas funéraire. Ce repas qui, sans moi, n'eût été qu'un simulacre, devint, malgré le froid, une sorte de festin. A l'énorme saumon qu'ils déposèrent sur la tête même du mort, au pot de millet bouilli, j'ajoutai un morceau de pudding et quatre galettes de biscuit. Ce supplément, mangé avec avidité, me valut de grandes démonstrations d'amitié. Ces pauvres Kamtchacdales m'exprimaient leur joie par des contorsions de visage qui n'ajoutaient pas peu à leur laideur. Cette race ressemble beaucoup à celle des Esquimaux d'Amérique. Comme elle, elle a la figure large et plate, de petits yeux et le nez épaté. Son teint est basané et quelquefois verdâtre.

Dès que les chiens, qu'on avait détélés du traîneau, eurent dévoré les débris du saumon, le chef se leva en criant : *Iourki! iourki!* et tous les quatre se mirent à courir dans la direction de l'Ioute. Alors, poussant le traîneau sur le bord d'une pente, le chef prit place sur l'avant et me fit signe de m'asseoir près de lui, ce que je fis quand tous ses hommes se furent placés derrière. L'un d'entre eux pourtant courut encore en poussant le traîneau l'espace de deux cents pas, et, l'impulsion donnée, il s'élança dessus et nous descendîmes la colline avec la rapidité de l'éclair. Cette vitesse était telle que les chiens, partis trois minutes avant nous, furent de beaucoup dépassés. Nous fîmes ainsi, sans exagération, quatre kilomètres en cinq minutes. C'était vraiment une chose curieuse et terrible à la fois que de voir notre conducteur faire éviter au traîneau tous les accidents de terrain par de légers coups de talon donnés à propos sur le sol. Vingt fois j'ai cru que nous allions nous broyer contre les sapins ou fondre dans un précipice. Il n'en fut rien,

Dieu merci; mais, si cette course eût encore duré trois minutes, je fusse mort asphyxié par le froid. Arrivés au bas de la montagne, sur le rivage d'une baie située à deux lieues d'Ulotonkoïa, le traîneau s'arrêta devant une ioute.

La douleur que j'éprouvai aux extrémités en les chauffant au foyer de mes hôtes dépasse toute expression. Je sais ce qu'il en coûte de souffrance pour passer ainsi, sans transition, d'un froid excessif à une grande chaleur. Ce martyre toutefois dura peu. Une femme aussi bonne qu'elle était laide m'apporta un vase rempli de neige, où je plongeai mes mains et mes pieds. Ce remède si simple calma mes douleurs presque aussitôt; alors seulement je pus observer l'étrange intérieur où je me trouvais. Couverte d'une toiture conique, l'ioute avait la forme d'un hemicycle; elle était creusée dans la terre, et le toit seul s'élevait à deux pieds du sol. De la contenance d'un are à peu près, vingt loges ou cabanes en garnissaient l'intérieur. Chacune de ces loges était habitée par une famille, ses rennes et ses chiens. Devant, on voyait suspendus des filets, des ustensiles de pêche et de chasse. Un grand feu, entretenu à frais communs, servait de cuisine. N'ayant pas d'issue, la fumée formait au plafond et jusque sur les murs une suie tellement compacte qu'elle y pendait en noirs stalactites. Les chairs de loutres, d'ours et de poissons qui grillaient incessamment sur les braises du feu, joint aux exhalaisons de tant d'hommes, de femmes et d'enfants, de renards et de chiens, répandaient dans ce phalanstère une odeur suffocante. A cette époque, je connaissais déjà dix peuples; j'en ai connu bien d'autres depuis; mais nulle part je n'ai vu tant de malpropreté que chez les Kamtchacdales. Les peaux qui leur servent de vêtements sont littéralement recouvertes d'un pouce de crasse.

Avant de quitter l'ioute, dont je fis le tour par curiosité, j'allai caresser un petit ourson que l'on engraissait pour manger. Le chef, qui me servait de cicérone, fut très obligeant; sa pantomime, que je comprenais parfaitement, était intelligente, naturelle. Lorsque je partis, il m'accompagna jusqu'au sommet de la colline et me montra mon chemin. Reconnaissant, je lui donnai le peu de tabac et les sous carrés de la Chine que j'avais sur moi. Après force salutations, nous nous quittâmes enchantés l'un de l'autre.

Il était près de dix heures quand j'arrivai à Ulotonkoïa, et cependant il faisait encore jour. Mes camarades, que je retrouvai à la factorerie dans un état plus ou moins pitoyable, chantaient à tue-tête leur éternelle chanson : *Jenny of midlesex*. Les gens du quart étant venus nous chercher avec les pirogues, nous regagnâmes le bord. Huit jours après, le Guillaume-Penn quittait ce pays de malheur, prenant sa bordée vers le nord.

CHAPITRE VII.

Le cercle polaire arctique
et la zône torride.

Après quinze jours d'une navigation pénible, et durant lesquels le thermomètre Réaumur variait de 4 à 14° au-dessous de zéro, nous aperçûmes les hautes montagnes de Béring; à gauche, celles d'Asie; à droite, celles de l'Amérique russe. Laissant derrière nous l'île Saint-Laurent, nous entrâmes grand largue dans le détroit par une mer belle et libre. Une sonde bien suiffée que nous jetâmes à deux lieues de la côte d'Amérique donna 450 brasses de fond. Le sable était fin et noirâtre. Le lendemain, 1er juin, étant encore dans le détroit, les yeux exercés de nos officiers aperçurent dans la partie septentrionale de l'horizon une clarté semblable à cette faible lueur que répandent, en été, les derniers rayons du soleil couchant.

Cette lumière, qu'on me dit s'appeler le *blink*, annonce d'ordinaire l'approche d'un froid excessif. En effet, le thermomètre était descendu à 20°. Le soir et le lendemain nous n'eûmes pas une heure de nuit entre l'un et l'autre crépuscule.

Le 3, étant entrés dans la mer glaciale, nous doublâmes le cap Lisburn, que la brume nous empêchait de voir. De ce jour et jusqu'au 10, nous naviguâmes toujours à l'est avec des précautions infinies et aussi près de terre que possible. Le temps était beau, la brise légère, mais le froid devenait de plus en plus perçant. Alors le quart fut réduit à deux heures et le fourneau chauffé à rouge dans l'entrepont. C'était un spectacle horrible et magnifique à la fois que l'aspect de la côte. Non, rien ne saurait donner une idée de cette terre bouleversée, formée d'arceaux, d'aiguilles, de pyramides de glace. On eût pu la comparer aux ruines d'une ville qui aurait été bâtie en cristal. Dans ses golfes et ses baies la mer, gelée à de grandes distances, formait d'énormes banquises de plusieurs lieues de circonférence, et craquant parfois, sous l'effort de la mer, comme une détonation d'artillerie. Nous étant approchés de l'une de ces banquises, nous vîmes une troupe d'ours blancs la parcourir en tous sens; mais nous n'aperçûmes pas un seul morse. L'équipage et sir Burdett avaient perdu toute leur gaîté. Patience, voici le Havre Yarborough; le thermomètre descend à 30°; le temps se maintient au beau.

Le Havre Yarborough est situé par 70° de latitude nord et 150° de longitude ouest. Pour atteindre ce point de l'Amérique russe, limitrophe de la Nouvelle-Bretagne, il nous fallut monter jusqu'au 75ᵉ degré, par conséquent doubler le cap des glaces, où nous eûmes le plus de froid. Quoique ce cap des glaces soit à la même hauteur qu'Ammersfert, bourgade de la Laponie suédoise, le climat y est beaucoup plus rigoureux. En effet, on voit que la ligne isotherme de zéro a son sommet concave en Amérique et son sommet convexe en Europe.

Ce fut le 11 au matin que nous atteignîmes la banquise du Havre Yarbarough. Nous y arrivâmes, toutes voiles déployées, afin de donner au navire plus de force pour repousser les glaçons, qui obstruaient le passage. Là, au moment où nous nous y attendions le moins, la vierge des pêcheurs nous fut favorable. Jamais on ne vit tant de morses à la fois.

Sur la banquise de ce Havre, qui avait au moins deux lieues de longueur, dans toutes les criques ou sinuosités qu'elles formaient, une infinité de morses, de vaches marines, de chevaux marins apparaissaient, de minute en minute plus nombreux. Ce n'était pas sans intérêt que je les voyais se hisser hors de l'eau avec le secours de leurs nageoires et la force de leurs dents. Cette marche lente, il faut le dire, était cependant incroyable, eu égard à la masse énorme de leur corps. Ces amphibies, attirés sur la banquise par le soleil dont ils humaient la douce chaleur avec délice, se détachaient comme un long ruban noir sur la glace blanche et brillante. A cette vue, chacun de nous espéra une pêche fructueuse. Elle le fut au-delà de toute attente.

Avant que de s'élancer sur sa proie, l'équipage du *Guillaume-Penn*, composé de quarante-deux hommes, y compris la chambre, dut penser à mettre son navire en sûreté, ce qu'il fit en sciant, dans la partie la plus abritée de la banquise, un bassin de sa grandeur dans lequel on le fit entrer. Cette opération, qui dès l'abord me semblait impraticable, ne dura que deux heures. Quatre longues scies pareilles à celles dont se servent nos tailleurs de pierre, bien maniées, effectuèrent ce travail malgré la houle. Le froid se maintenait à 30°.

A midi, m'étant hâté de faire mon ouvrage, je descendis à terre avec les vingt-cinq hommes commandés pour cette première expédition. Voici ce que portait chaque matelot, comme vêtements, armes offensives ou défensives :

Bottes fourrées, deux paires de bas de laine, une cravate, deux chemises de laine, pantalon de drap et cotte dessus ; le tout couvert d'un ample gilet, d'un épais paletot à col exhaussé ; un bonnet et un chapeau à mentonnière ; deux paires de gants fourrés.

Armes défensives, en cas d'attaque par les ours blancs : une hache, une paire de pistolets.

Armes offensives : une masse de fer pesant six livres, adhérente à un manche de huit pieds ; un couteau de trente-cinq centimètres de longueur et tranchant comme un rasoir. A cette énumération, le lecteur voudra bien croire que, malgré les 30 degrés de froid, aucun de nous ne mourut gelé sur la banquise.

Avant de commencer cette espèce de pêche, je dus regarder ceux de nos matelots les plus experts. L'un de mes amis les Canadiens l'était particulièrement. Je le suivis, heureux de cette circonstance qui brisait la monotonie de l'existence que je menais dans mon officine culinaire. Arrivé à quelques cents pas du bord, John Dick s'arrêta devant une belle vache marine. Aussi grosse qu'un bœuf, elle en aurait eu la forme si, au lieu de nageoires, elle avait eu des pieds. Etendue au bord de la banquise, elle avait la gueule ouverte et semblait dans une quiétude parfaite. Or, tandis que j'admirais l'incarnat de la langue, les dents blanches de cet animal, qui tranchaient avec sa peau noire et luisante, John Dick, lui, faisant tourner sa masse comme il l'eût fait d'une fronde, la laissa pesamment retomber sur cette tête que j'admirais, et l'étourdit. Un second, un troisième coup l'achevèrent. Alors, tirant son grand couteau, il lui fendit l'abdomen à l'endroit du nombril, coupa les nageoires avec sa hache, et, jouant des pieds et des mains, du couteau il dépouilla la bête de sa peau en moins de cinq minutes. Cette peau, il l'accrocha au fer acéré fabriqué à cet effet, et la traîna à l'aide d'une corde fixée à son bras. Ainsi je fis, et ainsi firent tous nos matelots. Le soir, à onze heures, il faisait encore assez jour pour compter trois cent soixante-neuf peaux de toute espèce. On sait à quels usages servent ces peaux. Tannées ou préparées, elles ont à New-York une valeur de quatre dollars.

Notons que l'éléphant marin, l'espèce la plus rusée de la famille des morses, et le plus précieux par ses défenses du plus bel ivoire, est aussi le plus intelligent. Rarement il se laissait surprendre. A notre approche, il ouvrait la gueule et plongeait immédiatement; nous n'en prîmes que deux.

Ce genre de vie continua jusqu'au 1er juillet. Il fut varié tantôt par l'anxiété où nous jetait la conservation du navire dont la pression des glaces faisait craquer les membrures, tantôt par les ours blancs, contre lesquels il fallait combattre sans cesse. Il est à remarquer que ces formidables animaux ne peuvent s'emparer d'un morse. Attaqué de face, le morse, dont la peau est très dure, résiste un moment, serre son antagoniste entre ses dents cruelles, et, se laissant glisser entre deux glaçons, il l'entraîne et le noie. De là venait qu'attirés par les chairs que nous leur abandonnions, les ours étaient si nombreux autour du navire que nous en vîmes jusqu'à soixante à la fois. Dans les nombreuses attaques qu'ils firent contre le navire, mon pauvre ami John Dick, trop téméraire, fut le seul d'entre nous qui leur laissa sa peau. En vérité, je ne comprends pas comment font les Esquimaux, qui habitent ces régions glacées, pour vivre dans un pareil voisinage.

A propos d'Esquimaux, un jour que nous étions tous à bord, occupés à mettre en ordre les quatre mille peaux conquises jusqu'alors, et attendant le dégel, que la banquise en travail annonçait comme prochain, nous vîmes arriver, et nous cerner en un clin d'œil, une douzaine de traîneaux attelés de rennes. Tous portaient chacun une famille plus ou moins nombreuse, et tous étaient escortés par une vingtaine de chiens. Ces indigènes, qu'on laissa monter à bord où je les régalai de mon mieux, nous étonnèrent par leur conduite honnête. Rien en eux ne décelait les mœurs sauvages. Ils n'étaient ni bruyants ni pillards. Petits comme les Kamtchacdales, ils en avaient la douceur et l'excessive malpropreté. Un matelot qui comprenait un peu leur langue nous dit qu'ils habitaient sur le bord d'un lac salé situé à quinze milles vers le sud; près de ce lac est une vallée profonde, abritée des vents du nord, où, disait-il, croissaient assez d'herbes pour nourrir leurs rennes. Quant à eux, ils vivent du lait de ces animaux, de chairs de phoques et de poissons dont ils font griller les débris pour leurs chiens. Il ajouta que dès qu'un renne est trop vieux, ou qu'il ne donne plus de lait, ils le tuent, font un festin de sa chair, un vêtement de sa peau. Tous les excréments en général, séchés et mêlés à la graisse de phoque, sont leur seul combustible.

De ce manque de bois il résulte que ces Esquimaux, plus malheureux en cela que les Lapons, sont obligés, pour construire leurs traîneaux de se servir de poissons gelés, mais préférablement du saumon, parce qu'il est plus allongé. Ils les roulent en cylindres dans des peaux et les joignent avec des os de rennes. La carcasse ainsi faite, ils l'enduisent de terre, et voilà le traîneau assez solide pour durer six mois. Il tombe de lui-même au dégel.

Avant que de prendre congé de nous, cette population, hommes, femmes et enfants, charmés de l'accueil cordial que nous leur avions fait, furent traire leurs rennes et nous apportèrent quatre galons de lait. Le capitaine ne pouvait recevoir un témoignage plus précieux de leur reconnaissance : déjà quelques symptômes de scorbut s'étaient déclarés à bord. Prévoyant, à certains indices qui les trompent rarement, qu'ils n'avaient que le temps de se rendre chez eux, nos bons amis partirent en nous saluant à grands cris après une halte de trois heures. J'ai souvent regretté que le dégel, qui les faisait partir si promptement, ne nous ait pas permis d'aller leur rendre cette visite.

Le lendemain, le vent du sud, précurseur d'une température plus douce, vint enfin à souffler. De sourds mugissements grondèrent au lointain, et la banquise dans laquelle nous étions enclavés se détachait de terre en maint endroit. Les Esquimaux ne s'étaient point trompés : c'était bien le dégel. Alors, tandis que la moitié de l'équipage gréait les perroquets qu'on avait descendus pour donner moins de prise au vent, l'autre attaqua la banquise à coup de pinces, de pioches, afin de briser les soudures qui l'attachaient au navire. On tourna au cabestan un long grelin porté en avant, et, ces travaux faits la nuit, par une clarté superbe, le 1er juillet on essaya de sortir du banc. Pour y parvenir, il fallut briser la glace amoncelée devant le bassin, mettre voiles et bonnettes dehors. Le vent, ce puissant auxiliaire, fait d'abord plier la mâture, il ébranle le navire et le pousse en avant. Tout le monde travaille à bord, depuis le capitaine jusqu'au mousse. Armés de barres d'anspect, d'avirons, nos hommes aidant le vent en repoussant les glaçons, le gouvernail qu'ils gênent n'obéissant pas encore, laisse pirouetter le navire ; mais il revient avec une impulsion plus forte, sa lame à glace frappe dans la banquise, la partage, en écarte les fragments, et nous avançons. Enfin, après douze heures de ce rude travail, nous atteignîmes la mer libre. Nous la saluâmes de mille cris de joie.

Le soir de ce jour, vers onze heures, j'allai allumer l'habitacle. En ce moment, le soleil, comme un disque de feu, atteignait déjà l'Océan qu'il pourprait dans un cercle de 45 degrés.

— Comment ! dis-je au timonier, surpris de voir où nous avions le cap, la route au N.-N.-E. !

— Cela vous étonne ? me dit sir Burdett que je n'avais pas vu.

— Oui, capitaine.

— Pourquoi cela, cuisinier ?

— C'est que je croyais notre route au nord 1/4 N.-O.

— C'est possible, mais que diriez-vous si dans un mois nous nous trouvions dans l'Atlantique ?

— Capitaine, je dirais que vous l'emportez sur Cook lui-même. Cependant permettez-moi d'en douter.

Le capitaine ne me répondit pas et j'allai m'étendre dans ma cabine.

Ce que cherchait sir Burdett était le passage du N.-O., passage qu'on croyait joindre le détroit de Lancastre et l'Océan pacifique, passage que les capitaines Back et Parry avaient vainement cherché et que sir John Ross a depuis reconnu ne pas exister. Ainsi la route que nous fîmes au N. jusqu'au 80ᵉ degré ne servit qu'à nous faire sentir un froid intolérable, à nous faire courir mille dangers entre deux remparts de glace dont l'un finit par nous barrer la route à l'E. Ces barrières, qui s'élevaient parfois à deux cents pieds de hauteur, me semblaient être la limite du monde. Force nous fut de rebrousser chemin. Le 1ᵉʳ août, un mois après notre départ du Havre Yarborough, nous dépassâmes l'île la plus sud de l'archipel des Alloutes.

Lecteur, ce ne sera pas dans ce chapitre que je parlerai de la pêche à la baleine, mais je consacrerai à ce sujet le chapitre suivant tout entier. Tant que je fus cuisinier, la nature de mes occupations ne me permettant pas d'embarquer dans une pirogue, je n'ai pu voir le combat qu'il faut livrer au cétacé, sa défense et sa mort, scènes qui se passent souvent à deux ou trois lieues du navire. Je dois attendre, il me semble, pour en donner une description fidèle, que, matelot, je sois moi-même mêlé à la lutte. Les impressions, étant plus fortes, ne pourront qu'y gagner. Notons toutefois que la pêche au cachalot, pêche spéciale qu'entreprenait le Guillaume-Penn, est bien plus périlleuse que celle de la baleine franche. Le cachalot, plein d'instinct et de cruauté, exige des hommes qui le combattent beaucoup d'intrépidité et de sang-froid. J'ajouterai, pour ne pas me répéter, que six cachalots furent pris du 25ᵉ degré de latitude N. jusqu'au cap de Bonne-Espérance, cela dans l'espace de six mois et à travers les mille archipels de l'Océanie.

Cette navigation si pénible dans le cercle polaire avait considérablement augmenté le nombre de nos scorbutiques. Or, ne trouvant point sur notre route d'autre relâche que celle d'Ulotorskoïa, nous profitâmes pour descendre plus au sud d'une forte brise d'ouest qui nous fit faire treize cents lieues en seize jours. Suivant de loin les côtes d'Asie, nous arrivâmes devant une petite île bien boisée et entrecoupée de montagnes assez hautes. Quoique ceinte de recifs dangereux, nous trouvâmes en la contournant une petite baie bien abritée et d'un fond excellent. Restait à savoir si cette île, la plus O. de l'archipel des Larrons, était sauvage ou déserte.

— N'importe, dit le capitaine : elle n'est pas si considérable que sa population, si elle en a une, puisse nous effrayer ; deux pirogues à l'eau, et vingt hommes à terre !

L'expédition partie, sir Burdett, dans l'espoir d'avoir bientôt des vivres frais, fit monter les scorbutiques sur le pont afin qu'ils respirassent l'air de terre. Après trois heures d'attente, trois heures qui nous parurent mortellement longues, nos hommes revinrent, nous montrant d'aussi loin qu'ils le purent un bouquetin blessé et les pirogues pleines de fruits. Elles eussent été pleines d'or qu'elles ne nous auraient pas fait plus de plaisir.

— Des cocos en abondance, dit le lieutenant en enjambant la liste ; mais des sauvages pas plus que sur la main. Pour le souper tout le monde se régala de bananes et but du lait de coco.

Le jour suivant, quinze hommes bien armés furent à terre, commandés cette fois par le capitaine qui me permit de l'y accompagner. Voulant pénétrer dans l'intérieur de l'île, nous suivîmes tout d'abord, dans une direction opposée à celle qu'avait prise l'expédition de la veille, le lit d'un ruisseau bordé de tamarins, de paletuviers et d'arbres d'acajou. Les haies que ces arbres, enlacés d'arbustes de toutes sortes, formaient de chaque côté, nous forcèrent de marcher dans l'eau et sous une voûte de feuillage si compacte que non-seulement le soleil, mais le jour même avait peine à s'y montrer. Les hôtes de ces sombres arceaux, des insectes imperceptibles et bourdonnants, prélevèrent sur notre sang un droit de péage; ce fut les mains et la figure boursoufflées de leurs cruelles piqûres que nous arrivâmes devant un large ravin entouré d'une forêt de cocotiers.

— Que faire ici? dit sir Burdett; retournons sur nos pas.

— Avec votre permission, capitaine, reprit le bosmann en rejetant de sa bouche une chique énorme, si l'on coupait l'un de ces arbres, on ferait voguer dans le ruisseau les cocos, que l'un de nous embarquerait dans les pirogues à mesure qu'ils arriveraient sur la plage. Nos malades auraient ainsi de quoi se rafraîchir jusqu'à Manille.

— Yes, yes; à l'ouvrage !

Au premier coup de hache donné dans l'arbre le

plus chargé de fruits, des cris aigus se firent entendre ; le feuillage s'agita, et des cocos plurent sur nous en si grande quantité que, sans hyperbole, ils nous cassèrent les bras ; quelques-uns pesaient jusqu'à dix livres. Ignorant à quels ennemis nous avions affaire, nous fîmes à tout hasard une décharge de nos pistolets. La fumée dissipée, je pus voir, se tenant les uns par les pattes, les autres par la queue, et formant d'arbre en arbre une longue guirlande, une troupe de singes dont les cris étaient si perçants qu'ils s'entendirent du bord. Alertes, tous disparurent en un clin d'œil, à l'exception d'un petit sapajou que sa mère laissa tomber en courant. Le capitaine le ramassa.

— Il ne faut pas lui faire de mal ; celui-ci, j'en suis persuadé, ne voulait pas nous assommer, dit-il.

— God ! il ressemble comme deux gouttes d'eau à mon ami John Dick que l'ours a mangé. Pauvre Dick, que Dieu ait son âme ! Et cette grossière plaisanterie d'un harponneur excita au plus haut point le rire de ses camarades, qui, séance tenante, baptisèrent le singe des noms et prénoms de John Dick.

—Allons, à l'ouvrage ! nous reviendrons demain chercher des bananes, dit le capitaine ; coupons quelques balais et partons.

Une heure après, les pirogues et leur chargement étaient hissés à bord, ainsi qu'une énorme tortue qu'on trouva endormie sur la plage. John Dick, détaché de l'étemboth, s'élança sur le pont, escalada les haubans et fut se faire une balançoire du marchepied de misaine.

Le surlendemain 20 septembre, ayant mis à la voile avant le jour, nous arrivâmes vers midi dans un détroit resserré et séparant deux îles du même groupe. La brise, qui nous faisait filer six nœuds à l'heure, tomba tout à coup et nous laissa encalminés à deux milles de chaque terre. Le temps était beau : nos officiers qui faisaient leurs points signalèrent, venant de l'île O, un grand nombre de pirogues s'avançant à force de rames. A tout événement, nos quatre canons furent chargés à mitraille ; on monta les armes par le pont, et chaque homme attendit joyeux l'arrivée des insulaires. Lorsque cette flottille sauvage, composée de dix-huit pirogues toutes montées par sept ou huit hommes, ne fut plus qu'à deux encâblures du navire, elle s'arrêta de front au commandement du chef. Ce sauvage, qu'un tatouage particulier, excessif, distinguait seul de ses guerriers, fit avancer son embarcation, faisant force grimaces pour nous prouver qu'il n'avait que des intentions pacifiques. Le capitaine lui permit de monter à bord ainsi qu'à sa suite. De haute taille, ces Polynésiens étaient d'un noir bronzé, et n'avaient pour tout vêtement qu'un pagne fait d'un jonc très fin, et qui, passant entre les jambes, se nouait au bas des reins qu'il ceignait. Armés d'un casse-tête et de flèches, ces barbares que l'on représente comme des antropophages ne semblaient pas manquer de courage. Après nous avoir fait un discours auquel nous ne comprîmes rien, le chef fit déposer aux pieds de sir Burdett une corbeille remplie de ces mêmes fruits dont nous avions déjà une ample provision ; puis, sans attendre le cadeau d'usage, il s'empara d'un octant déposé sur le bord de quart. Ses lieutenants, à son exemple, prirent, qui un bidon, qui une gamelle, rangés devant la cuisine à l'heure du dîner. On comprendra que l'octant, les bidons et les gamelles ne pouvaient leur être laissés. Ces objets, nous étant d'une nécessité absolue, leur furent repris de vive force ; de là gambades et grands cris qui nous firent cerner par la flottille ; sir Burdett était fort embarrassé. Les armateurs ne chargent point un baleinier de brimborions de toutes sortes comme l'est toujours un navire en découverte, et nos Polynésiens, qui sans doute se souvenaient des largesses de d'Urville ou de Krusenstern, étaient plus que désappointés, ils étaient furieux. Repoussant du pied le biscuit et le tabac qu'on avait déposés devant lui, le chef irrité leva son casse-tête sur le capitaine. Celui-ci, fort heureusement, évita le coup qui tomba avec force sur le capeau.

— A l'eau, les sauvages ! dit-il ; feu partout !

A cet ordre, tous tombèrent frappés de deux ou trois balles ; aussitôt cent voix s'élevèrent autour du navire proférant un long cri de guerre. Nos canons répondirent à cette déclaration, et si le vent n'était pas venu à l'instant même nous permettre de poursuivre notre route, il est plus que probable que pas un seul de ces sauvages n'aurait revu son île. Au désordre que la mitraille jeta dans les pirogues, il était aisé de voir qu'aucun d'eux n'avait l'intention de nous poursuivre.

Cette scène, qui fut suivie de l'immersion des chefs

nous affecta profondément. Un instant sir Burdett se demanda s'il n'avait pas été trop prompt.... Consciencieuse question, résolue, m'a-t-on dit, par la négative. Huit jours s'écoulèrent, et nous arrivâmes à Manille.

Capitale des possessions espagnoles de l'Océanie, Manille est une ville considérable; moins grande et moins jolie que Lima, elle me plut cependant davantage. Les types de sa population malaise, espagnole et chinoise ont là un cachet d'originalité qu'on chercherait vainement ailleurs. L'indolence des habitants y frappe surtout au milieu de l'activité que déploient les étrangers. Cette ville est un bazar immense. C'est Madrid et Marseille tout à la fois.

Curieux de connaître ce pays dont les environs ressemblent au Piémont par leurs champs de maïs, je descendis à terre, le jour même où nous y arrivâmes. Voulant faire de la poésie et rêver à mon aise, je perdis à dessein mes camarades sur la place du marché. Heureux de me retrouver seul, je passai sur un pont plus solide qu'élégant, et marchai droit devant moi. Pressé d'atteindre la campagne, dont j'entrevoyais déjà les grands arbres, j'atteignis l'extrémité d'un faubourg, et m'arrêtai non loin d'une caserne, cherchant où je pourrais allumer le tabac de ma pipe.

— Psit! psit! marinero.

Je tournai la tête et vis, derrière la jalousie d'une fenêtre, le buste gracieux d'une jolie Métisse. La tentation était forte ; mais l'envie que j'avais de garder intacts mes dix onces d'or était plus forte encore. Un second regard jeté sur la jalousie me détermina. J'entrai, attiré par de beaux yeux, une voix suave et les sons d'une mandoline.

Resté seul avec la jeune fille, je fus assez galant pour ne pas marchander ses charmes. Sa peau cuivrée était douce comme le satin, et jamais je n'avais vu le temps marcher si vite que près d'elle. Aussi, dans mon bonheur, les roupies, de ma poche, passaient-elles sans façon dans la sienne, comme le rhum de la bouteille passait dans mon gosier. Inésilla était non seulement belle, elle était charmante. Quoique l'espagnol corrompu qu'elle parlait différât beaucoup de cette langue, nous nous comprîmes parfaitement. Durant les deux heures que je passai sur sa natte, je me convainquis que ma conquête avait une taille élancée, des formes voluptueuses et l'œil aussi noir que celui d'une Andalouse. Bref, la nuit venue, il fallut la quitter. Dans la pièce d'entrée, qu'il me fallut traverser pour sortir, quatre soldats buvaient et chantaient avec d'autres femmes. Ils m'invitèrent à boire, et je ne me fis point prier. Prodigue comme un avare en goguette, je les invitai à mon tour, et payai de manière à montrer que je pouvais payer encore. Ils aperçurent ma ceinture. C'était une grave imprudence. Lorsque je fus dehors, ces soldats, qui me virent rentrer en ville, s'offrirent de me conduire au port par une voie moins longue que celle où je m'engageais. J'acceptai leur proposition. J'avais grand besoin d'un soutien ; je voyais les maisons danser autour de moi. Après avoir marché longtemps, buvant dans chaque *stancia* que nous rencontrions, nous arrivâmes enfin sur le bord du fleuve. Attaqué dans ce lieu écarté, où le bruit d'un moulin devait couvrir ma voix, je fus dépouillé de ma ceinture et jeté à l'eau par mes guides. L'un d'eux me blessa d'un coup de sabre, furieux qu'il était de ma longue résistance. Revenu à la surface, je m'accrochai aux pieux du moulin, sous la roue duquel je faillis passer.

Complétement dégrisé, le jour venu, je me rendis à bord, où le docteur, un ancien marchand de parapluies de Boston, pansa ma blessure. Le capitaine, à qui je fis ma déposition à défaut de consul américain, porta plainte au gouverneur qui fit instruire. Peu de jours après, je comparus devant l'*alcade mayor* en la chambre criminelle. Sur le banc des accusés, je reconnus mes quatre bandits causant avec Inésilla, appelée comme témoin. Une heure s'écoula ; on parla beaucoup ; puis enfin on me rendit cinq onces retrouvées sur les voleurs. La séance terminée, je saluai et partis, bras dessus, bras dessous, avec ma belle.... Il est malheureux que le jugement des accusés, que je tenais beaucoup à connaître, n'ait pas été prononcé avant que je ne quittasse Manille.

Le 25 octobre, ayant fait tous nos préparatifs de départ, nous attendîmes le vent, qui souffla bon frais vers trois heures. Nous levâmes l'ancre, et le soir, pris d'un bel accès poétique, je saluai ainsi les côtes de Luçon qui disparaissaient dans la nuit et la brume :

NAUTIQUE.

» Comme un léger coursier des plaines d'Idumée
» Traverse le désert sur un sable mouvant,
» A la brise du soir, de la terre embaumée
» Mon vaisseau fuit les bords sur son aire tremblant.
» La côte disparaît, mais à nous l'étendue !...
» Deux jours !... Et nous passons sous l'ardent équateur...
» L'Océan et le ciel réjouissent la vue
   » Du vrai navigateur.

» Les brisants sont passés, le vent enfle la voile ;
» Des mers l'espace est grand ! Voguons insoucieux :
» Dieu, pour nous éclairer, fait jaillir chaque étoile.
» Marchons ! L'homme qui pense arrive jusqu'aux cieux.
» Enfants ! Le vent fraîchit ; bordons la brigantine,
» Plus encor qu'au poëte il nous faut du *zéphyr* ;
» Trois ris dans les huniers si son aile mutine
   » Nous fait par trop courir.

» Chantons ! amis, chantons les beautés de Manille ;
» Nous avons du loisir, rions comme des fous.
» Voyez, de Magellan le nuage vacille
» Près de la croix du sud qui lui fait les yeux doux.
» La mousson souffle ; amis, entonnons pour prière
» Des soirs de Callao le plus gai bulletin ;
» Sablons un dernier coup ; chantons la bateinière,
   » Et chorus au refrain ! »

Minuit ! le quart s'achève aux rayons de la blanche,
Qui, rêveuse, sourit au miroir d'un flot bleu ;
Les danses et les chants, la terre et le dimanche
Dans un dernier regard semblent nous dire adieu...
Ah ! dans ces doux instants de joie et d'allégresse,
Quand notre âme enivrée est tout dans le présent,
L'avenir incertain, dégagé de tristesse,
    Nous semble ravissant.

Mais lorsque sur la vergue unie et verglasée
D'un ris, quand l'empointure atteint preque le flot,
Quand le froid le saisit, quand sa main est glacée,
Au voyage éternel pense le matelot !
Non, il franchit le pas... Plus fier il se relève,
De son œil dédaigneux il fixe les autans,
Et, réchauffant son cœur au soleil qui se lève,
    Il dit : « Oh ! le beau temps ! »

Ces grands froids sont passés. — Sous le ciel des tropiques
Que j'aime à naviguer, libre de tous soucis !
Que j'aime, en achevant mes chants mélancoliques,
Rêver au bruit du vent, bercé par le roulis !
Dans mes songes alors, si je touche la terre,
Je revois le pays qui m'a donné le jour,
Ses vallons, ses coteaux, et la pauvre chaumière
    Où j'ai connu l'amour.

L'amour !... Je n'y crois plus ; mon pays, c'est l'espace...
Honte à qui craint l'exil et pleure son berceau !
Hélas ! l'homme ici-bas laisse-t-il une trace
Qui dure plus lomgtemps qu'un sillon de vaisseau ?

Pourtant, oh ! je le sens, sur ma rive fleurie,
Près d'un cœur tout à moi, dans sa virginité,
Oui, j'eusse aimé l'étude, une noble patrie
    Où régnât l'équité.

Mais, semblable à la mer, la terre a ses naufrages.
J'ai vu l'immense Asie aux blancs et noirs climats ;
J'ai vu le nouveau monde et ses vastes rivages,
Du détroit de Béring à l'île des Etats;
J'ai vu de toutes parts une horrible tourmente ;
Oppresseurs, opprimés, d'une égale fureur ;
J'ai vu pauvres et rois, sans rencontrer la tente
    Qu'habite le bonheur.

Ici, du plus haut mât si j'ai gravi le faîte,
L'étendue à mes yeux n'offre point de forfaits;
Contemplant dans les airs la sonore tempête,
Du flot qui me poursuit je devance les traits....
Puis, qu'est-ce que la vie?... Un jour, si je succombe
En provoquant la mort par mes rires amers,
Vaincu .. vrai matelot, j'aurai du moins pour tombe
    L'immensité des mers.

Mourir ! non pas encor : ma vie a trop de sève,
Ma tête trop de force et mon cœur de désirs.
O mort ! va, laisse-moi finir un bien doux rêve...
Laisse-moi pour longtemps mes cruels souvenirs!
S'il le fallait pourtant !... Bourreau de mon amie,
Oh! fais qu'Inésilla vienne, pour un peu d'or,
Me vautrer dans la fange où l'âme est avilie,
    Où tu commences, ô mort !

Alors je baiserai ses lèvres purpurines,
Ivre d'embrassements, de vins délicieux.
Alors les tons aigus des fausses mandolines
Auront pour moi des sons doux et mélodieux.
Alors, entre ses bras, buvant jusqu'à la lie,
O mort, je t'attendrai... puisque Laura n'est plus.
Sur un sein sans pudeur, oui, viens prendre ma vie,
   Mes regrets superflus.

Cette rêverie, l'une de celles que j'ai composées avec le plus de bonheur, commencée à sept heures du soir, se terminait à trois heures du matin. Tandis que je planais ainsi dans les hautes *régions de la pensée*, le navire, humblement incliné, filait cinq nœuds babords amures sur une mer légèrement agitée; la brise encore parfumée qui soufflait de terre, et le ciel, du plus bel azur tout pailleté d'étoiles brillantes, faisaient de cette nuit l'idéal du beau temps, une véritable nuit des tropiques.

A trois heures du matin, comme la chaleur était suffocante dans les cabines, j'allai m'ensevelir dans de vieilles voiles qu'on avait montées exprès sur les gaillards, où, moins l'officier de quart et le timonnier, dormait déjà tout l'équipage. Au concert qu'exécutaient mes camarades de lit vinrent se mêler mille pensées de gloire. Ainsi que les fumeurs d'opium, je me trouvais dans ce délicieux assoupissement qui tient du sommeil et de la raison, quand une main qui n'était pas la mienne vint clandestinement effleurer mon épiderme. Immobile, j'attendis qu'elle manifestât son caprice par une tentative quelconque. Honnête à sa manière, ce n'était pas ma ceinture qu'elle convoitait : son intention était bien autrement coupable. Ignorant à qui cette main appartenait, je me retourne en appliquant sur la figure du fils de Sodome, son maître, un vigoureux coup de poing. A ce mode d'explication, quelques grognements se firent entendre, puis, rampant sous la toile ainsi qu'un reptile immonde, mon homme ne se releva que derrière la cabousse ; je ne le reconnus pas.

Le matin, à l'heure du déjeuner, le mousse, qui n'avait rien de mieux à faire en attendant la théière, me dit : — Vous ne savez pas, cuisinier ? — Quoi ? — Le second qui a l'œil tout noir. — Ah bah ! — Oui, cette nuit, pendant qu'il était de quart, il s'est embarrassé les pieds dans une manœuvre qui l'a fait tomber sur l'ancre du bossoir de tribord. — Et il a l'œil tout noir ? — Je le crois bien, noir et large comme ce couvercle.

Quand on parle du loup, on en voit la queue, dit un proverbe populaire. J'ignore pourquoi les personnes qui répètent ce proverbe ne voient jamais que la queue de l'animal. Pour moi, en pareil cas, j'ai toujours vu la bête en personne. Or, celle dont je parle ici, contre l'ordinaire, était un bipède de l'espèce humaine. Il n'avait guère que quatre pieds de hauteur, bossu, ignoble ; son moral ressemblait à son physique, et sa physionomie, des plus ingrates, ne faisait point honneur au Maryland, qui l'avait vu naître. J'ajouterai qu'en ce moment l'œil droit de ce personnage était ceint d'une auréole dont la nuance ressemblait, à s'y méprendre, à celle du museau de John Dick. Actionnaire et second du Guillaume-Penn, il en eût été le capitaine s'il avait joint à la pratique la théorie du long cours. Tel était, lecteur, l'homme qui, dans un regard foudroyant, me déclara la guerre.

A partir de ce jour et durant deux mois, le pauvre cuisinier eut à supporter une pénible existence, un esclavage de tous les instants. Pour lui chacun de ces soixante jours fut marqué par un danger, une perte, ou, tout au moins, par une mystification. Le plus implacable démon ne saurait tourmenter un damné avec plus de cruauté que ne le faisait sir Schesbear, dont les moyens occultes qu'il trouvait pour me nuire semblaient, en effet, lui être fournis par Satan lui-même. Eh bien! à tous ces maléfices, à toutes ces petites vexations d'une âme sans puissance, je n'opposai, comme le dirait un poëte oriental, que le bouclier de ma patience; vertu admirable qui prouvait à mon ennemi qu'on se venge plus noblement d'une guêpe en ne témoignant aucune douleur à ses piqûres qu'en l'écrasant d'un coup de poing.

De tous les coups que me porta cet homme, celui qui me brouilla avec l'équipage me fit le plus de mal. J'ignore quel était le mauvais génie qui le servait, mousse, novice ou tout autre, n'importe, toujours est-il que, dès le premier jour, on fut montrer au capitaine, alors sur le pont, un gros paquet d'étoupes trouvé dans la soupe. Le lendemain, j'eus une querelle avec le novice, qui m'avoua avoir reçu l'ordre de couper les filins qui retenaient mes chemises au sec, et que le vent avait emportées à la mer. Le dimanche suivant, mon pudding, toujours si bon, fut trouvé détestable et l'était effectivement. Qu'avait-on jeté dans la pâte durant les rares absences que je dus faire du bûcher à la cambuse?... Et, lors d'un grain, d'une tempête, ou en toute autre circonstance, pourquoi m'exposait-on plutôt qu'un autre, moi qui n'étais pas matelot? — Oh! M. Schesbear, disais-je mentalement lorsque la haine me gonflait le cœur, attendez-vous à une belle revanche! attendez que nous soyons à terre!

Une nuit de décembre, nuit que le ciel, la mer et le vent présageaient devoir être belle malgré une chaleur excessive, entre Sumbava et Timor, je venais de rallumer la lampe de l'habitacle qu'un fumeur avait éteinte; une partie de l'équipage, assise sur le guindeau, écoutait l'autre qui chantait devant les fourneaux; il ne restait absolument sur le gaillard d'arrière que le timonnier et le diable incarné auquel je pensais la moitié du temps; par extraordinaire, cette fois, mon homme ne me lança pas au nez son rire sardonique: que faisait-il donc?... Il suivait du regard un petit nuage blanc perdu à l'horizon. Ce nuage, qui grossissait à vue d'œil, effectua vers le zénith une ascension rapide. — Veille au grain! cria notre observateur de sa voix grêle et perçante; puis, presque aussitôt : — Amène et serre les perroquets, halle bas le grand foc, cargue la brigantine! Au vent qui grondait plus intense d'instant en instant, aux nuages noirs qui voilèrent le ciel, je compris qu'il allait y avoir de l'ouvrage pour tous. La drisse du grand perroquet larguée, je fus serrer cette voile en compagnie d'un matelot. Une minute plus tard, elle eût été emportée par le vent, tant ce météore avait acquis de puissance. Descendu sur le grand hunier, où mon compagnon seul trouva une place aux ris que l'on prenait, je me laissai glisser le long d'une calle-hauban pour aller m'utiliser sur le petit hunier; j'avais vu, à la lueur de dix éclairs successifs formant ensemble une vive clarté, qu'il y avait peu de monde sur cette vergue.

En ce moment, la voix mâle du capitaine se mêlait aux lugubres roulements du tonnerre; la mer, subitement soulevée par la violence de la bourrasque, déferlait d'énormes vagues sur le pont; l'obscurité, rendue plus noire par la vivacité des éclairs, ne permettait pas de se voir à deux brasses de distance; c'était le paroxisme de la tempête.

Je marchais entre la liste et la chaudière du tribord; déjà j'atteignais les haubans de misaine quand un coup de roulis me frappa violemment; au second qui, de l'avant, retournait à l'arrière, nous nous reconnûmes de suite à la taille, étant tous deux les plus petits hommes du bord. — Pourquoi n'es-tu pas en haut? me dit-il avec un accent de haine concentrée; et se tenant d'une main aux enflèchures, de l'autre il me rendit mon coup de poing. Notons qu'ayant oublié de fermer la main, ce coup de poing se transforma en un soufflet infamant. — Sir Schesbear, vous me rendrez raison de cette insulte aussitôt à terre! lui dis-je. — Je n'aurai pas cette peine, car tu mourras ici

Exaspéré alors, je m'élançai sur lui et le précipitai dans la mer. — Va-t'en! ton âme au diable et ton corps au requin ! En ce moment la foudre éclatait avec un fracas étourdissant. On eût dit que le navire était embrasé; il ne l'était pas cependant, mais peu s'en fallait. Le fluide électrique, tombé sur le chouque de beaupré, entra par le panneau dans le poste de devant, y mit le feu, et sortit à la hauteur de la flottaison, emportant avec lui vingt chevilles du doublage. C'était le coup de grâce. La pluie tomba par torrents et la tempête s'apaisa. Il était minuit. Tremblant ainsi qu'un criminel, je fus tiré de ma torpeur par des gémissements plaintifs, par des tourbillons de fumée qui sortaient du poste. — Au feu! au feu! m'écriai-je; et tous nos hommes accouraient quand je me souvins qu'un malade gisait dans sa cabine. M'élancer dans le capeau malgré la fumée, prendre le malade d'un bras et me tenir à l'échelle de l'autre, fut l'affaire d'une minute. Il était temps que j'apparusse à l'orifice : déjà on fermait les panneaux pour mettre les prélarts dessus. Deux secondes encore, et je fusse allé rejoindre sir Schesbear. Cette mesure qui faillit me coûter la vie sauva le navire de l'incendie. Le feu, n'étant plus activé par l'air, s'éteignit immédiatement.

— Sir Schesbear, dit le capitaine, où êtes-vous? Voyez dans la soute aux voiles s'il y' a de la fumée ; dans ce cas, faites calfeutrer les jointures : M. Schesbear ne répondit pas.

— Voyez où est M. Schesbear, reprit-il.

— Il était là même, sur le chouque de beaupré,

avant que le tonnerre tombât, dit un matelot qui descendait de l'empointure du petit hunier. Il nous commandait lorsque nous prenions des ris.

— Bosmann, allez de suite à la soute aux voiles... Sir Schesbear !.. Allons, enfants, dix coups de canon!.. le Guillaume-Penn vient de perdre son premier officier, tué et jeté à la mer par la foudre.

Le lendemain soir, nous entrions dans l'immense baie de Coupang (île Timor), pour nous diriger de ce point vers le cap de Bonne-Espérance.

CHAPITRE VIII.

Pêche à la baleine dans les mers du sud.

Après trois jours passés en vue du cap de Bonne-Espérance, où le vent du nord ne nous permit pas d'entrer, nous passâmes devant ce port, la mort dans l'âme, comme nous avions passé devant Maurice et Bourbon. Hélas! cette partie de l'Afrique, si bien nommée le cap des tempêtes, nous semblait pourtant un port délicieux, et nos pauvres scorbutiques ne virent pas sans angoisses qu'il leur fallait encore subir six semaines de mer. Six semaines sont bien longues, en effet, pour qui souffre! Mais sir Burdett avait des instructions précises et rigoureuses; sa route était tracée sur la carte. Donc, après une navigation des plus heureuses à travers l'Atlantique, le *Guillaume-Penn* fut mouiller son ancre dans le port de Rio-Janeiro. C'était le 4 février 1834, un an jour pour jour s'étant écoulé depuis que je foulais les planches de son bord.

Quelles douces et pénibles impressions fit sur moi la vue de Rio-Janeiro! Combien ma position était changée depuis deux ans que je l'avais quitté! Quels retours ne fis-je pas sur moi-même! Ah! je reviendrai sur ces impressions, sur celles que j'éprouvai dans l'Océanie; j'y reviendrai, si ce premier volume n'est pas une sottise aux yeux du public.

A cette époque, ma fortune s'élevait à quatre onces, plus cinquante dollars que me devait sir Burdett. Les vêtements fort chers que j'avais pris à bord, et le tabac que, par compensation, on nous vendait très bon marché, avaient absorbé soixante dollars de mes émoluments. Que pouvais-je faire avec cinq cents francs? Suivre le *Guillaume-Penn* jusqu'à Norfolk, et là m'embarquer pour la France, tel était le but auquel je m'étais arrêté. Cette fois encore le destin déjoua mes projets.

Un jour que je me promenais à terre avec le lieutenant, qui me devait son grade de second, service pour lequel, on le pense bien, je n'ai jamais exigé la moindre reconnaissance, nous vîmes, du haut de la terrasse du couvent des Dominicains, d'où la vue embrasse la ville et la rade, le *sémaphore* signaler l'entrée d'un trois-mâts français. Nous étant approchés du goulet de la rade, il nous fut facile de reconnaître pour le navire signalé un gros bâtiment peint en noir. Lorsque ce navire eut reçu les visites de la douane, de la santé, il affala trois longues pirogues qui vinrent atterrir vis-à-vis du palais de l'Empereur. Dès que ces embarcations furent échouées et amarrées aux anneaux du quai, nous aperçûmes les hommes qui en débarquaient s'avancer lentement vers la place, soutenant plusieurs de leurs camarades qu'ils menaient au cabaret au lieu de les conduire à l'hôpital. Au mélange de joie et de souffrance qui se peignait sur leur physionomie, on devinait aisément que ces marins terminaient une longue et pénible navigation. Il y avait quelque chose de singulier dans ces figures au teint pâle et basané, aux lèvres violettes, et qui laissaient voir des dents et des gencives dévorées par le scorbut. La gaîté qui les animait contrastait aussi bizarrement avec les signes de leurs souffrances, que l'air martial qu'ils affectaient avec leur marche chancelante; mais on eût dit qu'en mettant pied à terre tout était oublié. Ceux qui pouvaient encore se tenir debout firent asseoir les malades par terre, adossés contre des piles de viande sèche, et leur mirent à chacun une corne de vache dans la main; c'était la corne d'abondance. La délicieuse liqueur qu'elle contenait fut à l'envi avalée, non sans que l'on poussât quelques cris causés par la douleur ressentie aux jambes, que l'air de terre commençait déjà à durcir. Mais les matelots prétendent tous que le plus sûr moyen d'éviter les angoisses de la guérison est de se mettre dans l'état où je les voyais. Je ne puis assurer que ce mode de traitement ne soit le meilleur; il est certain qu'ils n'eurent pas plutôt vidé deux mesures de l'excellent baume, que les pauvres scorbutiques ne sentirent plus leur malaise. Néanmoins ce ne fut pas sans peine qu'on parvint à les faire se lever et marcher jusqu'à la maison d'un Français, qui les hébergea moyennant deux piastres payées par le capitaine pour chacun de ses malades.

Le soir, lorsque je rentrai à bord, sir Burdett se promenait sur le pont avec le capitaine, M. Foubert, qui était venu lui rendre visite.

Après quelques paroles échangées entre nous trois, il fut convenu que je remplacerais comme matelot, à bord de l'*Etoile-polaire*, un matelot américain que ce navire avait recueilli sur la côte d'Afrique, et qui voulait bien se charger de mes fonctions sur le *Guillaume-Penn*. Cette affaire ainsi réglée contenta tout le monde. Le lendemain, je passai chez le consul pour me faire inscrire sur le rôle de l'équipage. Ma part de pêche était d'un tonneau sur deux cents. Le soir venu, je régalai tous mes nouveaux camarades. Ceux-là du moins chantaient en français. Pour moi, c'était déjà la France.

Le 28 février, nous mîmes à la voile par un vent frais qui nous fit passer rapidement au large de l'île Ronde; bientôt elle disparut comme un point noir dans la brume qui enveloppait la terre; la seule cime du Corcovah, haute montagne des environs, montrait ses deux pics calcinés par le soleil, au-dessus des nuages qui ceignaient ses flancs. Une brise plus forte souffla dans la partie du O.-N.-O. Nous laissâmes arriver d'un quart, et à midi la terre avait entièrement disparu à l'horizon. Alors, comme le temps paraissait beau, nous mîmes les bonnettes ; on forma les quarts, les bordées ; on répara les pirogues endommagées, on aiguisa les lances, les harpons ; on prépara les ustensiles de pêche ; puis, à cinq heures après souper, on salua la terre en dansant sur le pont. Les bouchons des bouteilles de rhum, dont nous avions fait provision, commencèrent à sauter. Un matelot, ménétrier du bord, nous gratta sur son violon le célèbre Bignou, dont l'harmonie épanouissait les franches et joviales figures bretonnes de mes amis. Puis, quand la nuit fut venue, pendant que les officiers se promenaient sur le gaillard d'arrière, l'équipage, rassemblé autour du guindeau, commença les causeries du gaillard d'avant. A dix heures, la cloche termina cette première soirée, qui avait rendu à nos matelots encore convalescents le bonheur de raconter leurs fredaines de terre en se retrouvant entre le ciel et l'eau.

Nous continuâmes notre route dans le S.-S.-O. ; la mer, légèrement agitée, nous balançait doucement au tangage ; une petite brise du N.-E., qui nous faisait courir grand largue, nous poussa en douze jours jusqu'au travers de la rivière de la Plata, où le temps changea subitement. On finissait heureusement de dîner ; tout le monde était sur le pont, et, en dépit de la violence de la première bourrasque, nous pûmes encore carguer la brigantine, serrer les perroquets, avant que le vent eût acquis toute sa force. A peine les voiles furent-elles serrées, qu'il souffla avec plus d'impétuosité. On hâla bas le grand foc, on serra le perroquet de fouque, et, la grande voile carguée, on prit trois ris dans chaque hunier. Mais bientôt le vent devint si violent que l'on fut obligé de tout serrer, de fuir, pendant toute la nuit, devant la tempête avec la misaine et le petit foc. Le lendemain, le vent s'étant apaisé, nous hissâmes nos voiles, courûmes babords avancés, et le quinzième jour après notre départ de Rio, nous jetâmes la sonde sur le banc du Brésil (côte de Patagonie).

Ce fût là que nous commençâmes nos préparatifs de pêche. Les pirogues toutes armées furent suspendues à leurs pistolets, hors le navire. Chaque homme faisait une heure de vigie sur les barres du perroquet afin de mieux voir souffler les baleines. Mais nous étions à la fin de février; elles avaient quitté le banc pour le large; nous en vîmes pourtant trois petites que les Anglais nomment finbach, espèce peu productive et qui n'a tout au plus que six pouces de gras.

Le 2 mars, par un temps magnifique, nous allâmes reconnaître la terre de Patagonie, dont nous approchâmes à la distance d'une portée de canon. Le sol de cette contrée m'a paru plat, d'une triste végétation et d'un aspect monotone. Nous ne vîmes sur le rivage aucun de ces Patagons si célèbres par leur taille gigantesque. Depuis la baie Saint-Mathias jusqu'à la terre magellanique, pas une seule hutte n'a frappé nos regards, mais seulement d'immenses steppes terminés au lointain par des collines stériles. Le 18 mars nous avions dépassé la latitude des îles Malouines que nous laissâmes à notre gauche ; là les vents commencèrent à nous devenir contraires ; nous profitâmes d'un reste de beau temps pour descendre nos perroquets. Le cap Horn, que nous allions doubler à la fin de mars, et qui ne paraît accessible que de décembre à février, nous faisait déjà regretter la chaleur dont nous nous étions plaints sous le tropique.

Dans la nuit du 25, dormant tranquillement dans ma cabine, je fus réveillé par d'effroyables coups de roulis, par le bruit des chaînes des chaudières qui s'entrechoquaient sur le pont, par celui que faisaient les gens du quart qui manœuvraient. Un moment après, comme j'écoutais leurs cris qui se mêlaient au bruit du vent sifflant dans les poulies, j'entendis ouvrir le capeau du poste, et le maître d'équipage nous crier d'une voix à nous faire ressauter : « As-tu entendu, tribordais ? Figure à vent debout ! Monte voir le beau temps ! Allons, en double tout le monde sur le pont ! » L'ordre était formel : nous nous habillâmes à la hâte et pouvant à peine nous tenir debout, tant les coups de roulis se succédaient rapidement. Il y avait à prévoir que le diable allait nous faire des avaries. En effet, il n'y manqua pas, et ce fut une des plus belles tempêtes que marin ait vues de sa vie.

Aussitôt qu'elle fut calmée, nous étions tous, par un froid de 12 degrés, groupés sur le gaillard d'arrière, lorsque un homme qui était monté sur le chouque du grand hunier pour raccommoder une itaque nous cria : » Navire par le bossoir de babord ! » Et chacun se leva, regarda, et, cinq minutes après, nous vîmes sortir des nuages qui bordaient l'horizon une colonne blanche d'une hauteur prodigieuse et qui s'avançait à notre rencontre avec rapidité, poussée par le vent que nous avions debout.— C'est une montagne de glace, s'écrièrent ceux de nos matelots qui avaient navigué dans les baies d'Hudson et de Baffin. » C'en était une en effet, elle pouvait avoir une demi-lieue de circonférence sur sept à huit cents pieds de hauteur. Nous la vîmes d'abord sous diverses formes plus bizarres les unes que les autres. A mesure qu'elle approchait, elle prenait celle d'une cathédrale gothique avec ses mille petits clochers, ainsi que la métropole de Milan ; par notre travers, elle n'était plus qu'une masse confuse, jusqu'à ce que, nous ayant dépassés, elle se perdit dans le lointain, dorée par les rayons d'un soleil pâlissant, et qui lui donnait l'aspect d'un château de cristal avec ses tours crénelées.

Ce fut le 1er avril que nous doublâmes le cap Horn. Les vents N.-O. nous conduisirent jusqu'à 63 degrés de latitude, où nous vîmes d'autres glaces flottantes comme celles que je viens de retracer. Là, nous eûmes jusqu'au 10 un temps impossible à décrire : les éléments étaient dans un état de convulsion ; la grêle et la neige qui tombaient à gros flocons semblaient défendre au soleil d'éclairer ces parages orageux. La brume fut si épaisse pendant cinq jours que l'on ne pouvait se voir à deux pas. Le pont, couvert de neige durcie par le vent, n'offrait plus qu'un miroir de glace où l'on ne marchait qu'en se tenant aux rampes de cordes que l'on avait amarrées d'un mât à l'autre pour la communication de l'avant à l'arrière. Enfin, le 11, le vent s'étant hâlé au sud, nous pûmes mettre le cap en route. Pendant quinze jours, nous filâmes de dix à onze nœuds sous nos seules basses voiles. Alors nous nous penchions agréablement sur les listes pour voir passer le long du bord ces flocons d'écume que la proue formait en fendant le flot qui fuyait devant elle ; le navire, légèrement incliné sous le vent par la mâture, glissait si rapidement qu'il semblait immobile ; à mesure que nous avancions, le froid diminuait, le soleil se levait chaque matin plus brillant ; les tempêtes étaient changées en fraîches brises, et, le 1er mai, la mer du sud devint pour nous l'Océan pacifique ; car, à point nommé, nous restâmes encalminés sous l'île de la Mocha, aux lieux mêmes où nous allions commencer la pêche.

Les baleines abondent ordinairement, aux mois de mars et d'avril, dans les environs de la Mocha, et quoique nous y fussions arrivés un peu tard, nous résolûmes de commencer la pêche dès le lendemain. Quatre baleiniers américains et un français tenaient une ligne sur toute la longueur de la côte occidentale ; nous ne devions pas plus qu'eux désespérer du succès.

C'était un dimanche matin ; il était à peine jour que l'homme de vigie, sur les barres du petit perroquet, nous cria : « Orgiblos, droit devant ! c'est une baleine franche, elle avance. » Le capitaine prit sa lunette : « Embarque en double, » dit-il aussitôt, et à l'instant on largua les palans de quatre pirogues qui s'affalèrent à la mer. Chacune de ces embarcations était montée par un officier, un harponneur et quatre nageurs; elles étaient armées de deux harpons, deux lances, et d'un couteau pour couper la ligne en cas de danger; cette ligne est ordinairement de deux cents brasses.

La vigie, toujours au sommet du mât, nous montrait, avec un ballon de papier blanc attaché au bout d'un long bâton, la direction que prenait la baleine; elle ne nous avait pas encore aperçus, et nos quatre légères pirogues couraient à l'envi l'une de l'autre pour avoir la gloire de lui porter les premiers coups. L'officier, debout sur l'étambot, manœuvrait d'une main et poussait de l'autre sur l'aviron de derrière; jaloux d'un pied d'espace qu'un autre pouvait avoir sur lui, il ne cessait de répéter à ses hommes : «Hardi, enfants! courage, garçons! doublons, triplons les avirons; elle est là, nous l'atteindrons.» Et nos bras se raidissaient, ouvrant un large sillon sur le flot que nos vingt-quatre avirons frappaient en cadence. La baleine, nous ayant aperçus, plongea au moment où nous étions prêts à l'atteindre; mais, en fuyant, elle marquait sa trace à fleur d'eau; nous suivîmes ce remous pendant cinq minutes, et bientôt nous vîmes l'eau s'agiter en petits flots et bouillonner par intervalles : « Elle va souffler, » dit le maître d'équipage qui commandait une des pirogues. Puis, faisant signe aux autres embarcations de cerner en rond l'espace agité, il ordonna à son harponneur de se tenir prêt à lancer son harpon quand il présenterait le devant de sa pirogue par le travers de la baleine; il achevait à peine de donner cet ordre que déjà il était exécuté. L'animal, blessé dans la jointure de sa nageoire, se débattit, frappa la mer de son énorme queue et fit jaillir l'eau jusque dans nos pirogues. Nous reculâmes de quelques brasses pour éviter les coups et saisir le moment favorable de lui percer le flanc avec la lance; mais il fallait l'aborder de côté, car, quoique la baleine franche n'ait que des fanons dans sa large gueule, il y aurait de l'imprudence à l'approcher de trop près; nos pirogues voltigeaient autour d'elle, s'avançaient, reculaient, épiant la première occasion de lui porter le coup de lance, qu'elle reçut à la fois de deux côtés; alors elle disparut dans la profondeur des eaux. Le maître d'équipage qui la tenait harponnée lui fila ses deux cents brasses de ligne, au bout de laquelle il amarra la nôtre que nous lui jetâmes et qui disparut également; il allait en ajouter une troisième quand il sentit sa corde devenir lâche et remonter aussi rapidement qu'elle était descendue; après un moment d'attente, nous vîmes apparaître le monstre, qui entraîna derrière lui avec une vitesse incroyable nos quatre pirogues bossées à la file les unes des autres, jusqu'à ce que la fatigue ou le harpon qui lui déchirait les intestins l'eût forcé à s'arrêter.

Pendant que nous étions ainsi promenés, le navire, que six hommes gouvernaient, nous suivait au plus près du vent pour mieux voir le succès de notre pêche et nous éviter la peine de la traîner plus loin.

Cependant, au bout d'une demi-heure, la baleine s'arrêta, replongea, et quand elle reparut pour la troisième fois, notre pirogue était celle qui l'approchait le plus près; je la vis s'élever en se battant les flancs avec ses nageoires, ouvrir une large gueule noire, garnie de fanons, et d'où sortait un bruit confus, semblable à celui du vent. Je ne saurais peindre l'effet que fit sur moi cette énorme masse de chair quand, à quelques brasses de notre pirogue, elle s'avançait pour la briser; je ne pus la regarder sans effroi; en pareil cas, les baleiniers disent eux-mêmes que le plus intrépide pêcheur ne l'a pas vue la première fois sans pâlir, que, la seconde, la peur le force encore à s'arrêter, mais que, la troisième, il la regarde comme à lui. Cependant, depuis une heure et demie que nos embarcations la suivaient, aucune ne lui avait porté le coup mortel. Il y eut un moment d'indécision qui fut enfin rompue par la pirogue qui terminait la file. Elle détacha sa bosse et alla seule attaquer la baleine du côté opposé au harpon, tandis que les trois autres la tenaient encore en respect par leur poids qui correspondait à la ligne. Ce ne fut néanmoins qu'après avoir reçu plusieurs coups de lance par la pirogue qui la harcelait, que notre officier fit mettre le cap droit devant l'animal, gouverna comme s'il avait voulu nous faire entrer dans cette gueule béante, et, prêt à l'atteindre, il donna un grand coup d'aviron à gauche qui fit éviter la pirogue à droite; et pendant que l'animal se retournait pour suivre notre mouvement, le devant de la pirogue se trouva droit par son travers. Alors l'officier passa aussitôt de l'arrière à la place du harponneur, s'arma d'une lance, saisit un moment où la nageoire était levée, visa dessous, et d'un bras vigoureux il lui enfonça son fer jusqu'au cœur. «Scie,» cria-t-il aussitôt. Nous reculâmes, et il était temps, car la baleine, élevant horizontalement sa queue, la laissa retomber à l'endroit même que nous venions de quitter : c'était son dernier effort. Elle nagea encore un instant, s'arrêta tout à coup, et nous vîmes sortir de ses évents deux colonnes de sang qu'elle souffla à quinze ou vingt pieds de hauteur. Au bout d'une minute, elle balança et tomba sur le flanc : un hourra que nous poussâmes tous en même temps accompagna son râle de mort.

—Victoire! s'écria notre officier en retirant du corps sa lance teinte de sang et qu'il brandissait dans sa main. — Charivari! dit un autre officier. — Et pour qui? demanda le maître d'équipage. — Pour ceux qui en prennent de la baleine. Un quatrième entonna le chant des baleiniers dont le refrain sonore fut répété en chœur par toute la troupe; c'était un beau moment pour nos matelots. Le désenchantement ne tarda pas à survenir : il y avait loin du théâtre de notre victoire au bord qu'il nous fallait gagner; à peine l'apercevions-nous lorsque nos frêles esquifs se trouvaient au sommet d'une lame pour retomber dans un gouffre où nous le perdions de vue. La mer était grosse; un vent debout très froid nous épuisait; nos avirons pliaient quand un flot venait frapper contre le corps que nous traînions et qui nous faisait souvent faire jusqu'à dix pas en arrière. En dépit de ces obstacles, nous arrivâmes encore à temps pour poser l'appareil avec lequel on hisse et l'on retourne la baleine : cet appareil consiste en un câble de cinq pouces de diamètre; un bout de ce câble est tourné autour du guindeau, l'autre va du guindeau au haut des haubans du grand mât où est amarrée une poulie dans laquelle il passe, et d'où, redescendant par dessus le bord dont on a enlevé la liste, il va se terminer par un gros crochet jusque sur la baleine amarrée le long du navire. Ce crochet, que l'on enfonce dans le gras, l'enlève à mesure qu'il est découpé par un homme placé sur une planche hors le navire; on le dégage de la chair avec une longue pelle espèce de bêche tranchante, et tournant le cadavre sur lui-même, on le pèle comme on pèlerait un fruit. Quand un lambeau de lard, qui est ordinairement de quatre pieds de largeur et dont l'épaisseur varie de quinze à trente pouces, est arrêté par la poulie, on le coupe en deux parties : c'est ce qui s'appelle faire bardeau. Le morceau d'en haut, suspendu par la guinderesse ou câble que l'on largue, tombe dans le black-brum; l'autre partie, que l'on a eu la précaution d'accrocher à une forte chaîne, soutient la baleine à fleur d'eau. De cette manière, tenant toujours le bout du lambeau, on continue à tourner jusqu'à ce que tout le gras soit embarqué. Avant de commencer à virer, deux hommes descendirent sur la baleine, y plantèrent chacun un harpon pour se soutenir et n'être point emportés par la vague, puis commencèrent à jouer de la hache pour disjoindre la partie de la tête qui recèle ces barbes que nous connaissons vulgairement sous le nom de baleine, et qui lui servent de dents. On hissa ces deux mâchoires sans beaucoup d'efforts, quoique l'une et l'autre fussent incrustées d'énormes coquillages qui lui donnaient un surcroît de pesanteur; mais quand nous eûmes dégagé sa langue du gosier et qu'il fallut la monter, vingt hommes suffirent à peine pour tourner le guindeau ; il craquait sous les barres qui le forçaient à tourner. Enfin nous parvînmes à hisser la baleine; et, quoiqu'elle n'eût tout au plus que 90 pieds de longueur, sa langue pesait au moins 1,500 kil.; les autres morceaux que l'on coupait étaient de 1,000.

Quand la nuit fut venue, les cinq baleiniers que nous avions vus la veille nous parurent complétement embrasés par la flamme des crétons de baleine qu'ils fondaient. Cette flamme, qui s'élevait à la hauteur de leurs hunes, rougissait la mer qui ne semblait plus être qu'un foyer ardent au milieu de l'obscurité de son immense étendue. Ces navires, qui, comme nous, louvoyaient pour ne pas s'éloigner de l'île, se croisaient en tous sens, devancés par d'énormes colonnes de fumée qui s'élevaient de leurs fourneaux et allaient poussées par le vent. La lune mêlait ses pâles rayons aux feux mobiles des navires qui sillonnaient les flots. Leur phosphorescence ajoutait au pittoresque de ce tableau. Une multitude d'albatros aux larges ailes, attirés par l'odeur du poisson, voltigeaient de l'un de ces navires à l'autre, escortés d'une infinité de jolis damiers blancs sur lesquels ils semblaient régner. Quelquefois je les voyais effleurer la mer, s'élever à une hauteur prodigieuse, d'où ils se laissaient tomber en fermant leurs ailes, afin de dévorer quelques débris dont on débarrassait les bords. Bientôt, attirés vers nous par la lueur des torches que nous venions d'allumer, ils fondirent sur notre baleine, engloutissant dans leurs gosiers élastiques des morceaux de gras de douze à quinze livres. Ces voraces oiseaux, qui ont jusqu'à quatorze pieds d'envergure, nous disputaient audacieusement notre proie, affrontaient les coups de gaffe dont nous les frappions, et ils ne nous quittèrent qu'au moment où nous leur larguâmes la carcasse qui fut emportée par le flot sur les brisants de l'île, où ils eurent à la disputer à une foule de redoutables condors venus du continent.

Pendant tout le temps que nous virâmes la baleine, le navire resta en panne. Le matin, à la pointe du jour, on orienta pour louvoyer, et la bordée qui avait veillé la nuit précédente alla prendre trois heures de repos, tandis que l'autre se mit en devoir de fondre. On commença par allumer le feu sous trois chaudières, dont chacune est du contenu d'un tonneau, avec du bois et quelques bouts de cordes, on y mit ensuite le gras coupé par tranches. Ces chaudières scellées sur le fourneau (cabousse), communiquent de l'une à l'autre par un conduit d'où l'huile, à mesure qu'elles se remplissent, s'écoule dans deux autres chaudières en cuivre placées aux côtés latéraux de la cabousse, De là cette huile est versée dans des pièces où on la laisse déposer, puis, on la vide à l'instant dans une manche qui, en dernier lieu, la conduit dans les tonneaux de la cale.

Depuis le commencement de la fonte jusqu'à la fin, chaque homme garde rigoureusement la place qui lui est assignée : quatre sont dans le black-brum, découpant le gras qu'ils envoient sur le pont, où il est encore découpé en plus petits morceaux afin qu'il se fonde aisément. Les officiers sont chargés de faire l'huile et de veiller aux chaudières, pendant que les harponneurs entretiennent le feu avec les cretons du lard, qu'on enlève dégouttants d'huile : on n'emploie pas d'autre combustible. Lorsque l'huile est faite, on dégage les barbes des gencives, on les gratte, on les réunit par paquets d'égale grandeur, et on les descend dans l'entrepont ; puis, l'on commence la toilette générale du navire.

Telle est, lecteur, dans sa plus simple expression, la pêche à la baleine.

Tandis que nous fondions notre seconde prise, harponnée comme la première dans les parages de la Mocha, deux autres baleines apparurent à dix encâblures du navire : l'une petite et l'autre très forte : l'enfant et sa mère. Pour avoir la grosse, il était de bonne guerre de harponner la petite. Une baleine n'abandonne jamais sa progéniture : elle suivrait plutôt le navire jusque dans le port. Donc, les trois pirogues qu'on put mettre à la mer dans cette situation difficile coururent sans différer sur le baleineau. Dès que la mère nous aperçut, elle prit son petit sous l'une de ses nageoires et se mit à courir, ne battant que d'une aile ; nous l'eûmes bientôt atteinte. Son précieux fardeau, de la grosseur de deux éléphants, ralentissait trop sa marche. Le premier harpon lancé décrivit sa courbe en l'air pour tomber sur le baleineau, que déjà elle l'avait fait passer avec une adresse admirable sous sa fine opposée. Le harpon tombé la blessa elle-même. A ce coup, elle plongea, tenant toujours son petit. Trop fatiguée, on la vit reparaître aussitôt, non parallèlement aux pirogues, mais par leur travers. Le remous nous avait trompés, et la pirogue que je montais était dans un grand danger : l'officier qui la commandait, homme de résolution, voulut doubler la queue. Il n'était plus temps ! cette queue formidable se leva durant deux secondes dans la position verticale, et retomba lourdement sur l'avant de la pirogue. Ce coup fut si violent qu'il envoya la pirogue, les hommes et les avirons voyager à cinquante pieds en l'air. Alors nos camarades, que la baleine entraînait, purent nous voir voltiger entre la pirogue, les avirons et le baquet à lignes. L'un de nos amis, nommé Kerlaoeso, tombé sur la quille de la pirogue renversée, se brisa les reins. — Adieu, camarades, dit-il, je file mon nœud ; tâchez de vous sauver. Et, tombant à la renverse, il but largement. Cette scène, qui m'eût impressionné en toute autre circonstance, m'affecta peu. Tous, cramponnés aux flancs de la pirogue brisée, nous attendions que la baleine soufflât le sang pour être secourus ; mais elle fuyait, entraînant les deux autres pirogues. Bientôt la nuit survint, un courant perfide nous emportait à la dérive. Le navire même disparaissait à la vue ! qu'allions-nous devenir ? L'officier, vieux matelot breton, se mit à prier... Le pater était à peine commencé, qu'apercevant une pirogue venir à notre secours, il l'interrompit pour s'écrier d'une voix forte : — A-t-elle soufflé le sang ? — Oui ! répondit-on. — Charivari ! charivari !.. Et dix minutes après, nous remorquions cette baleine, qui nous donna quatre-vingt-quinze barils d'huile.

Nous continuâmes notre pêche le long de la côte du Chili jusqu'à la limite du haut Pérou ; après avoir harponné et mis en cale cinq baleines, nous fûmes mouiller dans la rade de Coquimbo.

CHAPITRE IX.

Coquimbo et Talcahuana.

Coquimbo est situé par les 29-30° de latitude méridionale, et 74° de longitude occidentale. Toute la côte qui environne sa baie est d'une aridité effrayante. On voit pourtant au N.-O. de la Sarena, ville capitale, peu éloignée de la mer, une colline verdoyante qui la domine de l'ouest à l'est. Ailleurs, ce ne sont que des rocs rouges, où ne croît pas un seul arbuste; derrière ces rocs, et au pied de la chaîne des Cordillières dont on aperçoit les pitons couverts de neige se perdre dans les nues, est une vallée fertile arrosée par plusieurs rivières, et où paissent de nombreux troupeaux de chevaux, de bêtes à cornes qui, avec les mines de cuivre, d'argent (ces dernières sont rares), font la seule richesse du pays.

Je n'ai pas éprouvé plus de plaisir en abordant au Pérou que je n'en éprouvai en descendant sur cette terre classique qu'Alvarado et ses compagnons foulèrent vers le milieu du seizième siècle, de cette terre habitée jadis par les anciens Incas, dont les enfants semblent avoir conservé les vertus. Nous n'entrions pas dans une des cases qui composent le petit hameau de Coquimbo sans que le pauvre pêcheur qui l'habitait ne nous offrît le peu qu'il possédait. Ces Indiens, quoique vivant dans un état presque sauvage, sont d'une bonté extrême; ils sont aussi d'une rare intrépidité; souvent je les ai vus dompter des taureaux avec une adresse et une dextérité étonnantes. Mais rien n'est plus curieux que de les voir, à genoux sur deux outres de peaux remplies d'huile et de vent et étroitement liées ensemble, aller affronter la houle, sortir de la baie, nager avec leur pagaie, qu'ils tiennent à deux mains, en la plongeant dans l'eau de droite à gauche, et courant ainsi avec une telle vitesse qu'aucune de nos pirogues, bordée de ses avirons, n'aurait pu les atteindre. Cette espèce de bateau, relevé et pointu aux deux extrémités, a six pieds de long et ne pèse pas plus de vingt livres.

Le premier dimanche qui suivit notre arrivée, je fus visiter la Sarena, située près de l'embouchure de la rivière Coquimbo, à trois lieues de ce port. Cette ville, dont la population s'élève à 12,000 âmes, est assez bien bâtie; ses rues sont droites, propres et ornées de trottoirs ; mais on n'y voit point de monuments remarquables ; ses églises même sont des plus mesquines, ce qui s'explique par les tremblements de terre auxquels cette contrée est sujette. La république du Chili entretient dans cette ville une forte garnison, dont l'infanterie est on ne peut plus mal tenue ; la cavalerie, en revanche, est bien équipée et montée d'excellents chevaux.

En sortant par la porte du Sud, je gravis la colline qui la domine ; au bas, du côté opposé, je trouvai un petit village où je fus l'objet de la curiosité générale. Chaque habitant m'attirait dans sa cabane, où les voisins accouraient pour me considérer, comme à Paris on courait voir les Osages. Ces bonnes gens me firent sur mon pays des questions remplies de bon sens. Un vieillard me parla de Napoléon, qui, là, est l'objet d'un culte d'admiration plus grand peut-être qu'en France. Mais il se faisait tard ; après m'être rafraîchi avec du vin qui serait meilleur s'il était mieux préparé, je leur témoignai l'envie de partir. On m'amena un beau et fringant cheval sur lequel je montai assez maladroitement, je dois l'avouer, pour faire rire ceux qui me l'avaient offert. Un jeune goasos (paysan) se chargea de ramener le cheval, si je voulais lui donner quelques feuilles de tabac qu'il avait aperçues dans ma poche ; je les lui promis ; il entra dans un enclos, d'où je le vis bientôt sortir sur un grand cheval blanc qui partit comme un éclair ; le mien le suivit, et j'avoue que j'aurais préféré monter sur une vergue ; craignant de tomber, je serrais avec les talons les flancs de ma monture, ce qui lui faisait redoubler sa course. Arrivé sur la plage, qui est ferme et unie, le malencontreux coursier galopa si fort qu'il me lança sur le sable; je me relevai en retirant de ma poche le tabac que je présentai à mon conducteur. Il venait de rattraper son cheval, et voulait m'y faire remonter; j'avais assez d'une chute et ne voulais pas recommencer. Je m'acheminai pédestrement vers Coquimbo, où j'arrivai à la nuit.

Après la douane, une maison blanche bariolée de bleu, où j'entrai en arrivant, est la plus belle du pays. J'y trouvai tous nos matelots autour d'une table garnie de bouteilles, dont plusieurs déjà vides attestaient qu'ils étaient dans leur lune de miel. Près d'eux était une nombreuse société de dames, de cavaliers chiliens ou péruviens, qui tous, plus heureux que moi, étaient venus à cheval de la Sarena sans se laisser tomber; comme la Claritta, maîtresse de la maison, ils étaient assis à l'orientale, prenant du maté, plante indigène qui est le thé du pays.

Le maté était servi dans un grand vase de porcelaine de Chine, hors lequel chaque membre de la société aspirait une gorgée de la fusion, au moyen d'un tuyau d'or qu'ils se passaient l'un à l'autre avec le vase.

A l'arrivée du capitaine du port, qui entra dans son costume national, dames et cavaliers se levèrent pour danser le fandango au son de trois mandolines qui résonnaient sous les doigts d'autant de jeunes filles. Claritta les accompagnait en chantant. Cette harmonie se mêlait à celle que faisaient de larges épe-

rons d'argent que les danseurs faisaient sonner expr
pour battre la mesure. Je n'avais jamais vu danser
fandango, et je ne pouvais me lasser d'admirer ces j
lies Chiliennes à l'œil noir, à la tournure lascive, à
gorge presque découverte, et étroitement serrée da
un jupon de soie qui dessine toutes les formes,
qu'elles appellent *saya*. Rien de plus indécent qu
cette danse, surtout quand, dans un vis-à-vis, le ca
valier, enveloppé dans son large ponchon coiffé d
haut sombreros de guayaquil, fait à chaque pas de
gestes lascifs, auxquels la dame répond par des gest
plus lascifs encore ! Alors, à quatre mille lieues d
nos montagnes, à la vue de ces choses si nouvell
pour moi, je pensais aux danses si chastes qu'enfan
je voyais tous les dimanches sur le pré de l'église d
mon village. Quelle différence ! Mais à vingt-deux ans
et surtout pour un baleinier, il eût été ridicule d
baisser les yeux ; c'est ce que je ne fis point. Je m
tournai du côté de la table, et, après une mêlée gén
rale où nos matelots dansèrent entre eux la contredans
française, je me trouvai bientôt dans un délire parc
à celui de nos marins, que naguère j'avais appel
bêtes brutes, parce que, n'ayant jamais connu la pe
ne, je ne pouvais pas sentir le plaisir ; parce que,
m'étant jamais ennuyé, je ne connaissais pas la maniè
de tromper l'ennui, et que j'ignorais qu'il faut
genre de bonheur, bonheur d'un jour, d'une heur
d'une minute, pour oublier les dangers et les pr'
tions d'une longue traversée.

Tant que nous fûmes à Coquimbo, tous les mati

nos cinq pirogues s'affalaient à la mer pour aller à la pêche ; deux sortaient de la baie, tandis que les trois autres louvoyaient et dérivaient en dedans. Le soir, en revenant à bord, nous nous amusions à chasser des pingoins, des condors ; mais des cachalots, nous n'en voyions point. Il y avait huit jours que nous menions cette vie monotone, quand deux baleiniers français vinrent mouiller près de nous. L'un était le *Narwal*, de Dieppe ; l'autre était le *Colbert*, du Havre. Le premier, qui comptait déjà dix mois de mer, n'avait encore que deux baleines dans sa vaste cale ; le *Colbert*, quoiqu'ayant de bons officiers, attendait sa première, qu'il harponna heureusement, droit sous son beaupré, le lendemain de son arrivée. Le *Narwal* prit sa troisième quelques jours après, et ces deux baleines furent les dernières que nous vîmes de la campagne.

La veille d'appareiller pour la Conception, où nous devions nous rendre pour faire de l'eau et des vivres, il nous déserta six hommes, dont trois s'embarquèrent à bord d'un trois-mâts américain ; les autres restèrent à végéter à terre en attendant un pareil embarquement. L'absence de ces hommes ne nous empêcha pourtant pas de lever l'ancre pour nous diriger vers notre dernière relâche, où nous arrivâmes après trois semaines d'une pénible navigation. Cependant, par un beau matin qu'éclairait un soleil resplendissant, nous entrâmes dans la baie de Talcahuana par l'un des deux bras que forme à l'entrée une petite île où je remarquai des arbres d'une grosseur prodigieuse. Plus loin, à mesure que nous avancions vers le fond, le pittoresque tableau de cette contrée se développait, s'agrandissait et nous montrait dans le lointain les fertiles plaines de la Conception, arrosées par le beau fleuve de Bio-Bio. Je n'ai pas vu, sur la cîme des hautes montagnes qui nous environnaient, une seule place où j'eusse pu m'asseoir sans fouler le gazon; partout une nature également vigoureuse s'offrait à nos regards. Là, au mois d'août qui, en cette partie du globe, est au fort de l'hiver, on voit le riant aspect d'un printemps éternel; des forêts aussi vieilles que le monde, et que jamais pied humain n'a foulées, s'élèvent majestueusement sur le penchant des collines voisines de la baie. Mais, si la nature de ce sol paraît encore vierge en certains endroits, les mœurs de sa population, au contraire, semblent avoir acquis le dernier degré de dépravation. Quand je mis le pied à terre, il me sembla que tout Talcahuana n'était qu'une maison de prostitution où toutes les plus jeunes et plus jolies filles se livraient à nous sans réserve. Ce n'était pas précisément pour nos beaux yeux : si l'on nous fêtait si bien, il fallait attribuer ces caressantes avances à la rareté des hommes, qui, à l'exception de quelques ouvriers charpentiers, n'étaient plus que vieillards ou enfants.

La guerre civile dont le Chili venait d'être le théâtre avait vu enfin le parti des pauvres triompher; le gouvernement sorti de son sein venait d'organiser une armée qui laissait déserts les bourgs de la côte. L'armée navale venait aussi d'être augmentée d'un brick de vingt canons qui, avec la goëlette sur laquelle j'avais navigué de Juan-Fernandez à Valparaiso, formait l'escadre, commandée par un grand-amiral.

Le 15 août, jour de l'Assomption, ayant achevé de faire notre eau, d'embarquer tout ce qui était nécessaire pour la traversée, tout l'équipage descendit à terre, à l'exception de quatre hommes et du second qui restèrent de quart à bord. Mon premier désir en mettant le pied sur le rivage fut d'aller visiter la Conception, située, comme la Sarena, à trois lieues du port. Mais, comme il était déjà tard, je me contentai d'en parcourir les environs, pendant que mes camarades allaient.... où ils vont toujours lorsqu'ils débarquent. En rentrant à Talcahuana, je fis la rencontre d'une jeune Indienne n'ayant pour tout habillement qu'une peau de je ne sais quel animal qui lui ceignait le corps, passait sur son épaule comme une tunique grecque, et laissait un sein découvert en ne cachant l'autre qu'à moitié. Charmé de cette rencontre, je hasardai le *adious-ted, signorita*, d'usage, et elle répondit avec une grâce qui m'enchanta; et, comme je la trouvais jolie, je n'eus rien de plus pressé que de le lui dire, et de joindre à mes paroles une belle cravate de soie que j'ôtai de mon cou pour mettre sur le sien. Cette galanterie eut l'effet que j'en attendais, car elle m'embrassa de si bon cœur que je crus qu'elle allait m'étouffer ; c'était une tendresse d'occasion et qui n'avait rien de virginal sans doute; mais mon foulard n'était pas neuf non plus, et je ne pouvais pas perdre au change. Or, en cheminant, bras dessus, bras dessous, nous arrivâmes à sa case, qui n'était qu'un assemblage imparfait de terre et de roseaux. Sa mère préparait le souper en fumant la cigarette ; elle parut surprise de me voir, mais le foulard que sa fille lui montra me valut un sourire, que je ne trouvai pas, il est vrai, aussi gracieux que celui dont Zamia accompagnait l'invitation de prendre ma part d'une jatte de lait et d'un délicieux gâteau de maïs cuit sur les cendres. Ce frugal repas achevé, je sortis avec Zamia pour aller à la salle de danse, qui n'était qu'un grand hangar autour duquel plusieurs feux allumés en l'honneur de la Vierge éclairaient des groupes de femmes, de marins, et où je vis des scènes qui n'avaient guère d'analogie avec le nom de la patronne dont on célébrait la fête.

Zamia m'ayant un instant quitté, je fus bientôt accosté, au milieu du fandango, par une femme d'une trentaine d'années, encore belle, et qui me demanda comment un *senor cavaliero* comme moi n'avait pas *una amiga*. « Tenez, continua-t-elle en me prenant par la main et en me montrant ses deux filles, vous pouvez choisir : l'aînée, qui s'appelle Mariaquitta, a dix-sept ans ; la cadette, qui se nomme Clara, n'en a que quinze ; elles sont jolies, n'est-ce pas ? Eh bien ! le cœur vous en dit-il ?

Une pareille proposition de la part d'une mère, qui voulait peut-être gagner quelques gourdes, m'aurait révolté ailleurs ; là, j'acceptais déjà l'aînée sans penser à Zamia qui m'épiait. La friponne me fit à l'instant sortir avec elle pour rentrer dans l'humble case où un lit de feuilles couvert de peaux m'attendait, près de celui de sa mère. Telles sont les mœurs du pays et le passe-temps des matelots qui le visitent. Au milieu de la nuit, je fus reveillé par un vent si fort que je croyais qu'il allait enlever le toit de notre frêle habitation, assez disjointe pour me laisser voir l'eau qui tombait en nappe dehors. J'avais une soif ardente ; je réveillai Zamia pour lui demander de l'eau ; il n'y en avait pas dans la maison, et la pauvre fille eut la constance de m'en aller chercher à la cascade par le temps qu'il faisait. Cet excès de complaisance me pénétra. Le matin, croyant retourner à bord pour appareiller, j'embrassai Zamia et lui donnai mon couteau, l'argent, le tabac que j'avais sur moi, et je lui fis mes adieux, lui promettant de revenir chez elle si je revenais jamais dans ces contrées. En me rendant sur la plage, je rencontrai tous nos heureux matelots qui sortaient, comme moi, des cases où ils avaient reposé. Mais un vent affreux s'était élevé ; les vagues étaient monstrueuses, et il n'y avait pas de danger que les gens de quart missent une pirogue à la mer pour venir nous chercher. On délibéra ; chacun fouilla dans ses poches : tout était resté dans les cases. Cependant la plupart de nous n'avaient fait que boire depuis vingt-quatre heures, et leurs estomacs demandaient alors quelque chose de plus réconfortant. Il fut décidé qu'on irait chercher du biscuit chez le boulanger qui nous en avait fourni pour la traversée ; c'était le seul du pays, et de plus il était français. Mais notre franc compatriote ne voulut rien nous donner à crédit. Chacun songea alors à retourner vers celle qu'il avait quittée le matin. Zamia parut charmée de me recevoir, et cette fois, ce ne fut pas par intérêt, car je ne possédais plus rien. Elle le fit gracieusement ; et pendant deux jours que dura le mauvais temps, elle y mit le dévoûment que nulle autre qu'une mère ou une sœur n'eût pu le faire, et fondit en larmes quand je partis, elle qui, la première fois, n'avait pas pleuré.

Le 18, nous appareillâmes de la Conception pour effectuer notre retour en France. Durant cette dernière traversée, je n'eus qu'à me louer des officiers et des matelots de l'Etoile-polaire, ainsi que durant les sept mois précédents. Quelle différence de mœurs il y a entre les Français et les Américains ! Les deux ans que j'ai passés sur l'un et l'autre bord me mettent à même d'en juger. Aussi intrépide que l'Américain, le Français est loin d'en avoir l'irascibilité. Toutefois, disons que ce dernier supporte moins patiemment ses peines. A la mer, le courage dans les revers conduit presque toujours au succès.

Lecteurs, permettez-moi d'achever ce chapitre par mon chef-d'œuvre poétique : cette pièce, qui n'était dans le principe qu'un sonnet que m'avait inspiré la vue de Sainte-Hélène, fut composée pendant cette dernière traversée que je vis finir avec plaisir ; quelques jours encore, et le scorbut dont j'étais atteint m'aurait ôté pour toujours sans doute l'envie de retourner jamais voir les gracieuses filles du Chili.

Promenade maritime.

A MONSIEUR LE DOCTEUR DUBOIS DE SAINT-SIGISMOND.

O vous, hommes blasés, vous que l'ennui dévore
Dans vos vastes hôtels qu'un vain luxe décore,
Vous qui ne connaissez ni peines ni plaisirs,
O vous pour qui la vie est un sommeil sans rêves,
Voulez-vous exister ?... Sur de lointaines grèves
    Venez chercher des souvenirs.

Venez, abandonnez de la cité fangeuse
L'immonde carrefour, l'atmosphère brumeuse ;
Venez ouïr des flots les sons harmonieux,
Venez voir les climats où se lève l'aurore,
Passer un peu de temps que Dieu vous laisse encore
    Sous un soleil plus radieux.

Venez à bord d'un brick glissant à pleines voiles
Sur l'Océan, miroir des brillantes étoiles,
Défier le trépas, apprendre à tout braver !
Venez ainsi que moi, dans cette vie errante,
Goûter le vrai bonheur si votre âme est ardente
    Et si vous aimez à rêver.

Venez ! et l'univers, déployant ses merveilles,
De Malaga d'abord vous montrera les treilles,
Et les vieux bourgs fondés par les Phéniciens ;
Venez voir d'un coup d'œil et l'Europe et l'Afrique ;
Dépassez le détroit, saluez l'Atlantique,
    Qui fut le pôle des anciens.

Alors sur l'Océan immense et solitaire,
Sur ce vaste réseau dont Dieu ceignit la terre,
Sur la voie où Gama comme un soleil a lui,
Poursuivez vers le cap votre infaillible route,
Du Colomb portugais, vous n'aurez pas le doute :
   La mer est connue aujourd'hui.

Venez rêver du Tasse aux îles fortunées,
Sous de hauts pics neigeux comme les Pyrénées ;
Venez voir le séjour de la fécondité...
Non ! un peuple espagnol, que la misère oppresse,
Y meurt en maudissant les champs que sa paresse
   A frappés de stérilité.

Plus loin, par un beau temps, par une fraîche brise,
Par un de ces matins où l'Orient s'irise,
Cherchez à l'horison les îles du cap Vert,
Et vous verrez de loin des bosquets de verdure,
Comme ces oasis que sema la nature
   Dans l'immensité du désert.

Puis, entre l'équateur et le dernier tropique,
Venez voir Sainte-Hélène, autre roche classique ;
Venez, pauvres humains, méditer en ce lieu !
Un homme mourut là : prions pour lui ; silence !
Ambition, vertu, tout va dans la balance
   Que tient la justice de Dieu.

Ainsi, comme le flot que la tempête anime,
Qu'elle abat, dès qu'aux cieux il veux porter sa cime,
Le sort qui l'éleva, l'abattit aussitôt ;
Le destin, le poussant de conquête en conquête,
Des grandeurs d'ici-bas le lança jusqu'au faîte,
   Pour le voir tomber de plus haut.

Son voyage est fini... le nôtre recommence :
Amis, rembarquons-nous, et dans l'espace immense
Allons rouvrir notre âme à nos illusions :
Venez, je vous promets des combats et des fêtes,
Des dangers à courir, du calme, des tempêtes,
      D'indicibles émotions.

Sur ce bord du Macasse erre encor la peuplade ;
Ici le Camoëns chantait sa Lusiade,
Là le corsaire noir chassait les négriers....
Enfin voici le cap ! Allons, bonne espérance !
Oh ! venez voir Bourbon et notre Ile-de-France
      Dormir à l'ombre des palmiers.

Venez voir de William les créoles si belles,
Visiter Port-Louis, le mont des trois mamelles,
Mais ces lieux, comme moi, vous les connaissez tous...
O douce fiction ! O Paul et Virginie !
Non, l'histoire d'un roi ne vaut pas l'harmonie
      De vos récits touchants et doux.

Salut, terre par Dieu de bienfaits inondée !
Maintenant vers le nord prenez votre bordée ;
L'Orient à vos yeux bientôt viendra s'offrir ;
Beaux cieux, brises, moussons, parfums et poésie
Ne vous quitteront pas, des monts de Salazie
      Aux bords riants du Bandemir.

Mais laissez un moment ces plages odorantes ;
Venez de pôle sud voir les glaces flottantes ;
Venez, si le péril a pour vous des attraits,
Venez, penseurs profonds que la science enivre,
Venez, et vous saurez que, pour se sentir vivre,
      L'homme doit voir la mort de près.

Oh ! venez à Timor; il est des mœurs nouvelles.
Venez, l'Océanie a des îles si belles!
Venez à Samarang, ou bien à Macao,
Laisser un souvenir à quelque jeune fille;
Venez vous reposer sur le sein de Manille,
   La reine de Mindanao.

Quand vous aurez rêvé d'Albuquerque à Mélinde,
De Bugg à Batavia, de Wellington dans l'Inde,
Lorsque vous aurez vu les temples de Brahma,
Oh ! vous aurez alors, comme l'oracle antique,
Des réponses pour tout, un tableau synoptique
   Du plus vaste panorama.

CHAPITRE X.

Retour en France.

Lorsqu'en 1835 je débarquai à Granville, et que je passai chez l'armateur pour y recevoir ma part de pêche, mon compte fait et exactement réglé, il me restait encore 467 francs. Sur cette somme, il me fallut prélever la dépense occasionnée par le coup de partance, c'était de rigueur. Les matelots, on le sait, ne se quittent pas sans boire. Cette obligation remplie, il ne me restait plus que 13 francs : treize francs, beaucoup d'espérances, une excellente paire de souliers, c'était tout ce qu'il me fallait pour aller à Paris.

Quiconque est persuadé qu'il n'est pas de sots métiers avouera que Paris est la ville qui offre le plus de ressources aux travailleurs. Les fainéants seuls disent le contraire; quant à moi, je n'y ai jamais flâné qu'autant que je l'ai bien voulu. Paris, gouffre où tant de gens viennent voir s'éclipser leur fortune, est pour tout pauvre diable un véritable Eldorado ; n'ayant rien à perdre, il ne peut qu'y gagner. Réduit à mon dernier écu, mon aile tendrait toujours vers Paris, comme l'aiguille aimantée vers le pôle.

Or, lors de ma troisième entrée dans la capitale, il me restait encore cinq sous dans ma bourse, cinq sous! ni plus ni moins. Prodigue à Granville, je dus être philosophe à Paris. Laissant donc mon sac dans une maison garnie, je fus à la halle porter des légumes afin de payer mon gîte. Cette industrie, que j'exerçai pendant huit jours, n'étant pas très lucrative, je la quittai pour prendre celle de garçon de cuisine. Bientôt, fatigué de ne recevoir le soleil qu'à travers le soupirail d'une cave, j'allai servir les maçons, et, l'hiver venu, je dus chercher encore. Enfin, après avoir tâté de vingt autres métiers, je finis par retrouver mon ancien patron le poëte, celui-là même dont j'ai déjà parlé. Écrivain et caissier à son service, je ne quittai ces fonctions qu'alors que le *Journal de la Marine*, qu'il rédigeait, fût allé où vont toutes choses. Le frac à bas, je repris comme par le passé le tablier de cuisine, travaillai dans une imprimerie et fis de la littérature.

De tous ces métiers, celui de littérateur ne fut pas le plus productif. Mes écrits n'eurent point à Paris le succès qu'ils obtinrent à Marseille. A Paris, la phalange littéraire écrit pour le peuple, et ni mes pensées ni mon style ne pouvaient soutenir une pareille concurrence. Le lecteur, je pense, n'aura pas de peine à me croire. Tombé du haut de mes illusions, comme beaucoup de mes confrères, je ne me crus point incompris; je pensai seulement que je n'avais pas su instruire ou amuser le public. C'était justice; et, loin de me récrier contre la société pour qui je n'ai rien fait, et qui, partant, ne me doit rien, je lui conseillerais, s'il était possible qu'elle m'entendît, d'envoyer aux grands travaux de terrassement, où je les précéderais, tous les poëtes de mon espèce. Par cet acte, arbitraire, il est vrai, mais qui aurait aussi son bon côté, on verrait se transformer en hommes bons à quelque chose tous les roucouleurs d'élégies, qui sont bien les gens les plus inutiles du monde.—Ceci n'est point délicat, me dira-t-on, et cette sortie est au moins celle d'un Aristarque de mauvais goût, si elle n'est pas celle d'un rustre. Mon goût n'est pas des plus exquis, j'en conviens, mais que voulez-vous? dans l'alternative d'inspirer le dégoût ou la pitié, je choisirai toujours le premier de ces sentiments. Avec une pareille manière de voir, on me pardonnera d'envoyer aux carrières des gens qui se respectent assez peu pour faire entendre des jérémiades telles que celle-ci, par exemple:

« Oui, nos acclamations d'angoisses ne sont pas les
» plaintes d'un individu, ce sont celles de toute une
» classe; car ils sont nombreux, hélas! les jeunes
» gens qui, n'ayant d'activité que par leur pensée et

» leur imagination, cherchent leur place dans la so-
» ciété et ne la trouvent nulle part. »

Quoi! vous ne trouvez pas une seule petite place ici-bas! en vérité, messieurs, c'est que vous êtes par trop difficiles. Comment Dieu, qui vous doua de si brillantes facultés, vous aurait-il refusé le libre exercice de vos bras? Une pioche, il est vrai, pèse plus qu'une plume.

Tel est, en substance, un petit article de genre que je publiai, il y a quatre ans, dans une revue littéraire. Peu de jours après sa publication, je reçus la lettre anonyme suivante :

« Monsieur,

» La critique est aisée, et l'art est difficile.

» Je sais combien cet adage est vrai; je sais aussi, Monsieur, le moyen de vous faire passer pour un sot si, au prochain numéro de la revue dans laquelle vous écrivez, je ne trouve pas un échantillon de votre savoir-faire, j'entends du genre poétique que vous critiquez si bien. A dimanche.

C'était un lundi : le dimanche suivant, la *Revue* paraissait avec ces vers en tête :

BIBLIOMANIE.

A MONSIEUR BÉNÉDICT GALLET DE KULTURE.

Du génie et du cœur éloquents interprètes,
O fidèles amis, vos chants harmonieux
Ont su m'initier aux paroles muettes
    De la langue des Dieux.

Si j'erre sur les monts, dans le désert aride,
Mes yeux sur vos feuillets voient la fécondité;
Poëtes, prosateurs, j'ai dans ma Thébaïde
    Votre société.

O mes livres! pour vous j'abandonne la foule,
Aux sages des vieux temps que j'aime à réfléchir!
L'étude a des attraits, et l'heure qui s'écoule
    Ne doit plus revenir.

Aux heures de la nuit, quand mon âme animée
De vos touchants récits développe le cours,
Je m'écrie : O bonheur! lecture bien-aimée,
    Enivre-moi toujours!

Charmes de la pensée, illusion, ivresse,
Guidez sur ce rayon mes regards indécis;
Faites-moi découvrir dans l'immense Permesse
    Quels sont vos favoris.

Le premier... Fénelon... comme un dieu tutélaire
M'apparaît, répandant le précieux trésor
Dont par ses chants Minerve enrichissait la terre
  Sous les traits de Mentor.

Et toi, peintre du cœur, flambeau de l'analyse,
Dont la devise était : Justice, humanité,
O sublime Rousseau, tu suis ton Héloïse
  A l'immortalité.

Eh quoi ! déjà mourir, toi si belle naguère!
Des plus purs sentiments ô symbolique fleur,
La pierre du cercueil a fini ta misère,
  Pauvre Elisa Mercœur !!!

Hélas ! abandonnant les rives de la Loire,
Les vallons, ton berceau, la brise de la mer,
Tu vins, fille aux doux chants, pour un rayon de gloire
  Boire au calice amer.

Le sort, bien avant elle, appesantit sa haine
Sur le Tasse et Milton qu'il frappa de ses traits ;
Le sort fit à Chénier de la nature humaine
  Payer l'un des forfaits.

L'infortune a conduit l'aveugle d'Ionie ;
Abélard fut frappé par la main de Fulbert;
Malfilâtre en mourant légua son agonie
  Au malheureux Gilbert.

Cependant il en fut dont la lyre sonore
N'a trouvé que des chants d'allégresse et d'amour.

Pour qui, chaque matin, une brillante aurore
   Promettait un beau jour.

Mais, comme un laboureur dans le champ de ses pères
Parsème, insouciant, ses innombrables grains,
Dieu nous jette des jours ou fatals ou prospères,
   Des dons ou des chagrins.

L'homme laborieux eut le plus beau partage :
A lui seul l'infini dévoile ses secrets,
Ses frères à venir reconnaîtront le sage
   A ses nombreux bienfaits.

Tous ces noms sont inscrits au temple de mémoire,
Et de tant de travaux le but est accompli;
Penseurs persévérants, vous maîtrisez la gloire
   Et vous domptez l'oubli.

Pourtant, cruel oubli ! que tu fais de victimes !
Que de noms sous ta faux sont tombés ignorés!
Plus cruel que le temps, que de pensers sublimes
   Sont par toi dévorés !

Rien n'efface le sceau que le génie imprime ;
Et cependant, hélas ! tous ces livres poudreux
Tombent de vétusté sans qu'un souffle ranime
   Leurs accents chaleureux.

O sublimes écrits ! mes errantes pensées
Vénèrent tour à tour vos restes précieux,
Cueillant de page en page, abeilles empressées,
   Un suc délicieux.

Oui, comme aux lieux où vont nos dépouilles mortelles,
Un livre est une tombe ouverte à nos travaux,
Et ces nombreux rayons des vases d'immortelles,
    Des cryptes et leurs tombeaux.

Cette œuvre, dont on ne peut dire ni mal ni bien, contenta probablement mon lecteur. Je ne reçus plus de lettre anonyme.

Cependant, le résultat que j'obtins après les cinq années qui suivirent mon retour n'était pas à dédaigner. A force d'économie, de travail, et grâce à la Caisse d'épargnes, utile et prosaïque institution, je parvins à me créer un pécule de deux mille francs. J'étais heureux en travaillant. Mon malheur sensiblement réparé, j'entrevoyais une vieillesse paisible. Je redoublai de zèle; peines inutiles! l'ennui, cette maladie des gens riches et blasés, se trompant un jour de porte, entra dans mon taudis, me saisit à la gorge et me fit faire d'horribles bâillements. Je succombai sous les coups du monstre : un nouveau voyage aux Indes fut décidé.

N'ignorant pas quelles chances malheureuses l'on court au-delà des caps, je voulus, avant de me rembarquer, revoir mon pays et lui dire, peut-être, un éternel adieu. Je m'armai donc d'un passeport, je fis mon sac, et le lendemain, à sept heures, le bateau à vapeur *le Parisien* sillonnait le fond vaseux de la haute Seine, emportant César et sa fortune.

Il y avait cinq ans bien comptés que je n'étais sorti

de Paris. Inutile de dire quelles sensations j'éprouvai lorsque je n'aperçus plus les tours de Notre-Dame. L'étranger qui part de Paris, après l'avoir habité quelque temps, s'embarquerait volontiers en aérostat pour s'en éloigner plus rapidement. Il lui semble que chaque pas qu'il fait plus avant dans la campagne lui rend le bonheur et la santé que lui avaient ravis l'air et le ciel de Lutèce... O Paris! ville de bruit, plus encore qu'au temps où vivait Jean-Jacques, on peut te quitter sans regrets, mais on ne te revoit pas sans plaisir.

Il était sept heures lorsque nous arrivâmes à Montereau; vingt lieues me séparaient déjà de Paris, et j'avais encore une heure de jour. Après avoir évoqué les souvenirs historiques de cette localité, je sautai à terre avec autant d'empressement que j'en mettais naguère à débarquer après une traversée de six mois. N'ayant ni place à retenir ni bagages à faire porter, j'orientai mon bac, *brassai carré et partis vent arrière*. En voyage, j'ai toujours préféré un peu plus de fatigues et moins de tribulations. Je pourrais ajouter de dépenses.

Heureux de me trouver libre et seul, voyageant au clair de la lune par une belle soirée, j'achevais une ode à la liberté quand j'arrivai à Pont-sur-Yonne. Il était onze heures. Surpris de trouver toutes les boutiques ouvertes et de nombreux troupeaux sur la place, j'entrai à l'auberge du Lion d'or.

— Bonsoir, madame; pouvez-vous me loger?

— Mais... mais... je ne sais pas; tous les lits sont pris, c'est demain la foire... Si vous n'y tenez pas, vous pouvez coucher avec un marchand de cuirs; c'est un homme très propre.

— Je vous remercie, madame; je vais voir ailleurs. Je traversai la rue et frappai à la Croix blanche.

— Bonsoir, Monsieur; auriez-vous un lit à me donner pour cette nuit?

— Dam! non; il n'y en a pas. C'est demain la foire... Si vous voulez coucher à deux, je pourrons ben vous loger.

— Non, je veux un lit pour moi seul; bonsoir. Au fait repris-je, quand je fus dans la rue, pourquoi ne passerais-je pas la nuit à la belle étoile, sous l'arbre où chante l'oiseau? Peut-on bivouaquer par une nuit plus favorable? Allons, au diable les tavernes! Et je partis au pas de course, bien décidé à n'avoir pour cette nuit d'autre ciel de lit que le firmament.

Quoique la fatigue et les ampoules dont j'avais déjà les pieds garnis commençassent à me faire sentir le besoin du repos, j'aurais longtemps encore continué à bavarder de la sorte si de grosses gouttes d'eau ne m'eussent averti qu'un orage allait éclater. J'étais donc fort embarrassé de savoir où me mettre à l'abri, lorsque j'aperçus, près de la route, une grosse meule de foin. Comme on fait son lit on se couche, dit un proverbe. Je mis dix minutes à faire le mien dans l'intérieur du sphéroïde; m'étant ménagé un espace assez grand, je m'endormis sur ma couche odorante, au bruit de la pluie qui tombait par torrents.

Le matin, le temps était redevenu aussi beau que possible. Une vapeur tiède et parfumée qui s'exhalait de terre, et que dilataient les premiers rayons du soleil, me pénétrait de sa douce chaleur. La brise du matin, la vue d'un beau paysage concouraient à remplir mon cœur de ce bonheur sans mélange qui fait que, même en dépit des pierres que nous y rencontrons pour nous casser le cou, nous nous trouvons si bien sur la terre. Rien de plus agréable que de voyager dans cette disposition d'esprit ; alors, comme l'adolescent rêve aux délices que lui promettent les longues années qu'il doit parcourir, le voyageur enthousiaste sourit d'avance aux impressions que semble lui promettre chaque sinuosité de la route ; heureux si son imagination trop vive ne lui montre pas les objets plus beaux qu'ils ne le sont en réalité ; car, l'illusion cessant, il ne verra plus qu'une nature inanimée, froide comme son cœur.

Vers deux heures, entre Villeneuve-le-Roi et Joigny, j'arrivai dans une plaine où la rivière de l'Yonne, plus rapprochée de la route, coule limpide et sinueuse au milieu de belles prairies. Ce paysage, le plus agreste que l'on rencontre de Paris à Lyon, valait bien la peine que je m'arrêtasse ; car, indépendamment des sites, chacun des toits que je voyais à travers dix rangées de peupliers me rappelait un souvenir. Toutes ces cheminées je les avais ramonées ; quinze ans s'étaient écoulés depuis que j'avais passé où passaient ces colonnes de fumée... Étendu à l'ombre d'un bel ormeau, mes réflexions furent interrompues par l'arrivée d'un voyageur, jeune homme de vingt-cinq ans marchant, sac au dos, une pelle sous le bras.

— Eh! l'ami, allez-vous de mon côté? dit-il en se couchant près de moi, sans plus de façon que si nous nous fussions connus depuis dix ans.

— Oui, lui répondis-je ; mais où allez-vous ?

— Je vais plus loin qu'Auxerre, et vous ?

— Moi aussi.

— A Vermenton peut-être ?

— Plus loin.

— Ah ben! moi, j'y vas, à Vermenton; je m'appelle Pierre Barré de mon nom ; je suis terrassier de mon état; vous n'êtes pas terrassier, vous ?

— Non.

— Vous avez bien raison : c'est un pauvre métier que celui-là, allez! surtout à présent que ces chiens de maîtres ne veulent pas donner de l'ouvrage à la tâche. Un terrassier à la journée ne gagne seulement pas l'eau qu'il boit. Et, ce disant, le manœuvre engouffrait bruyamment dans son gosier le vin que contenait sa gourde.

— Ma bouteille, reprit mon compagnon, c'est Jacqueline qui me l'a donnée; l'acheteriez-vous vingt sous ?

— Non, certes.

— Eh bien! moi je ne vous la donnerais pas pour vingt francs!

— Vous y tenez donc bien ?

— Si j'y tiens! c'est Jacqueline qui me l'a donnée.

— Ah! je comprends, c'est un gage d'amour.

— Vous l'avez deviné, c'est un gage d'amour de

Jacqueline, de ma bonne Jacqueline, que je verrai demain soir, s'il plaît à Dieu.

Et la gourde, qu'il regarda avec complaisance, fut doucement posée près de lui.

La conversation allait son train. Fatigué d'une position gênante, je me retourne : ce mouvement repousse mon sac ; mon sac repousse la pelle, et la pelle la bouteille, qui fut se briser sur un caillou au bas du talus. Je doute que nos plus habiles caricaturistes eussent jamais réussi à saisir les diverses nuances d'expression qui se peignirent sur la figure du malheureux *Barré* au moment où se consommait cet effroyable malheur. Les yeux hagards, la bouche béante, les bras pendants, toute son attitude décelait le plus violent désespoir. Enfin, après quelques instants de silence, durant lesquels ma contenance fut presque aussi comique que la sienne, il s'écria d'une voix concentrée et tremblante de colère :

— Vous allez me rendre ma bouteille, ou sinon....

Et, saisissant sa pelle, il se mit, en attendant ma réponse, dans une attitude menaçante. Je me hâtai de l'imiter en croisant mon bâton, prêt à la parade.

— Votre bouteille ? je ne l'ai pas cassée exprès ; partons, à Joigny je vous en achèterai une neuve.

— Je n'en veux pas une neuve, je veux celle-là que Jacqueline m'a donnée.

— Alors prenez les morceaux ; faites-en des reliques.

— Je n'en veux pas comme ça ; elle est cassée : je la veux comme elle était.

— Etes-vous fou? suis-je raccommodeur de bouteilles cassées, moi?

— Je vous dis que je veux ma bouteille ; rendez-moi ma bouteille, ou, mille dieux! vous allez voir!

— C'est-à-dire nous verrons.

— Nous verrons! reprit-il exaspéré. Eh bien! attrape! Et levant sa pelle en l'air, il m'en lança un si rude coup que mon bâton, qui le para à temps, ne put empêcher cependant qu'elle ne me blessât à l'épaule. Il m'était facile de lui asséner un coup de mon arme avant qu'il eût relevé la sienne, mais je temporisai.

— Vous m'avez fait mal. Arrêtons les frais ; car je pourrais vous en faire aussi. Voilà cinq francs pour acheter une bouteille et boire à ma santé. Si ces conditions vous conviennent, tant mieux ; dans le cas contraire, prenez votre pelle. A toi, à moi, *la paille de fer!*

— Je ne comprends rien à votre baragouinage. Rendez-moi ma bouteille; je veux ma bouteille; pourquoi ne me rendez-vous pas ma bouteille?...

Et, relevant sa pelle, il allait encore me causer des avaries quand, d'un coup de bâton, je l'étendis à terre. Alors, malgré ses cris et ses imprécations, monologue où se mêlaient le nom de Jacqueline et de tendres adieux à sa chère bouteille, je pris mon sac et continuai ma route, souffrant du horion que je venais de recevoir, mais néanmoins riant de l'aventure.

Cette route est belle jusqu'à Joigny. Il faut l'avouer pourtant, sitôt que l'on pénètre dans la véritable

Bourgogne du bon vin, la scène change à vue d'œil, et l'utile succède assez disgracieusement à l'agréable. Il n'y a rien de plus monotone au monde que ces collines blanches et tourmentées qui s'étendent d'Auxerre à Châlons-sur-Saône, couvertes de vignes et de poussière calcaire. Vermanton est une vraie Thébaïde, et, sans adopter les conclusions d'une auguste philippique contre le vin, nous sommes forcés de convenir que la culture de la vigne conduit bien rarement à la fortune. C'est à nos vignerons à penser et à modifier leurs travaux dans un sens plus favorable à leur bien-être, toutes les fois que la nature du sol le leur permettra. Quant à l'itinéraire, je pense absolument comme l'auteur des *Lettres sur l'Italie.* Il n'en est pas de même quant aux vignerons de la Bourgogne; ces honnêtes cultivateurs savent mieux que lui à quoi s'en tenir. Si M. Adolphus, le pseudonyme, au lieu de faire des phrases dans sa chaise de poste, avait voyagé à pied comme moi, s'il était entré dans cent cabarets, s'il avait vu les nez bourgeonnés, entendu les rires inextinguibles de ces pauvres Bourguignons, il ne les plaindrait pas tant. La gelée et le soleil, les préparateurs, les *sophisticateurs* et la régie ont leur route tracée, comme M. Adolphus la sienne. Chacun connaît ses moyens; si le médecin se laisse entraîner au tombeau par la maladie, c'est qu'il ne peut faire autrement. Passons.

Je sortais, à trois heures du matin, d'une auberge de Bassou où j'avais passé la nuit. Le jour commençait à poindre; un individu qui sortait d'une auberge en face, me voyant prendre la même direction que lui, me dit :

— Camarade, n'allez pas si vite, nous ferons route ensemble.

— Où allez-vous?

— Je vais en Savoie.

— Ah! moi aussi.

— Alors, vous êtes savoyard?

— J'ai cet honneur.

— Moi aussi.

— Je vous en félicite.

— Pourquoi?

— Parce que les Savoyards sont de bons enfants.

— C'est vrai. Voici une auberge ouverte : entrons boire la goutte, c'est moi qui paie; nous parlerons du pays après. La goutte bue, et le jour étant tout à fait venu, je considérai mon nouveau compagnon. C'était un homme de trente ans, à l'air jovial, au corps robuste, et portant avec aisance un lourd ballot de bonneterie ; en somme, s'il avait eu les jambes droites au lieu de les avoir comme celles de Scarron, c'est-à-dire ayant la forme d'un z, infirmité qui diminuait sa taille d'un pied, il eût été un fort beau garçon. Cet examen fini, il me considéra à son tour.

— Vous regardez mes jambes, je crois.

— Oui, et votre ballot ; je doute que nous puissions faire route ensemble, je suis pressé.

— Moi aussi, je suis pressé, si pressé que je compte bien aller entendre les vêpres, dimanche prochain à l'église de mon village.

— Vous prendrez donc la voiture ?

— La voiture ! pourquoi faire ? Quoique mal bâties, mes jambes me portent.

— En ce cas, marchons; parlons du pays. De quelle commune êtes-vous ?

Et la conversation ainsi engagée, la route nous parut moins longue.

Arrivés à Auxerre, nous déjeûnâmes; et, tandis qu'il faisait sa tournée, moi je fus visiter l'hospice dont j'ai parlé au troisième chapitre. D'Auxerre, nous fûmes dîner à Avallon. Comme à Auxerre, mon compagnon fut faire sa tournée ; pendant ce temps, moi j'allai visiter le curieux ravin qu'on aperçoit de la terrasse du sud; à six heures, nous nous remîmes en route pour aller coucher à Rouvray, où nous arrivâmes à onze heures. J'étais harrassé, mes pauvres jambes ne pouvaient plus me soutenir. Ce maudit colporteur, ce bancal m'avait fait faire vingt-trois lieues !

Le matin, au petit jour, mon homme me réveilla.

— Allons, debout; en route, camarade !

— Merci !

— Vous en avez donc assez ?

— Oui.

— Ah ! dit-il.

Puis il chargea son ballot et partit.

A neuf heures, je pris la patache pour me rendre à Dijon, où je séjournai le jour suivant afin de me reposer des fatigues de l'avant-veille.

De Dijon, la plus jolie ville que je connaisse après

Turin, je fus coucher à Poligny, située au pied du Mont-Jura, chaîne de rocs granitiques, sans crêtes de ce côté; le Mont-Jura, couronné par un plateau fertile, m'apparut de loin comme un rempart gigantesque. Là commence la nature alpestre.

Je venais de dépasser le bourg de Champagnole, bâti sur l'Ain, dans l'un des fonds du plateau; retardé par une chaleur qui me semblait égaler celle de la zône torride, par d'incessantes montées, et plus encore par la beauté des sites, sites pittoresques qui, sur cette route, ont parfois l'aspect le plus grandiose ; je m'informai à l'un des bûcherons que je rencontrai s'il me serait possible d'atteindre Morey dans la soirée.

— Oui, dit-il; mais il ne faut pas passer par Saint-Laurent, la route fait un coude. Prenez le premier sentier que vous trouverez à votre gauche, suivez-le jusqu'à la scierie; guidez-vous ensuite sur la grange que vous verrez à droite. Ce chemin vous raccourcira d'une lieue.

— Merci, monsieur, merci.

Et je pris le premier sentier à gauche.

Ayant gravi un coteau escarpé couvert de hauts sapins, je m'arrêtai essoufflé, altéré, devant un mince filet d'eau qui, limpide, sortait d'une fente de rocher. Près de là était une jeune fille qui gardait un troupeau de vaches et de chèvres. Me voyant prêt à boire de cette eau, elle s'avança vers moi.

— Cette eau est bien mauvaise, monsieur, me dit-elle; vous avez chaud, elle vous fera mal. Attendez.

Et, tirant de sa pannetière une sébille de bois, elle la

lava, fut traire l'une de ses vaches, et revint, la sébille aux trois quarts pleine de lait. L'ayant posée à terre, elle prit une feuille de chêne, la plaça à la source du filet d'eau, de manière à ce qu'il se détachât net du rocher. Charmée de son ingénieux procédé, la bergère acheva de remplir à cette fontaine de son invention la sébille, qu'elle m'offrit. Ma soif calmée par ce breuvage salutaire, je dis à la jeune fille en lui rendant le vase :

— Je vous remercie mille fois, mademoiselle. Vous êtes aussi bonne que jolie. Certes, si vous avez de semblables attentions pour votre ami, il doit bien vous aimer.

A ce compliment, elle baissa la tête, rougit et ne sut que répondre.

— Enfant! pourquoi rougir? Dieu permet aux jeunes filles d'aimer. Tenez, prenez ces deux francs; achetez une croix d'argent qui vous rappellera notre entrevue. Comment vous nommez-vous?

— Marie.

— Marie! Ce nom est beau. Adieu, jeune Marie.

Et je me hâtai de la quitter.

Cette rencontre, ce nom de Marie, rappelèrent à ma mémoire de bien doux souvenirs. Marie était le nom d'une jeune fille de mon pays que je connus en 1825, à mon retour de Turin. Elle était alors la perle de Saint-Sigismond. Vingt prétendants se la disputaient... Est-elle mariée?... Ici je fis les rêves les plus extravagants. Nouveau Céladon, je me voyais déjà, une houlette à la main, courir les prairies, faisant des flûtes pour chanter mon Astrée de trente ans. Alors l'âge d'or reparaissait sur la terre ; alors adieu Rio-Janeiro, adieu Calcutta, je ne voyais plus que Marie, ou, pour mieux dire, je ne voyais rien du tout... Perdu dans un épais fourré où la trace du sentier disparaissait tout à fait, je dus retourner sur mes pas. Une heure s'écoule ; je trouve un autre sentier, le suis, et finalement, la nuit étant arrivée, je me retrouve comme auparavant dans un fourré plus épais encore. Sorti du bois, je regarde es étoiles : elles ne me disent pas quelle direction je dois prendre. L'Angélus sonne, et l'écho qui le répète se perd dans le lointain sans m'apprendre de quel côté il vient. Que faire ?... Va toujours ; tu arriveras infailliblement quelque part. En effet, après deux heures de marche, j'arrive devant un étang où croassaient les grenouilles. Damnation !... Déjà je me résignais à coucher à la belle étoile quand je vis scintiller une lumière. Je cours de son côté ; mais, véritable feu follet, elle s'éloigne à mesure que j'en approche.

— O déités de la Séquanie, m'écriai-je, ne vous jouez pas d'un pauvre voyageur ! Sylphes ailés, faites que je sois invisible aux gnômes malfaisants ! O fées du Jura, blanches ondines, éclatantes péris aux fronts couronnés de pervenches, conduisez-moi dans vos grottes de cristal !

Cette invocation aux divinités qui survécurent au druidisme, ne fut pas faite en vain. Vers minuit, elles me conduisirent à la porte d'une chaumière.

— Pan ! pan !

— Qui frappe là ?

— Un pauvre voyageur égaré qui cherche sa route.
La porte s'ouvrit et je me trouvai en face d'un grand
gaillard, garçon de vingt-deux ans, qui passait la nuit
pour couler la lessive. Lui ayant expliqué comment
je m'étais perdu, il me dit :

— Il y a deux lieues d'ici à la scierie, et trois lieues
d'ici à Morey.

— Et d'ici à la grande route?

— Une lieue.

— Maintenant, avez-vous quelque chose à me donner à manger? j'ai bien faim, je vous paierai ce qu'il faudra.

— Payer! Je ne vendons rien... Voulez-vous manger des *longarisses?*

— Des longarisses !

— Oh! c'est bien bon. Et, levant ses grands bras sous le manteau de la cheminée, il décroche un chapelet de saucisses, en prend deux; et, replaçant les autres près des jambons qui s'aromatisaient à la fumée, il reprit :

— Votre pays, c'est donc bien loin, qu'on n'y mange pas des longarisses?

— Si, on en mange, mais on ne les nomme pas ainsi.

— Ah! Eh bien, ici ça s'appelle des longarisses. Et, poussant la pelle, il fait dans les cendres chaudes un lit de la longueur des comestibles, les y dépose et les recouvre de braise. Puis, revenant à sa première occupation, il puise l'eau bouillante du chaudron pendu à la crémaillère, la verse dans le cuvier, et la lessive froide du cuvier dans le chaudron. Bientôt assis, devant la patissoire qui servait de table, les longarisses, le pain de seigle et l'eau claire qu'il me servit me parurent excellents. Ce repas achevé, je fus reprendre la place que j'occupais au coin du feu. Cependant, peu habitué à veiller, mon hôte avait approché du foyer le bout de la table sur laquelle il s'étendit. Se voyant assailli par le sommeil, dont la lessive ne lui permettait pas de goûter les douceurs, il se retourna sur le dos, et, fixant ses regards sur les saucisses pendues à la cheminée, il se mit à chanter :

> Longarisses, Longarises, ah ! Longarisses.
> Longarisses, Longarisses, ah ! Longarisses.

Et ainsi de suite pendant une heure entière. Je croyais cette singulière chanson achevée, quand il l'interrompit pour transvaser la lessive. Je me trompais : lorsqu'étendu sur le banc, il eut de nouveau fixé les yeux sur les objets de sa prédilection, il recommença :

> Longarisses, Longarisses, ah ! Longarisses.
> Longarisses, Longarisses, ah ! Longarisses.

Cette fois, ce refrain monotone, que j'interrompis afin qu'il m'enseignât mon chemin, dura jusqu'au jour.

— Attendez, me dit-il : je vais aller réveiller mon père et ma sœur ; puis nous partirons tous les deux.

— Oui, allons.

Revenu presque aussitôt, nous nous mîmes en route.

Le soleil éclairait déjà les cimes neigeuses du Jura, quand, après une heure de marche, nous arrivâmes non loin de l'endroit où, la veille, j'avais rencontré Marie. C'était bien la peine de prendre un chemin de traverse! Un tintement de clochettes annonce un troupeau; mon compagnon s'arrête; une indicible expression de joie se peint sur ses traits.

— Voilà Marie! dit-il en sautant de joie comme un enfant. Puis, me regardant :

— La route, c'est en bas, pour aller à Morey; c'est par là. Et son bras tendu me désignait le sud.

— Vous entendez mal le dialogue, mon brave, lui dis-je; mais vous êtes le meilleur garçon que je connaisse. Je vais vous donner un livre dont vous ferez présent à Marie, n'est-ce pas? Et tandis que je débouclais les courroies de mon sac, la bergère apparaissait à la lisière du bois. En nous apercevant une vive rougeur colora ses joues, et, notre amoureux courant lui donner un gros baiser, je le suivis, sac au dos et le livre à la main. Ce volume, kaepsake de l'année précédente richement relié, renfermait vingt-quatre gravures anglaises; l'ayant donné au jeune homme étonné d'un aussi riche présent, je dis à sa fiancée :

— Bonjour, Marie. Eh bien! si je vous avais demandé ma route hier, je n'aurais pas le plaisir de vous revoir aujourd'hui.

— Vous vous êtes donc perdu?

— Oui, et sans votre futur...

— Je m'en doutais, mais je n'ai pas osé vous le dire. Quand reviendrez-vous ?

— Jamais, Marie, jamais; adieu !

— Jamais ? reprit-elle.

Et, tournant la tête lorsque je fus au détour du sentier, je la vis, rêveuse, contempler l'idiot qui regardait les images.

Le soir de ce jour, après bien des tribulations qu'il me fallut subir à la frontière à propos de passe-port, je dépassai enfin les Rousses et Saint-Cyergues. Bientôt, élevé au sommet du Jura, l'horizon, s'élargissant tout à coup, me laissa admirer dans toute leur splendeur le lac du Léman à mes pieds, et là-bas les montagnes de ma Savoie ! Quel bonheur j'éprouvai quand, après quatorze ans d'absence, je revis ces chères montagnes ! Ce bonheur ne peut se décrire. Pressé d'atteindre le sol de la patrie, je descendis à grands pas le versant du canton de Vaud, récitant, plein d'enthousiasme, ces vers du poëte :

« Avec leurs grands sommets, leurs glaces éternelles,
» Par un soleil d'été, que les Alpes sont belles !
» Tout dans ces frais vallons sert à nous enchanter,
» La verdure, les eaux, les bois, les fleurs nouvelles.
» Heureux qui sur ces bords peut longtemps s'arrêter !
» Heureux qui les revoit, s'il a pu les quitter !
» Quel est ce voyageur que l'été leur renvoie,
« Seul, loin dans la vallée, un bâton à la main ? »
» C'est un jeune homme, il marche, il suit le long chemin
    » Qui va de France à la Savoie.

CHAPITRE XL.

Visite au pays.

Arrivé à Myon, quoique pressé de revoir mes foyers, je ne résistai point au désir qui me prit de faire le tour du lac. Cette promenade si variée, si pleine de souvenirs me semblait un complément indispensable à mes voyages. Ce ne fut donc qu'après avoir vu Lausanne et Vevey, Clarens, ses bosquets et Chillon, que je traversai le lac pour me rendre au Boveret, où, transformé en véritable touriste, je partis pour Chamounix.

Qu'ai-je vu dans cette course qui me coûta deux mois de mes émoluments? De beaux pays; une nature plus belle encore, et partout des Anglais pour convives.

Dans un châlet du Valais, j'ai vu une jeune Parisienne, en costume de Suissesse, m'apporter le lait du passage en me parlant la langue de Byron : le *Times* et le *Morning-Chronicle* étaient sur la table. A Meillerie, on m'a montré le nom de Saint-Preux, qui n'a jamais existé, gravé par lui-même sur la fameuse roche tant aimée de Rousseau. Enfin, à Chamounix, près de l'auberge de la mer de glace, j'ai vu le berger du Montan vert, Michel Fauret, venir me recevoir en habit noir et cravate blanche. Ce berger de nouvelle espèce, qui, lui aussi, parlait l'anglais, changea de thèse et de langue dès que je l'eus reconnu. C'était un ancien commis-libraire du quai des Augustins. Au résumé, cette course peut laisser à la mémoire d'agréables souvenirs ; elle mériterait, sous tous les rapports, d'être minutieusement décrite, si elle ne l'avait pas déjà été trop souvent.

Après avoir contemplé les merveilles du Mont-Blanc, le Jardin, le Tacul, la mer de glace, les Aiguilles et le Géant, je sortis de l'hôtel du Montan vert, un samedi matin. Michel Fauret, qui, la veille, m'avait fait les honneurs de son palais aérien, vint me conduire jusqu'à la fontaine de Claudine, où nous nous dîmes adieu. Heureux de marcher vers le toit de mes pères, sur une route peu fréquentée et par laquelle les touristes n'ont jamais passé, je me dirigeai sur Albert-Ville, par Saint-Gervais-les-Bains. Praticable seulement durant les quatre mois d'été, cette voie est assez belle jusqu'à Mégève, et raboteuse jusqu'à Glumet ; passé ce bourg, elle se réduit en un chemin accidenté longeant le flanc des montagnes. Là, point de cicérone importun, point d'Anglais, et surtout point d'aubergistes à larges consciences. Dans cette partie des Alpes abrupte et presque déserte, le voyageur peut voir de véritables châlets penchés sur le bord de l'abîme, des torrents écumeux roulant dans des vallées étroites et profondes, des forêts de châtaigniers gigantesques et de vieilles tours du moyen-âge. Ce panorama, qui dure l'espace de dix lieues, offre à chaque centaine de pas un site qui égaie, un site qui fait frémir : c'est la Savoie proprement dite. Ainsi, lecteur, si jamais vous allez à Chamounix pédestrement, revenez à Genève par Flumet et Annecy.

Parti de Chamounix à trois heures du matin, il m'était facile de franchir en un jour les soixante-dix kilomètres qui séparent cette ville de L'Hopital. Toutefois, comme le lendemain était le quinzième anniversaire de mon premier retour, je trouvai piquant d'effectuer le second à pareil jour et à la même heure. La mémoire pleine de riants souvenirs, je partis d'Ugine le dimanche matin et m'acheminai, au son des cloches, vers L'Hopital, aujourd'hui Albert-Ville.

Qu'on me permette ici une petite digression.

Située sur la route directe de Turin à Genève, à l'angle de trois vallées, Albert-Ville et ses environs sont de toute beauté. Nulle part peut-être la nature n'offre plus de variétés dans ses produits, une fertilité plus constante. On n'y voit point, comme dans les montagnes, où la stérilité du sol n'est point en harmonie avec la fécondité des femmes, de migrations annuelles. Il

est vrai que rarement quelques jeunes gens vont à Paris
exercer des professions domestiques; mais jamais aucun
enfant n'a été chassé du pays par la misère. Cependant à Saint-Sigismond, ainsi que partout ailleurs :

> Même quand la vendange est belle,
> Le pauvre ne vendange pas.

Mon pauvre père, qui n'était qu'un simple journalier affermant quelques arpents de terre, n'avait reçu
du ciel que douze enfants pour toute fortune, douze
enfants dont je fus le dernier. Je le demande au plus
laborieux des hommes, pouvait-il, avec les soixantequinze centimes qu'il gagnait chaque jour, nourrir,
entretenir huit personnes ? Telle est pourtant la rude
tâche que le destin lui avait imposée, tâche qu'il ne
put remplir, hélas ! malgré ses veilles et toute l'activité
imaginable. Or, pour alléger son trop pesant fardeau,
l'une de ses sœurs, qui habitait la montagne, me prit
avec elle et me servit de seconde mère. J'ai dit quel
métier exerçait son mari, et comment, selon la coutume du pays, je fus emmené en France.

Cette fois, rien n'était changé à Albert-Ville. C'était
toujours sa grande rue bordée d'hôtels magnifiques,
de coquettes maisons bourgeoises; à ma gauche, le
clocher de Conflanc brillait au soleil comme un minaret
d'Orient; ceux d'Albert-Ville et de Saint-Sigismond se
détachaient, à ma droite, sur la sombre verdure des
vignes. En ce moment, tous trois appelaient l'atten-

tion des fidèles par de pieux carillons. Oh! que j'étais heureux de revoir ma vallée et les montagnes qui l'entourent! que de bonhomie, d'aménité je croyais voir sur chaque visage! et, combien les jeunes filles me paraissaient jolies, un dimanche matin, alors que brunes et blondes se parent pour aller à l'office! Après quatorze ans d'absence, par un beau soleil de juin, revoir son pays, lecteur, c'est plus que du bonheur, c'est un délice à rendre fou. Alors l'objet le plus insignifiant rappelle un souvenir; mille choses, indifférentes pour celui qui les voit chaque jour, s'harmonisent pour le voyageur en un tout admirable; il rajeunit de vingt ans.

Arrivé à l'extrémité d'une allée ombreuse, longue de cent pas, et qui sépare Saint-Sigismond d'Albert-Ville, je me trouvai tout à coup entouré d'une douzaine de jeunes gens, sac au dos, le bâton à la main. Ma présence attira leurs regards. A mon tour, je les considérai un instant, et, m'avançant vers le plus âgé d'entre eux :

— Bon jour, monsieur Pachoud, mon cher maître d'école; me reconnaissez-vous?

— Mais... non, je ne vous remets pas.

— Quoi! vous ne reconnaissez pas Claude, votre ancien élève, le mousse, le comédien?

— Claude!!... Une accolade, un long serrement de main succédèrent à cette exclamation.

— Mon pauvre Claude, te voilà donc revenu! Où as-tu été? on te croyait mort.... qu'as-tu fait depuis quatorze ans?

— J'ai suivi le soleil autour de la terre, mon cher maître, et peut-être vais-je recommencer un pareil voyage.

— T'as suivi le soleil autour de la terre!... *Sapré* Claude, toujours farceur!

En ce moment, un grand gaillard, soldat de Sa Majesté sarde en congé de semestre, débouchait par le chemin de l'église.

— Ohé! Etienne, dit, en interpellant le nouveau venu, l'ex-magister, alors vice-syndic de la commune, Etienne, voilà ton oncle Claude.

— Mon oncle! reprit ce coquin de neveu, mon oncle Claude? Il y a longtemps qu'il est mort. Puis, me regardant fixément, le cri du sang me valut une seconde accolade. Notons, avant que d'aller plus loin, que le père d'Etienne, mon frère aîné, compte trente ans de plus que moi ; ma mère avait cinquante-cinq ans lorsqu'elle me mit au monde.

— Venez, mon oncle, venez à la maison. Et, s'emparant de mon sac, mon neveu m'entraîna vers le toit de mes pères. Escorté par cinquante personnes, pressé de questions, ce fut avec un bonheur inexprimable que je frappai enfin à cette même porte où j'avais frappé il y avait quinze ans.

— Pan! pan!

— Entrez!

Mon frère ne me reconnut pas. Assis devant le feu, il continuait de graisser ses souliers, attendant que e m'annonçasse.

— Eh bien ! c'est comme ça que tu reçois ton frère ! Je suis Claude.

— Toi !

Le lard et le soulier qu'il tenait en ses mains tombèrent dans la cendre, et nous nous embrassâmes.

A cette étreinte succédèrent vingt autres témoignages d'amour et d'amitié ; sœurs, nièces et neveux, voisins et voisines, je dus les embrasser tous, et le fis de bon cœur. Ces premiers moments d'expansion passés, François vint à moi :

— Frère, tu dois être fatigué ; assieds-toi là, près du foyer, à cette même place que tu aimais tant autrefois. On va te servir à déjeuner.

— Oui, c'est cela, et n'oublie pas quelques bouteilles. Déjà l'huile pétillait dans la poêle, on battait la pâte, on cassait les œufs, quand la grosse cloche de la paroisse fit entendre sa voix sonore.

— Deux, trois !

— Ah ! c'est le dernier coup de la messe, s'écrièrent nos paroissiens. Et tous partirent aussi précipitamment que si le feu eût été à la maison. Adieu les crêpes, adieu l'omelette, adieu la bouteille ! Je fis dix objections, mais on n'en tint pas compte. Je dus suivre mes bons parents à l'église.

— Tu comprends, Claude : puisque Jésus-Christ a donné son sang pour toi, tu peux bien, pour lui, retarder ton déjeuner.

Et cette sentence de mon frère fut vivement applaudie.

Rien de plus champêtre, de plus romantique, pour

me servir de l'expression d'Obermann, que les abords de l'église de Saint-Sigismond. Assise au bas et sur le versant d'une colline, cette église s'élève au-dessus des maisons du village, comme le Vatican domine les palais qui l'entourent. Pour arriver au cimetière, dont elle remplit le milieu de l'enceinte, il faut longer le jardin du presbytère, traverser la petite place où, tous les dimanches, s'assemblent les vieillards de la commune, puis monter de quelques pas encore le sentier qui conduit à la montagne. Oh! que ces lieux me semblèrent pleins de poésie! qu'ils me rappelèrent de doux instants! fleurs d'aubépines, blanches maisons, chants d'église, et mille autres choses saintes, sans noms, auxquelles mon imagination prêtait un langage symbolique, me dédommagèrent au centuple du jeûne forcé qui m'avait été imposé.

Aussitôt la messe finie, bien persuadé que Marie n'y était pas venue, je courus au château de la Combe, chez le docteur Dubois, riche propriétaire et savant médecin. Perché au faîte d'un cerisier, l'esculape descendit, son panier plein de fruits, et m'offrit à dîner; proposition que j'acceptai sans façon. Durant le repas, que mon amphytrion, homme très érudit, égaya de son mieux, j'abordai enfin la question :

— Eh! docteur, qu'est devenue Marie, la fille de votre ancienne servante?

— Marie est aujourd'hui une grande dame.

— Ah! elle est mariée?

— Il y a douze ans; elle a même eu dix enfants.

— Pas plus?... Quelle fécondité ! Et qui a-t-elle épousé ?

— Un jeune séminariste qui, au moment de recevoir la prêtrise, s'est épris de ses beaux yeux. On a fait pour le détourner de cette union tout ce qui a été possible, mais à nos remontrances, à nos conseils l'amoureux séminariste répondait :

— Non ! j'aime mieux Marie !

— En définitive ?

— Il l'a épousée ; déshérité par son père, on lui fit obtenir une place de greffier près le tribunal de Moutiers. Du reste, reprit le docteur en riant, vous avez autant de bonheur que de constance : Marie doit venir à Saint-Sigismond aujourd'hui. Je m'étonne qu'elle ne soit pas ici déjà. Elle m'amène son fils aîné, qu'elle dit très malade.

— Sur ma foi ! docteur, je serai charmé de la revoir. Cependant veuillez me permettre de ne pas l'attendre. Je reviendrai dîner avec vous demain. Parlant beaucoup et buvant davantage, vous trouverez en moi un bon compagnon. A revoir.

J'avais à peine franchi le seuil, que douze ou quinze jeunes gens parurent au détour de l'allée ; ils accompagnaient une jeune dame autour de laquelle filles et garçons papillonnaient ; une reine n'eût pas été l'objet de soins plus empressés. Vêtue d'une robe blanche, et la taille ceinte d'une écharpe de soie, Marie, car c'était elle, marchait fière de sa beauté, et plus fière encore de son chapeau rose, bien moins frais que son visage. Instruit comme je l'étais, je n'eus pas de peine à la reconnaître. Le cœur me battait fort en l'approchant. Cette femme que, dans mes rêveries, j'avais mille fois comparée à Laura, était réellement très jolie. Elle ne paraissait pas avoir plus de dix-huit ans, et pourtant elle en avait trente, et elle avait eu dix enfants!

— Oh bon! voilà Claude et Marie! dit un de mes compagnons d'enfance. Et aussitôt, le groupe se partageant en deux parties, les garçons vinrent à moi.

— Claude, connais-tu cette dame? me dit l'un d'eux.

— Oui, je la connais : c'est Marie, toujours fraîche, toujours jolie.

Et, m'élançant à la rencontre de ma bergère, je lui fis un beau compliment, lui pris les mains de la manière la plus sentimentale, et reçu, pour prix de ma courtoisie, de mes bons souvenirs, non le baiser du retour, mais un coup de gant bien appliqué sur la joue; piqué au vif, je me contins cependant.

— Marie, vous n'avez pas bonne mémoire; ce n'est pas là ce que vous me promîtes, il y a quatorze ans, ici près dans le grand verger.

. . . . Lorsque, tes mains dans les miennes pressées,
A l'heure du départ, je te fis mes adieux,
Comme moi tu pleuras, et je lus tes pensées
Ecrites dans ton cœur que reflétaient tes yeux.
Va! semblais-tu me dire, et que Dieu qui m'écoute
Te conduise à bon port, ne t'abandonne pas!
Des plus suaves fleurs qu'il parsème ta route,
Et qu'il l'abrège, ami.....

— Assez, Monsieur, assez! Qu'avez-vous donc appris dans vos voyages, pour oser me parler ainsi? me prendre les mains! me dire de telles choses!... En vérité, vous revenez au bercail aussi simple que l'étaient nos moutons.

— Il est vrai, Madame, si simple qu'hier encore, je vous composais cette épître. Écoutez:

Chère Marie, attends! je vole vers nos plaines;
Pour nos monts et nos bois je quitte la cité,
Je fuis le vil chaos où des âmes mondaines
Vendent, au prix de l'or, leur douce liberté.

— Mais.. mais... M. Claude, êtes-vous fou, ou le devenez-vous?... Qu'ai-je besoin de toutes ces balivernes? Sachez, et cela doit vous suffire, que je suis épouse et mère; dorénavant, veuillez, je vous prie, ne m'adresser la parole qu'en présence de mon mari. Puis, me faisant une profonde révérence, madame la greffière s'avança vers le château d'un pas tout aussi grave que celui d'une présidente.

— Oh! vanité! m'écriai-je justement désenchanté, tout n'est donc que vanité! Poésie, sentiments, philosophie, tout cela ne serait-il bon qu'alors qu'on ne sait qu'en faire? Oui, tout cela ne vaut pas un verre de vin. Enfants, suivez-moi, je paie à boire! Epicuriens sans le savoir, ce mode de consolation ne déplut point à mes camarades; tous me suivirent au cabaret.

Heureux par l'épanchement que je trouvais enfin

dans l'intimité de mes compagnons d'enfance, par le vin du cru qui me semblait délicieux, je faisais un récit pathétique des peines et des joies que j'avais éprouvées durant ma longue absence : je disais mes courses à travers les Océans, mon naufrage ; j'énumérais mes bonnes fortunes et toutes mes espérances. Une fois sur ce chapitre, je serais allé loin si le premier coup de vêpres n'était venu couper court à ma peroraison. De mes douze amis, quatre se levèrent précipitamment et prirent le chemin de l'église. Au second coup, cinq autres les suivirent, et finalement je demeurai seul au troisième. Alors, me dis-je, c'est bien décidé, je ne bâtirai pas mon ermitage à Saint-Sigismond. Comme saint Augustin, j'habiterai Rome ou le désert. Mais peut-être le prisme du souvenir me montre-t-il aussi la montagne que j'ai tant rêvée plus belle que la réalité. Voyons, qu'importe une illusion de plus ou de moins ? Et, vidant mon verre plein jusqu'au bord, je marchai droit devant moi.

Arrivé à cet endroit de l'Isère que traversait le bac dont j'ai parlé au chapitre VIII, je passai cette rivière sur un pont non moins rustique que le bac même auquel on l'avait substitué. Chagriné de ce changement, je me consolai en chantant, sur la roche voisine où je l'avais composée, cette pièce de vers que j'ai intitulée : *Premier chant*. A peine l'écho des grands bois achevait-il de répéter ma dernière strophe, qu'une réaction morale produite par l'émotion mit fin à toutes mes fatigues. Léger et dispos, j'entrai dans la forêt, contournai la montagne, et, franchissant mille obstacles sur une voie mal frayée, j'arrivai, après deux heures d'une course rapide, non loin du lieu où je veux bâtir mon ermitage, devant les ruines du château de Blaye.

Ce château, inhabité depuis la seconde moitié du quinzième siècle, me parut être l'un des monuments du moyen âge les mieux conservés. Grâce à sa situation élevée, et plus encore à son éloignement des routes et des habitations, il semble devoir ne rien craindre des trois siècles à venir. Entré par la Barbacane, l'une de ses deux portes, où nul sentier ne conduit, tant il est solitaire, la salle d'armes, qu'ombrage un gros noyer sorti de la niche d'un saint, m'apparut comme l'image la plus vraie de l'architecture ogivale des temps féodaux. Mais il se faisait tard, et mon amour archéologique ne tint pas contre la vivacité de mes souvenirs. Le soleil disparaissait derrière la montagne lorsque j'atteignis le terme de ma course : le plateau qui domine le village du Barjet.

Là, l'illusion un instant perdue me revint plus fraîche, plus gracieuse que jamais. Je revoyais donc enfin l'agreste paysage qui m'avait tant charmé à l'âge de quinze ans. Voici, sur sa pente rapide et bordée de vignes sauvages, l'étroit sentier où, tout enfant, j'aimais tant à courir; plus haut, le bois de châtaigniers séculaires qui doit abriter ma vieillesse; ici une claire fontaine pour la désaltérer. Eh! devant ce chalet, abandonné parce que la foudre est tombée dessus, un saint jour de Pâques, voyez passer le Bayet bondissant, le torrent qui ne tarit jamais. Il faut le voir sortir du glacier, se précipiter du haut de la montagne, semblable à l'avalanche déchaînée et, se détachant net d'un bloc de basalte, tomber en poussière dans la plaine. Cette chute du Bayet, ruisseau d'un volume considérable, véritable rivière, forme, je puis l'affirmer, la cascade, sinon la plus haute, du moins la plus curieuse et la moins connue du monde. Cachée dans une anfractuosité de la montagne que forme une saillie, on ne peut l'apercevoir qu'à dix pas. La chronique du Barjet dit que ce village était déjà aux trois quarts construit, que ses habitants ignoraient encore l'existence de cette cascade, malgré son extrême proximité.

Voici venir la nuit; elle chasse le crépuscule qui s'éteint dans les vapeurs dont l'Isère emplit la vallée. Assis sur la marche d'un oratoire solitaire, je m'écrie, plein d'enthousiasme devant ce magnifique diorama : Oui, oui, partons! allons aux Indes! dix ans de travail me suffiront pour acquérir ces biens. O sainte espérance, soutiens mon courage! Oui, c'est bien ici, à l'angle de ce bois de sapins, que définitivement je veux *bosser* mon ancre. Au revoir donc, ma chère Thébaïde, au revoir dans dix ans! Et, m'appuyant sur les mains, je voulus me lever. Inutiles efforts! les muscles de mes jarrets refusèrent de se raidir. Ma volonté avait comblé, à mon insu, la mesure de mes forces; l'âme avait vaincu le corps. Résigné, je dus passer la nuit au pied de l'oratoire, sous la protection de Notre-Dame-des Monts.

Maintenant, lecteur, vous parlerai-je de Saint-Pierreles Moutiers, patrie de la famille de Ducis; de Bride-les-Bains, de Chambéry et des Charmettes? Non, tous ces pays sont trop connus, mieux vaudrait vous décrire le pont Charles-Albert, hardi monument qui s'élève au-dessus de la rivière des Usses, à la hauteur énorme de 650 pieds. Dirai-je quel bienveillant accueil me fit le chanoine Chevray; les raisons qui me valurent le pardon de Marie, que je revis entourée de son époux et de ses enfants? Vous parlerai-je de madame Viard, dont le salon est, à Albert-Ville, ce qu'est le cercle de madame Récamier à Paris? Peindrai-je la brune jeune fille que j'y rencontrai? Dirai-je quelle âme aimante était la sienne et quels vers elle m'adressa afin que je crusse à la révélation? Non, lecteur, non, je ne vous parlerai point de tout cela; je ne vous dirai même pas quels furent mes adieux à messieurs Suarès et Petit, les bienfaiteurs de mon pays et de ma famille. La conduite que me firent mes parents et amis, toutes ces scènes de ma vie privée ne sont pas d'un intérêt assez général. Puis, d'ailleurs, il me reste, avant de conclure mon histoire, une autre histoire à vous conter; un récit que, non loin de Trévoux, me fit un vieillard octogénaire. Écrit sous l'impression du moment et sur les ruines de la chapelle où se dénoua ce drame simple et touchant, je l'insère ici afin de terminer mon dernier chapitre par un dernier chant de jeunesse.

AMOUR ET VERTU.

CHRONIQUE.

HOMMAGE A MADAME DE MONTROL.

> Apprends qu'une mort, telle que tu la médites, est honteuse et furtive : c'est un vol fait au genre humain.
> J. J. ROUSSEAU.

I.

C'était un soir d'été, le vallon solitaire
Offrait à mon esprit un baume salutaire ;
Tout me semblait sourire : un présage enchanteur
De mes peines enfin affranchissait mon cœur.
Je marchais incertain, quand, au fond d'un bocage,
Je te vis, ma Thérèse, à travers le feuillage ;
Aussi prompt que l'éclair de l'empire étoilé,
J'ai lu dans tes regards et mon cœur a brûlé !

Le feu qui l'embrasa fut un feu légitime,
Car l'amour vertueux est le seul qui l'anime ;
Dès que sa flamme pure eût dessillé mes yeux,
Mon front se dérida de ses plis soucieux ;
Je renaissais par lui ; mon ardente jeunesse
Se berçait dans l'espoir d'une éternelle ivresse ;
Mais l'autre vertu, qui veillait sur ton cœur,
Me préservant du crime a flétri mon bonheur.

Pourtant tu ressentis comme moi cette flamme,
Ton cœur comprit le mien, et ton âme mon âme ;

A mes brûlants désirs tu joindrais tes transports,
Si l'amour sans l'hymen n'avait point de remords ;
Si d'un père orgueilleux, que mon amour offense,
Je pouvais égaler le rang et la naissance,
Si le vain préjugé que je n'ai pu fléchir
N'eût brisé les liens qui devaient nous unir.

Ainsi donc, désormais qu'espérer sur la terre ?
Il n'est plus, ô Thérèse, une seule chimère
Qui puisse nous voiler les traits de l'affreux sort
Qui nous force à choisir ou le crime ou la mort ;
Quoi ! la mort à vingt ans ! ô pensée effroyable !
Le néant pour toujours... mais il est préférable
A cet ardent amour qui vient nous embraser,
A ce feu dévorant qu'on ne peut apaiser.

Mourons, mourons ensemble, ô ma vierge charmante,
Mourons purs et sans tache, ô vertueuse amante ;
Viens, et dans le cercueil, asile du repos,
Nous trouverons la paix et la fin de nos maux.
A ceux que nous aimons si le destin nous lie,
Sans doute il est affreux d'abandonner la vie ;
Mais si notre bonheur s'éclipse sans retour,
Alors vivre et souffrir, c'est mourir chaque jour.

Viens donc, viens donc mourir, amante infortunée !
Viens donc à Faldoni joindre ta destinée ;
De ton amant fidèle, oh ! viens suivre les pas,
Ta consolation est au sein du trépas.
Pour nous, tout doit finir ; quand l'aube matinale
Demain éclairera la pierre sépulcrale,
Vers le temple désert il nous faudra surgir,
Au pied du sanctuaire il nous faudra mourir !

Qu'ai-je dit ? toi mourir ! toi si jeune et si belle,
Sylphide au vol léger, tn briserais ton aile
Pour suivre un malheureux que repousse l'espoir,
Quand tu peux dans l'azur voltiger jusqu'au soir !
Oh ! non, reste ici-bas, reste, ô ma bien aimée !
C'est assez que ma mort seule soit consommée :
Oui, reste : moi je vais te précédant là-haut
Pour te rendre au bonheur, implorer le très-haut.

II.

Qu'oses-tu méditer, quel délire t'égare ?
Quelle est donc, insensé, la loi qui nous sépare ?
Mourir ensemble, ami, nous serait bien plus doux !
La colombe au ramier, dis, jamais survit-elle ?
Non, ils meurent tous deux de la même étincelle :
Et pourtant ne crois pas qu'ils aiment mieux que nous !

Il faut donc l'accomplir ce sacrifice horrible !
Il nous faudra donc voir cette nuit si terrible :
Eh ! quoi, sans plus tarder, quoi déjà, quoi demain ?
O vertueux ami, soutiens ta faible amante ;
Comme à l'autel parée pour la noce brillante,
Dans la nuit du tombeau, conduis-moi par la main.

Pourtant ! combien nos cœurs eussent goûté d'ivresse,
Si l'hymen de ses nœuds eût joint notre jeunesse !
Par l'anneau nuptial et le vœu solennel,
Si l'on eût cimenté ce bonheur sans mélange,
Ah ? nous serions heureux, heureux comme des anges
Qui chantent l'hymne sainte aux pieds de l'Éternel.

L'Éternel ! à ce mot, Faldoni, je frissonne,
A la mort volontaire est-il vrai qu'il pardonne ?

Avant l'instant prescrit permet-il de mourir ?
Sais-tu s'il ne dit pas : Enfants, bravez l'orage,
Je punirai celui dont le lâche courage
Implorera la mort et ne saura souffrir ?

Oh ! s'il pensait ainsi ! qu'une affreuse vengeance
Soit le prix qu'il destine à la chaste innocence,
A l'amour vertueux qui brûle dans nos cœurs...
Oh ! non, Dieu juste et bon, il sait combien on l'aime !
Il sait que pour lui seul nous souffrons l'anathème
Que ce monde nous jette en nous criant : malheurs !!

Il sait que la vertu que nous n'osons contraindre
Au sacrifice impur, attise au lieu d'éteindre
Un feu qui nous consume, un amour sans espoir ;
Il sait que nous mourons en maudissant le vice,
Que nous n'avons point vu l'ombre de l'artifice,
Que l'on nous sacrifie au rigoureux devoir.

Il sait aussi combien nous désirons de vivre,
Que nous aimons les fleurs dont le parfum enivre,
Que la vie a pour nous d'indicibles attraits,
Et que naguère encore dans un doux tête-à-tête,
Dans un jour de bonheur, qu'a noirci la tempête,
Nous disions ravis : si l'on mourait jamais !

Mourir ! mon Dieu ! mon Dieu ! ces moments d'allégresse
Pourquoi sont-ils changés en longs jours de tristesse ?
Pourquoi pauvres enfants sommes-nous malheureux ?
Pourquoi déjà mourir à peine à notre aurore ?...
Oh ! je ne mourrai point, moi, je veux vivre encore ;
A vingt ans, Faldoni, mourir est trop affreux.

Mais non, vivre sans toi me serait impossible,
Oui, toi seul es ma vie, et ce trépas terrible,
Il sera, si tu meurs, ma seule volupté ;
Thérèse te suivrait dans l'éternelle flamme !
Mais pense si le ciel ou l'enfer nous réclame
Pense, mon doux ami ! c'est pour l'éternité !

III.

Oh ! combien ton âme est aimante !
Quelle foi pure est ton soutien !
Oh ! jeune vierge édifiante,
Quel amour constant est le tien !
Oui ! tu l'as dit, pour ce qu'on aime,
Mourir est le bonheur suprême !
Oh ! comme moi, le conçois-tu
Ce trépas glorieux, sublime,
Qui nous fait échapper au crime
Et fait triompher la vertu ?

Oui, quittons ce monde parjure,
Qui nous refuse un seul abri.
L'impie infecte la nature,
Du bonheur le fleuve est tari.
N'espérons plus rien de la terre
Allons rejoindre un tendre père
Qui nous aime et nous tend les bras :
Fuyons ce réceptacle immonde,
Fuyons cet égoïste monde :
Sans remords craint-on le trépas ?

Ils t'ont dit tous ces faux lévites
Que Dieu pour nous n'a plus d'amour,
Que nos âmes seront maudites...
Non, arrière ! penseurs d'un jour !

Quoi ! Dieu si grand, si magnanime,
Que la tourbe qui nous opprime
Est-il si cruel et si bas ?
Froids rêveurs que la joie enivre
Il vous est bien aisé de vivre :
Comme nous, vous ne souffrez pas !

Crois-moi, le ciel a des délices
Qu'il réserve aux cœurs innocents,
Va ! ne crains rien de ces supplices
Qu'il a créés pour les méchants.
Croyons, amie, à la clémence
D'un Dieu d'amour et d'espérance,
Qui ne veut que notre bonheur,
Qui peut jusqu'au fond de nos âmes
Connaître nos candides flammes
Et les replis de notre cœur.

Viens donc mourir, ô ma Thérèse,
Viens, que par toi je sois frappé !
Viens, mon amour, que rien n'apaise,
Est un enfer anticipé.
Viens donc, ô vertueuse amie,
Viens avec moi fuir cette vie,
Qu'il nous faudrait toujours quitter ;
Oh ! viens, cette terre de crimes,
Dont toujours nous serions victimes,
N'est pas digne de nous porter !

IV.

— Est-il vrai, cher ami, que nous serons heureux,
Que la mort, la mort seule accomplira nos vœux ?

Et qu'unis à jamais dans le céleste empire
Nous pourrions nous aimer et toujours nous sourire ;
Nous aimer d'un amour ineffable et divin,
D'un amour, Faldoni, qui n'aura plus de fin ?
Est-il vrai que de Dieu la puissance infinie
En plaisirs éthérés change notre agonie ?
Est-il vrai qu'aussitôt que nous fermons les yeux,
L'âme qui fit le bien s'envole dans les cieux,
Que laissant ici bas son corps, dépouille informe,
Prenant d'un séraphin et les traits et la forme,
Elle va pure et belle avec ses ailes d'or
Par le bleu firmament dirigeant son essor,
Vers le brillant palais de la haute patrie,
Où réside la joie, où tout n'est qu'harmonie,
Où l'ange néophyte, abreuvé de douceurs,
De son exil sur terre oubliant les malheurs,
Goûte en paix un repos exempt de toute crainte,
Les doux épanchements d'une égalité sainte,
Le prix de ses bienfaits que la suprême loi
Accorde à tout mortel qui lui garde sa foi ?

Est-il vrai ? qu'ai-je dit ? sur le bord de l'abîme !
Quoi ! j'oserais douter quand le doute est un crime !
Quoi ! ma faible raison au culte du seigneur
Opposerait encore une fatale erreur !
Quoi ! je méconnaîtrais la divine puissance,
En qui seule j'espère un terme à ma souffrance ?
Oh ! non, doute cruel, tu m'obsèdes en vain !
Non, jamais ton poison n'a pénétré mon sein.

Oui quand je pense, ami, que l'âme est immortelle,
Qu'on se revoit aux cieux, la mort me semble belle !
La mort, cher Faldoni, la recevant de toi,
Ne pourra m'accabler, je la vois sans effroi...

La mort, c'est le sommeil que cherchent nos paupières,
Nos rêves de bonheur, la fin de nos misères,
Oh! ne différons plus ce moment souhaité,
Jouissons des vrais biens et de l'éternité.
Viens, qu'un même trépas tous les deux nous rassemble.
Que nos derniers soupirs se confondent ensemble,
D'une pénible vie éteignons le flambeau,
Et purs, aux yeux de Dieu, descendons au tombeau!

V.

Près des bords où la Saône, entre de hauts platanes,
Coule paisiblement vers la grande cité,
Dans un étroit vallon, loin des regards profanes,
S'élève un monument par le temps respecté.
Une simple chapelle où le style réclame,
Mais où le vrai chrétien voit s'entr'ouvrir les cieux,
Si l'amour du sauveur a jeté dans son âme,
  Des sentiments doux et pieux.

Du village voisin, une cloche argentine
Sous les coups du marteau retentissait trois fois;
L'astre qui brille aux nuits planant sur la colline,
Projetait ses rayons sur la cime des bois;
Tout reposait encore; et l'orfraie en silence
N'altérait plus la paix du saint temple de Dieu,
Et la brise aux buissons, la feuille qui balance,
  Étaient seuls mouvants en ce lieu.

A cette heure paisible, où la nature aimante
Renaît et s'embellit de toutes ses beautés,
Vers la Chapelle-aux-Bois, où l'attend son amante,
Faldoni s'avançait à pas précipités.

Ainsi, s'écriait-il, « Tant de magnificence,
» Tant de mondes épars dans les cieux suspendus,
» Tant de moments heureux que promet l'espérance,
       » Pour nous sont à jamais perdus !

» Eh ! pourtant qu'il est doux, alors que tout s'éveille,
» Que la blanche rosée argente le gazon,
» Que l'orient se dore et que l'aube vermeille,
» Peint de pourpre et d'azur les bords de l'horizon !
» Qu'il est doux d'exister, si notre ame ravie,
» Peut à chaque matin, espérer, voir encor
» Sur cet aride sable où s'écoule la vie,
       » Briller quelques parcelles d'or.

» Mais pour l'infortuné qui s'abîme ou surnage
» Dans le gouffre de maux dont il ne peut sortir,
» Qu'importe la nature et la raison du sage ?
» Qu'importent tous les biens s'il ne peut en jouir ?
» Qu'importe au cœur souffrant la foule indifférente
» Qui pour chaque soupir ne lui rend qu'un affront ?
» Qu'importe un beau soleil, quand la fièvre brûlante
       » Calcine et fait briser son front ? »

A peine achevait-il cette note plaintive,
Qu'au temple il arrivait ; là, debout sur le seuil
Il parcourut des yeux les bois, les prés, la rive,
Et le village aimé qu'il va couvrir de deuil,
Puis entra. Suspendue à la voûte angulaire,
Une lampe jetait sa mourante clarté,
Répandant tout au plus ce qu'il faut de lumière
       Pour éclairer l'obscurité.

« Est-ce toi, doux ami ? dit d'une voix émue
» Une femme qui vient le presser dans ses bras,

» Depuis hier je prie en attendant ta venue ;
» Vivants, fais que le jour ne nous surprenne pas. »
Et lui restait muet, la poitrine haletante :
« Ange, dit-il enfin, tu veux donc en finir,
» Hâtons-nous, car te voir, ô ma trop belle amante,
   » D'amour me fait vingt fois mourir. »

Enlacés, confondus, une amoureuse étreinte
Les joignit comme un groupe et leurs seins palpitants
S'agitaient sous le feu d'une flamme contrainte,
Se rallumant encore à leurs baisers brûlants ;
Mais bientôt finissant ce bonheur éphémère,
L'*Angélus* les appelle à la vie, à la mort,
Et tous deux à genoux, ils tombent sur la pierre
   Par un sublime et saint accord !

Au pied du crucifix dans une douce extase
Ils entendent du ciel chanter l'hymne divin,
Au milieu des élus la foi qui les embrase
Leur montre le très-haut sur un trône d'airain,
Et Faldoni : « Grand dieu ! pardonne à ma faiblesse,
» Oh ! pardonne à cet ange idole de mon cœur,
» Notre esquif est brisé, mais contre la détresse
   » Ton sein est le port du bonheur !

» Oh ! daigne nous entendre à notre heure dernière ;
» Relève jusqu'à toi nos regards abattus !
» De deux infortunés écoute la prière,
» Reçois-nous dans ton sein pour prix de nos vertus. »
Et leurs yeux fascinés voyaient dans le délire
Sur un nuage d'or un bel ange, Uriel,
Qui leur disait : « Enfants, oh ! vous pouvez sourire ;
   » Jéhovah vous attend au ciel. »

Soutenus dans l'éther par ce rêve mystique,
Qui les portait au loin des choses d'ici-bas,
Ils voyaient, au travers de son prisme magique,
Dérouler devant eux les ombres du trépas.
C'en est fait, dans leurs mains des armes étincellent,
Ils s'ajustent sans trouble et de tubes béans,
Le plomb meurtrier part, ils frémissent, chancellent,
  S'embrassent et tombent mourants !!!

Ainsi s'est consommé cet affreux sacrifice !
Quand un prêtre, suivi de fidèles pieux,
Du dimanche matin vint célébrer l'office,
Quel spectacle effrayant a dû frapper ses yeux !
Tous deux en ce moment jetaient le dernier râle
Et comme s'ils craignaient d'être encor désunis,
Leurs corps ensanglantés pesaient sur la dalle,
  Étreints entre leurs bras raidis !

Le silence régnait, mais en versant des larmes,
Le prêtre le rompit : « Pourquoi déjà mourir,
» O mes jeunes amis, de ce monde d'alarmes
» Avant le temps, pourquoi vous fallait-il sortir?
» Ah ! c'est qu'ils ignoraient qu'il nous faut sur la terre
» Du fardeau des douleurs supporter tout le poids ;
» Frères, priez pour eux; car au bas du Calvaire,
  » Ils ont, hélas ! brisé leur croix.

VI.

LETTRE POSTHUME DE FALDONI, AU CURÉ DESSERVANT LA CHAPPELLE-AU-BOIS.

Adieu, sage mentor, toi seul ami fidèle
  Dont j'ai le souvenir,

Et qui seul conduisais ma fragile nacelle
        Au lointain avenir.

Je te laisse à regret dans la tourbe de haine
        Où j'ai vu sans retour,
De ma félicité s'eclipser l'ombre vaine
        Et mon dernier beau jour.

Adieu, j'achève ici mon pénible voyage;
        Car ces vents orageux
M'ont toujours repoussé du fortuné rivage,
        Où tendaient tous mes vœux.

Hélas! de ce chemin où triste tu chemines
        Et qu'arrosaient nos pleurs
Tu me cachais, ami, les poignantes épines
        Et me montrais les fleurs.

Hélas! que pouvais-tu contre le sort terrible
        Constant à m'opprimer?
Que pouvait ton ami, dont le cœur trop sensible
        Ne sut jamais qu'aimer?

Aimer! ah! malheureux, était peut-être un crime,
        Car j'entraîne au tombeau
Une amante chérie, innocente victime,
        Dont je suis le bourreau!

Non, j'ai dû la soustraire à la terre cruelle,
        A la captivit ;
La mener avec moi dans la vie éternelle
        Chercher la liberté.

Pour nous ce monde impur n'est plus qu'un précipice
Qu'il nous faudra franchir,
Une demeure immonde, un incommode hospice,
Qui ne peut nous guérir.

Eh ! pourquoi l'habiter quand l'air qu'on y respire
N'est pour nous que du fiel !
Quand la mort peut changer les larmes pour le rire,
L'absinthe pour le miel.

Ainsi lorsque l'airain au temple solitaire
Tintera l'angélus;
Lorsque l'oiseau naîtra sous l'aile de sa mère,
Nous n'existerons plus.

Mais adieu, l'heure approche et l'aube avant-courrière
Déjà point sur les eaux,
Adieu ! car nous aurons fini notre carrière,
Quand tu liras ces mots.

Ami, fais que nos corps à l'ombre du mélèze,
Au pied de la grand'croix,
Reposent réunis : là j'ai vu ma Thérèse,
Pour la première fois.

Puis viens prier pour nous, le soir quand la nuit tombe,
Oh ! prie avec ferveur,
Viens poser tes genoux, verser sur notre tombe,
Quelques larmes du cœur !

Adieu vallons chéris, adieu belles prairies,
Témoins de mes beaux jours,

Adieu riants côteaux, adieu rives fleuries,
    Aux gracieux contours.

Adieu flambeau des nuits, adieu riche nature
    Si brillante en ce lieu ;
Adieu vous tous méchants, dont j'ai souffert l'injure,
    Je vous pardonne,... Adieu !

CONCLUSION.

Oh! que la vie est une bonne et douce chose, me disais-je le jour où, parti de Lyon, j'admirais les riantes campagnes des environs de cette ville ; et, loin qu'un ballot de soiries me parût lourd à porter, mon sac qu'il surmontait ne m'en semblait que plus léger. Laissant aux moins bons marcheurs que moi les bateaux à vapeur de la Saône, je continuai ma route à pied, et ce fut en rêvant à mes jeunes années, au complément de ma pacotille, que le soir d'un beau jour je fis mon entrée dans Chagny. Le lecteur doit s'en souvenir, à Chagny commence le premier chapitre de cet ouvrage : à Chagny finira le dernier.

C'était le jour de l'Assomption. Chagny respirait cet air de fête que je me souvenais lui avoir vu il y avait vingt ans. Après plusieurs allées et venues aux environs de la grande place, je reconnus enfin cette rue où, pour la première fois, je m'étais émancipé. Bientôt la grille, le jardin et la demeure de M. P..... frappèrent mes regards. Hélas! puis-je espérer revoir mon digne compatriote? est-il encore au monde? A la réponse affirmative d'un voisin auquel je fis cette question, je sonnai ; le jardinier vint m'ouvrir.

— Pardon, mon brave, pourrais-je parler à M. P.....?

— M. P..... est à table en ce moment, il y a réunion de famille.

— Il descendrait peut-être si vous lui disiez qu'un voyageur, un de ses compatriotes désire l'entretenir un instant?

— C'est bien, veuillez entrer dans le jardin et l'attendre.

A peine cinq minutes s'étaient-elles écoulées, qu'un vieillard au teint coloré, aux traits saillants et mobiles, descendait les marches du perron. C'était M. P..... J'allai à sa rencontre.

— Veuillez m'excuser, Monsieur, lui dis-je, ma visite est sans doute importune ; mais elle est si tardive aussi que je n'ai pas cru devoir la différer : il y a dix-huit ans que j'eusse dû vous la rendre.

— Dix-huit ans! Entrez, entrez donc, venez vous rafraîchir ; dix-huit ans... Vous étiez bien jeune alors. Êtes-vous du bourg Saint-Maurice?

— Non, Monsieur, je suis de L'Hôpital. Il y aura vingt ans au mois de novembre prochain, qu'un pauvre enfant qui n'en comptait que huit, vint un jour, par un beau soleil, vous demander l'aumône, qu'il vous en souvienne. Assis à cette même place, sur un sopha, en compagnie de Mme P....., de M. Ferdinand votre fils, vous lui donnâtes vingt-cinq francs pour commencer sa fortune. Cet enfant, Monsieur, c'était moi. Je viens...

— Ah! oui, oui, oui, je m'en souviens... parfaitement... en vérité, c'est vous qui étiez ce pauvre enfant! Oh! mais, reprit-il en se frappant le front, je m'en souviens comme si cela ne datait que d'hier... Ma femme était malade... Oh! je m'en souviens... Oui, pauvre enfant, c'est bien toi! Viens, viens, que de choses tu dois avoir à nous dire? Et l'ex-joueur de vielle, essuyant deux larmes qui s'échappaient de sa paupière, m'entraîna dans la salle à manger. Là, débarrassé de mon sac, je dus, après une faible résistance, m'asseoir à la table de famille, sous les yeux de vingt personnes étonnées de ma présence.

— Tiens, reprit l'excellent M. P...., bois d'abord ce verre de Beaune et dis à la société qui tu es; dis-le comme tu viens de me le dire.

Ici, le lecteur permettra que je ne me répète pas. Mon identité reconnue, je répondis aux questions que m'adressèrent mes hôtes, mais plus particulièrement M. Ferdinand, jeune homme dont l'instruction me parut aussi brillante que solide. De mon histoire que l'on me demanda, et que je racontai avec ma facilité d'élocution ordinaire, j'en vins à mes nouveaux projets et leur parlai de mes espérances : Exorde, péroraison, furent écoutées en silence, et j'obtins les honneurs de la soirée.

— Eût-on jamais pensé que ce petit bonhomme,

que je comprenais à peine dans le temps, s'exprimerait ainsi aujourd'hui, dit Mme P.... en se levant de table.

Le lendemain, le voyageur et ses hôtes se promenaient dans le jardin en attendant l'heure du dîner. La conversation, il est facile de le supposer, fut, et devait être la suite de celle entamée la veille. A l'énumération des moyens que je comptais mettre en œuvre pour arriver à la fortune, M. P..... répondit :

— Oui, oui, il y a du bon chez vous, Monsieur, beaucoup de bon, et Ferdinand, qui a fait ses études, le dit comme moi. Cependant, l'intérêt que vous m'inspirez ne doit pas me rendre plus indulgent qu'il ne convient de l'être, au contraire ; vous me forcez donc de vous avouer que je n'approuve point vos projets. Cette expédition aux Indes me paraît une folie ; une vraie folie de tête, plus dangereuse vingt fois qu'une faiblesse de cœur. J'ai soixante-cinq ans, croyez-en mon expérience, n'allez pas chercher à Singapour un bonheur qui peut vous échapper, tandis que vous en tenez un réel sous la main : *Pierre qui roule n'attrappe pas mousse*, vous le savez, ou si vous l'ignorez, je vous apprendrai qu'il y a peu ou point d'exception à ce proverbe. N'avoir que deux mille francs et vouloir jouer avec le destin ! c'est un trop faible enjeu. Folie, folie de jeune homme. Croyez-moi, retournez à Paris, reprenez vos travaux, et si la passion de voyager vous revient plus impérieuse, alors mariez-vous. Cherchez une jeune fille pauvre dont vous ferez le bonheur. Son amour vous consolera ; en pensant à elle vous travaillerez pour vous ; car de l'égoïsme à deux naît la foi conjugale, la plus pure des félicités. Tenez, poursuivit-il, demandez plutôt à Ferdinand, à ma belle-fille; n'est-ce pas, mes enfants, qu'il est doux de s'aimer? En effet, les charmantes attentions, les doux regards qu'échangeaient entre eux ces jeunes époux, dirent plus de choses à mon cœur que toute la morale du bon vieillard.

Or, durant les six jours que je passai dans cette maison, la logique de mes hôtes battit si bien la mienne en brèche qu'elle finit par entrer dans la place. Oui, lecteur, l'aventurier qui ne rêvait qu'odalisques et bayadères, splendeurs de nabab, devint en moins d'une semaine, temps pendant lequel il mena la vie de bourgeois, un garçon raisonnable : *Dis-moi qui tu fréquentes, je te dirai qui tu es.* Ainsi, soit qu'en cette occasion son courage ait failli, ou soit plutôt qu'un regard de jeune fille l'ait captivé, toujours est-il que six mois après son départ de Chagny, notre banian était un prosaïque mari. Il m'en souvient, lorsque j'eus fait mes adieux à M. P...., à sa famille; quand le sac au dos, je me retrouvai seul sur la route, oh! combien la poussière me parut âcre et la solitude affreuse : voir des visages humains sans relation avec notre passé ni avec notre avenir, c'est de la solitude et de l'isolement sans repos et sans dignité. Pour la première fois, ces lignes de Mme Staël, qui me revinrent à la mémoire, me parurent d'une vérité sublime.

Revenu à Paris, l'esprit et le corps harassés de fatigue, il me sembla doux de me retrouver *chez moi*, de reprendre mes occupations. Marié peu de temps après, je n'ai pas cessé, depuis, d'aimer la jeune fille que j'ai prise pour compagne : pauvre orpheline à qui ses parents ne léguèrent en mourant que des mœurs pures et l'amour du travail; ce qui équivaut presque à une fortune. Un fils, qu'elle vient de me donner, scelle à jamais notre union, et, s'il est vrai, ainsi que l'a dit Ducis, que notre bonheur à tous n'est qu'un malheur plus ou moins consolé, la plainte ne m'est pas permise : Enfin ! vous heureux ? dira le lecteur; non, je l'avouerai, souvent il m'arrive de me retourner dans la direction du S. S.-E., et cela, avec autant de componction qu'en met un mahométan lorsqu'il se tourne vers la Mecque pour prier. Alors, pour ne plus songer à mes courses vagabondes, pour donner le change à mes pensées, je m'écrie en secouant la tête : Qu'ai-je donc à espérer de ce côté? Paris n'est-il pas le plus beau des séjours? ses environs manquent-ils de sites enchanteurs? Sous quelle latitude la poésie trouve-t-elle plus d'aliment? Hélas! hélas ! il n'est donc point de vrai bonheur ici-bas.... Encore, si Dieu me permettait de faire assez d'économies pour acquérir mon châlet..... Dans l'un ou l'autre cas, lecteur, je lui rendrai mes actions de grâce; je le remercierai de m'avoir fait homme en allant mourir à L'Hopital... (aujourd'hui Albert-Ville).

FIN.

TABLE DES MATIÈRES.

Avant-propos. 5

PREMIÈRE PARTIE.

I. La clé des champs. 9
II. Les saltimbanques. 26
III. L'hospice d'Auxerre. 45
IV. Le père Ambroise. 59
V. La capitale du monde civilisé. 74
VI. La préfecture et les orphelins de Paris. . 90
VII. La mi-carême à Romorantin. 99
VIII. Trente-six heures à Rome. 112
IX. Première campagne sur mer. 126
X. Retour dans la patrie. 145
XI. Séjour à Marseille. 165

SECONDE PARTIE.

I. Requin, caiman et boa. 187
II. Papagail. 202

III. Naufrage.	214
IV. L'île Juan-Fernandez.	224
V. Les Péruviens.	248
VI. Les Kamtchacdales.	260
VII. Le cercle polaire arctique et la zône torride.	269
VIII. Pêche à la baleine dans la mer du sud..	299
IX. Coquimbo et Talcahuana.	316
X. Retour en France.	331
XI. Visite au pays.	355
Conclusion.	385

ERRATA.

Page 1re, lig. 4, au lieu de : *J'ai pu me rire de la faim*, lisez : *J'ai ri pour oublier la faim.*

Page 18, lig. 25, au lieu de : *Volte face,* lisez : *Volte-face.*

Page 39, lig. 1re, au lieu de : *Un fond roulant,* lisez : *Un feu roulant.*

Page 135, lig. 25, au lieu de : *Un bout de lupin,* lisez : *lusin.*

Page 177, lig. 1re, au lieu de : *A sonné et Varsovie,* lisez : *A sonné! quoi! Varsovie.*

Page 228, lig. 22, au lieu de : *Mon capitaine,* lisez : *non, capitaine.*

Page 229, lig. 9, au lieu de : *Ma fortune va prendre,* lisez : *Va prendre.*

Page 236, lig. 13, au lieu de : *A Horguilhada,* lisez : *A Horguilhada.*

Page 289, lig. 8, au lieu de : *L'île des Clats,* lisez : *L'île des Etats.*

Page 338, lig. 4, au lieu de : *Des criptes et leurs tombeaux,* lisez : *Des criptes, des tombeaux.*

www.ingramcontent.com/pod-product-compliance
Lightning Source LLC
Chambersburg PA
CBHW050423170426
43201CB00008B/515